AF231676

# LE PERRON

# DE TORTONI

## INDISCRÉTIONS BIOGRAPHIQUES

PAR

## JULES LECOMTE

DEUXIÈME ÉDITION

PARIS

E. DENTU, ÉDITEUR

LIBRAIRE DE LA SOCIÉTÉ DES GENS DE LETTRES

GALERIE D'ORLÉANS, 17 ET 19, PALAIS-ROYAL

1863

Tous droits réservés.

# LE PERRON

# DE TORTONI

# OUVRAGES DE M. JULES LECOMTE

**Histoire :** *L'Italie des gens du monde :* Venise, 1 vol.
*Parme sous Marie-Louise,* 2 vol.
*Histoire de tous les Régiments,* 1 vol. gr. in-8, fig.
*Histoire de la Révolution de Février,* 1 vol. gr. in-8, figures.
*Histoire de l'armée d'Orient,* 1 vol. gr. in-8, fig.
(Ces deux derniers ouvrages sous le pseudo-nyme de Jules du Camp.)
*L'Alliance Anglaise et l'Alliance Russe,* Brochure.

**Marine :** *Pratique de la Pêche de la Baleine dans les mers du Sud,* 1 vol.
*Dictionnaire pittoresque de marine,* 1 vol. in-4.
*De la marine* (bibliothèque populaire), 1 vol.

**Romans maritimes :** *L'Abordage,* 2 vol.
*L'Ile de la Tortue,* 2 vol.
*Bras-de-Fer,* 2 vol.
*Le Capitaine Sabord,* 2 vol.
*La Femme Pirate,* 3 vol.
*Le Forban des Cyclades,* 3 vol.
*Les Pontons anglais,* 5 vol.

**Romans de mœurs :** *Les Smogglers,* 2 vol.
*Les Folies parisiennes,* 2 vol.
*Une jeunesse orageuse,* 2 vol.
*Les Aventures d'un Ténor.* 2 vol.
*Un Secret du grand monde,* 1 vol.
*La Marquise invisible,* 2 vol.
*Cinq Coups de Poignard,* 2 vol.
*La dernière Morosini,* 2 vol.
*Histoire d'un modèle,* 1 vol.
*Le Poignard de Cristal,* 2 vol.
*Secrets de famille,* 1 vol.

**Variétés :** *Un Voyage de désagrément à Londres.* 1 vol.
*Voyages Çà et Là,* 1 vol.
*La Charité à Paris,* ouvrage couronné par l'Académie française ; 2e édition, 1 vol.

**Théâtre :** *Othello,* drame en 4 actes (traduction en vers).
*Les Eaux de Spa,* comédie en 1 acte.
*Le Paratonnerre,* comédie en 3 actes.
*Une Nouvelle Lune,* comédie en 2 actes.
*Le Collier,* comédie en 1 acte.
*Le Luxe,* comédie en 4 actes, au Théâtre-Français.
*Une Loge d'Opéra,* comédie en 1 acte, au Théâtre-Français.

## POUR PARAITRE PROCHAINEMENT

Mémoires du temps, de 1848 a....

PARIS. — IMPRIMÉ CHEZ BONAVENTURE ET DUCESSOIS, 55, QUAI DES GRANDS-AUGUSTINS.

On lisait dans le *Constitutionnel* du 27 septembre dernier :

« Sous ce titre vraiment parisien : *le Perron de Tortoni*, l'éditeur E. Dentu publie un nouvel ouvrage de M. Jules Lecomte, l'auteur du LUXE et d'UNE LOGE D'OPÉRA au Théâtre-Français, et le lauréat de l'Académie française pour son excellent ouvrage : LA CHARITÉ A PARIS.

« Pour expliquer un titre, qui n'est qu'une enseigne, le célèbre chroniqueur affecte de s'être arrêté sur *le Perron de Tortoni*, et, de cet obser-

vatoire qui plane sur un des points les plus prestigieux et les plus fréquentés de Paris, le lorgnon
dans l'œil et le cigare à la bouche, il feint de voir
défiler une quarantaine des illustrations actuelles,
— et même aussi quelques *revenants!* Chacune
de ces figures, traitées d'une façon purement pittoresque, et en dehors de toute sèche biographie
des faits, devient sous une plume spirituelle et
vive, l'objet de révélations piquantes ou de charmantes anecdotes. Des autographes curieux, inédits, se mêlent à ces croquis, comme des lumières
imprévues portées sur les caractères ou sur des
faits jusqu'ici restés obscurs.

« Il résulte donc, de l'ensemble de cette lecture
des plus variées et infiniment piquante, que le
nouvel ouvrage de M. Jules Lecomte justifie pleinement le second titre qu'il porte :

« INDISCRÉTIONS BIOGRAPHIQUES.

« Ajoutons, toutefois, que ces indiscrétions ne

sont que celles que peut se permettre un écrivain
chez lequel le goût et la mesure sont à la hauteur
de l'esprit. »

# LE PERRON DE TORTONI

## INDISCRETIONS BIOGRAPHIQUES

---

## BÉRANGER

SES PSEUDONYMES ET SES DÉGUISEMENTS

DEUX LETTRES.

Chacun répète que le poëte national n'a voulu être ni chevalier, car dix fois M. Thiers a insisté pour le décorer; — ni académicien, car, notamment en 1850, alors que mourait M. Droz, on lui offrit une dispense de visites pour le fauteuil que, sur son refus, les intrigues politiques firent échoir à M. de Montalembert; — ni législateur..., car il déclina, par une double démission, le vote de cent mille électeurs qui l'envoyaient à la Constituante; — ni riche enfin, car M. Laffitte lui offrit plusieurs fois de le nommer titulaire d'une recette générale à faire gérer par un ami...

Béranger fut toujours d'une humeur aussi nomade qu'il se montra modeste et désintéressé de caractère.

1

Il a tour à tour habité dix quartiers de Paris, ou de ses environs ; plus, diverses villes de province. Sa manie alors était l'incognito. A Tours, il occupa une maison que M. de Balzac a célébrée sous le nom de la Grenadière. De Tours, il alla se fixer à Fontaineblean, où habitait son vieil et fidèle ami Perrotin, enrichi par les éditions illustrées des *Chansons anciennes et nouvelles*. Mais M. Perrotin s'ennuyait de la vide existence d'une petite ville, il rentra à Paris faire de la librairie, pour éditer un jour les bruyants *Mémoires du duc de Raguse*. Béranger alla s'établir dans un village des environs de Vincennes, et se mit en pension, sous le nom de *Bonnin*, chez une veuve qui le prit pour un bonnetier retiré.

Ce ne fut qu'au jour venu de la fête du chansonnier que la veuve et ses deux filles, voyant arriver chez elles une foule d'illustrations parisiennes, apportant bouquets et couronnes, comprirent que leur hôte n'était ni si *Bonnin*, ni si *bonnetier* qu'il en avait peut-être l'air, l'illustre hypocrite ! Reconnu, révélé, Béranger se sauva encore, et vint à Passy, où il avait déjà habité, quinze ans auparavant. C'est alors qu'il reprit auprès de lui sa vieille amie, mademoiselle Judith, qu'il appelait *ma tante*, à la façon de maître Hériot dans les *Aventures de Nigel*. Mais la notoriété de Béranger était telle à Passy, qu'il n'y avait là nul *Bonnin* possible, et qu'il y dut subir tous les inconvénients de sa célébrité. Une des plaies continuelles

de son existence y était l'assaut acharné de sa bourse,
tenté, et trop souvent réalisé, par un tas d'emprun-
teurs et de mendiants. Il n'y avait pas un affamé dans
la contrée qui ne lui adressât une supplique, avec
quelques-uns de ses vers convertis en trébuchet, pour
épigraphe. Il recevait trop régulièrement la visite
de pas mal de prétendus anciens libéraux, qui avaient
soif. Tous les drôles sans le sou, les méchants faiseurs
de mauvais vers, les chenapans qui ont de la ficelle pour
bretelles, et qui ne marchaient pas d'accord avec le
gouvernement, affluaient au logis, épuisant les lar-
gesses de mademoiselle Judith, ou bravant ses ruses
pour les éconduire. Le poëte se résignait pourtant à
voir ainsi gruger sa pension-Perrotin, par amour
pour le bois de Boulogne tout voisin, et pour le plaisir d'avoir chaque semaine à dîner, d'un dîner ana-
chorétique, d'illustres hôtes : Chateaubriand, Lamen-
nais, Lacordaire, George Sand et quelques autres
célébrités frugales. Mais un incident fortuit vint brusquement perdre à tout jamais Passy dans les affections
de Béranger !

Un jour que le conseil municipal du pays était as-
semblé, par une légitime prise en considération de
l'honneur qui résultait pour l'endroit du séjour réi-
téré de l'illustre poëte (il donnait 200 francs par an
pour les pauvres de la paroisse), on rédigea solen-
nellement le procès-verbal d'une résolution unanime, dont le double, soigneusement calligraphié,

parafé, enrubanné et scellé, fut officiellement remis
au citadin fameux. Dans ce procès-verbal il était dit
qu'en raison de la gloire qui jaillissait sur Passy
d'une telle présence dans ses murs (murs hyperboli-
ques), le conseil municipal, maire en tête, avait décidé de concéder gratuitement et perpétuellement à
Béranger la plus belle place de son cimetière!—Touché de l'attention des conseillers municipaux de l'endroit, Béranger déménagea le plus vite possible. C'est
alors qu'il alla se fixer dans le quartier du Luxembourg, rue d'Enfer.

Un soir, qu'accompagné de mademoiselle Judith,
il prenait l'air et une bouteille de bière dans le jardin public appelé la *Closerie des lilas*, Béranger est soudain reconnu, signalé. Un étudiant dit à sa compagne :

— Voilà Béranger ;... va l'embrasser !

La belle y court ; soudain l'élan est donné. Le vieux
poëte se voit circonvenu, fêté, acclamé par toute l'as-
sistance ; il est embrassé par une cinquantaine de
jeunes filles... il en perd son chapeau ! Mademoiselle
Judith, tout émue, a une peine infinie à arracher
Béranger aux suites de l'ovation, qui avait entonné
d'une façon formidable le cœur du *Dieu des bonnes
gens*. Ils s'échappent enfin !

Mais c'est pour quitter encore ce quartier enthou-
siaste, où il est impossible d'être à la fois illustre et
tranquille. C'est de cette rue d'Enfer, un enfer ! que
Béranger vint s'installer dans le quartier Beaujon,

aux Champs-Élysées. Toujours épris de la jeunesse, il avait à deux pas de lui le *Château des Fleurs,* pour quelques promenades contemplatives des plaisirs qu'il avait tant chantés. Béranger, installé loin des bruyantes ovations, vivait là aussi paisible qu'on peut l'être dans une renommée assoupie, lorsque la mort de sa bonne vieille amie Judith vint lui donner, à soixante-dix-huit ans, le plus grand chagrin de sa vie. Il la conduisit à ce qu'on appelle la dernière demeure, et ne bougea plus de Beaujon tout rempli des derniers et poignants souvenirs.

Voici une curieuse lettre relative à **M.** Cauchois-Lemaire, adressée par Béranger à M. de Jouy (Joseph-Étienne, né à Jouy, et dit *de Jouy*), le père de tant 'd'*Ermites :* en province, en voyage, à la Guyanne, à Londres, à la Chaussée-d'Antin, *en prison,* — et de plus, au théâtre, l'auteur des poëmes de *la Vestale,* de *Fernand Cortez,* de *Guillaume Tell,* de *Sylla,* etc., etc.

Cette belle lettre, — que nous transcrivons de l'original, — porte précisément la date de la publication des *Ermites en prison* (1823). On verra à la fin l'allusion que le prisonnier de la Restauration fait à la prochaine incarcération du courageux écrivain.

Ce 16 avril 1823.

Mon cher *Ermite,* quoique j'aime peu à me mêler des affaires des autres, je ne puis m'empêcher cependant de

1.

vous communiquer un article que Cauchois-Lemaire vient de me faire passer et qui a été refusé au *Miroir*. L'idée de cet article lui est venue en causant avec moi, sur ce que je trouvais étrange que *le Miroir* n'eût point parlé de votre condamnation, la représentation de *Sylla* lui en offrant l'occasion, au moins par allusion; il a envoyé l'article et a vu avec surprise qu'il était regardé comme dangereux et même comme inconvenant; dangereux, parce qu'il y fait de la politique, qui, selon moi, est bien faible auprès de telle phrase ou de tel autre article que je trouve dans *le Miroir*; inconvenant, en ce que ces messieurs ont cru que le premier paragraphe semblait les condamner de n'avoir pas gardé le silence. Ces objections me paraissent si absurdes, que je suis tenté d'en voir la cause ailleurs que dans l'article même. Peut-être l'humeur un peu pointilleuse de Lemaire lui a-t-elle suscité quelques ennemis; mais, en conscience, quand on le connaît comme je le connais, peut-on être disposé à le croire vain d'un talent dont il doute lui-même; et ne doit-on pas, lorsqu'on connaît les malheurs qui l'ont précipité dans la position où il se trouve, ne doit-on, dis-je, s'empresser de lui faciliter des moyens d'existence? Ce sont de ces choses que votre cœur sent trop bien pour que j'appuie cela d'autres arguments. Pourquoi donc ces dégoûts qu'on semble vouloir lui donner au *Miroir*? Il avait demandé un surcroît de payement, mais certes, il n'a jamais pensé à en faire un sujet de plaintes pour personne : il a pu (et je le crois) s'y prendre fort mal; mais ce n'est point une raison de lui faire payer trop cher une maladresse. Vous le connaissez assez, mon cher ami, pour croire qu'il rend parfaitement justice au talent des autres, et qu'il n'avait mis dans la balance en sa faveur que des titres qu'on n'est sûrement pas tenté de lui disputer, je veux dire ses malheurs passés et sa position présente. Vous devez avoir plus qu'un autre du crédit à un journal que vous avez créé; voyez donc, je vous en prie, à faire disparaître ces causes de dégoût, qui agissent bien plus sur une tête comme la sienne que sur toute autre. Vous me jugez trop amicalement pour que je n'espère pas que mon intervention lui sera utile auprès de vous. Pourtant je ne lui en dirai rien. Sa susceptibilité un peu ombrageuse pourrait s'en effrayer. Ne me mêlez point non plus dans cette affaire, parce que, je vous le répète, je sens qu'il y a quelque ridicule à se mêler des affaires des autres.

Je commence à sortir un peu, mais vous êtes loin de moi. Pourtant je tâcherai d'engager mes jambes à me porter jusqu'à la rue des Trois-Frères, pour aller, un de ces jours, faire mon compliment à M^me Boudou-ville et m'informer des nouvelles de M^me de Jouy. J'ai appris le départ de Boudouville, mais avec l'assurance de son prompt retour. Je vous en félicite.

Oh! çà! vous allez donc en prison? Si encore on vous donnait la maison de santé où je suis! j'y prolongerais mon séjour. Je vous verrai, je l'espère, avant votre réclusion. Dans tous les cas, je connais le chemin de Sainte-Pélagie. Adieu, séditieux. Ermite.

Tout à vous du fond du cœur,

BÉRANGER.

Et puisque nous voici la main dans le carton aux curieux autographes, citons aussi celui-ci, adressé au directeur du grand Opéra, lequel pensait avec raison qu'il ne saurait y avoir trop de gens célèbres, connus, influents,—y entrassent-ils gratis,—dans les stalles vides, ou au foyer de l'Opéra.

*A monsieur Véron, directeur de l'Opéra, à l'Opéra,*
*rue Le Peletier, Paris.*

19 mai 1831.

Monsieur,

Je ne fréquente point les spectacles, mais la politesse que vous voulez bien me faire m'en rendra sans doute le goût. Je vous avouerai que, si j'avais à choisir mes entrées à un théâtre, c'eût été à celui que vous administrez que je les aurais sollicitées. D'après cela, vous concevez, monsieur, le prix que j'attache à la faveur que je vous dois. Elle est, d'ailleurs, une preuve de bon souvenir de votre part, et, sous ce rapport, je vous prie de croire qu'elle m'est extrêmement précieuse. Recevez-en l'assurance, et celle de la considération avec laquelle j'ai l'honneur d'être, monsieur,

Votre très-humble et reconnaissant serviteur,

BÉRANGER.

Sur une page manuscrite de nos *Mémoires du temps* se trouve ce passage, qui date des premières années de l'Empire actuel :

Une dame, une grande dame, une très-grande dame pria dernièrement M. Mérimée, académicien et sénateur, d'aller trouver le vieux Béranger, de le saluer de sa part, et de lui dire qu'elle désirait beaucoup le voir, le recevoir. Béranger, surpris assurément, flatté sans doute, embarrassé peut-être, répondit par toutes sortes d'excuses. Il n'avait jamais mis le pied dans certaines demeures... Il demandait à être, sur l'extrême fin de sa carrière, dispensé d'un honneur si nouveau, etc., etc. La grande dame, à laquelle cette réponse fut rap-

portée, renvoya dire à Béranger « que puisqu'il ne
« voulait pas venir la voir, ce serait elle qui irait le
« visiter... »

Jugez de l'embarras du bonhomme! Une telle personne, une telle visite, tant de condescendance, tant de
charmante bonne grâce à cette incorruptible adresse!
Que faire? Où fuir? Comment rester philosophe... et
poli?

L'affaire à cette heure occupe deux ambassadeurs,
car M. Lebrun (*Marie Stuart*) agit concurremment avec
M. Mérimée. Qu'en résultera-t-il? une entrevue de Til-
sitt, sur quelque point neutre et comme fortuit, entre le
Palais et le Marais? Béranger est assez fort de son inattaquable passé pour se montrer un moment courtois
envers une aussi noble avance. Aussi, croyons-nous
qu'au moment où la grande dame lui fit dire que puisqu'il refusait de venir à elle, c'était elle qui viendrait à
lui... il pouvait prendre son chapeau et sa canne, et dire
à M. Mérimée : Allons!

Nous tâcherons de raconter un jour la conclusion
de cette piquante anecdote qui mit aux prises un noble
caractère et un noble sentiment.

# M<sup>me</sup> ROSINE STOLZ

QU'IL FAIT BON DE CHANTER LA FENÊTRE OUVERTE.

Il y a quelques années, madame Stolz, femme Lé-
cuyer, qui prit au théâtre le nom doux et embaumé
de *Rosine*, revenait le soir d'un dîner d'artistes, en
compagnie de quelques cavaliers. C'était dans le
quartier Trévise. Il faisait un beau clair de lune du
mois d'août. Revenir à pied d'une réunion saturée du
parfum des truffes et de l'odeur échauffée des vic-
tuailles et du cigare, marcher et respirer en plein air
était hygiénique et charmant. On riait, on chanton-
nait, on s'amusait !

Tout à coup le groupe s'arrête. C'était en face
d'une haute maison, au quatrième étage de laquelle
une fenêtre découpait son cadre oblong, rougeâtre de
lumière artificielle, dans l'atmosphère bleuâtre du

clair de lune. Un piano éperdu d'inspiration, une voix vibrante de délire, lançaient dans la nuit silencieuse une mélodie céleste qui tombait littéralement du ciel! Madame Stolz fait taire ses compagnons; on écoute; d'attentif on devient haletant... C'était délicieux, entraînant, superbe! Le morceau finit à peine, qu'un autre recommence, et une voix d'homme, franche et expressive, lance de nouveau, au milieu des ondes sonores de la rue endormie, un chant dans lequel une certaine grâce religieuse ajoute son onction passionnée à la mélodique inspiration. La voix expire... et de frénétiqees applaudissements retentissent dans la rue! Aussitôt, sombre sur son front lumineux, — telle une peinture byzantine poussée au noir sur son fonds d'or, — une tête s'encadre dans la fenêtre et se penche pour constater ces claqueurs imprévus...

— Montons! — dit madame Rosine Stolz.

— Montons! — répond le chœur à l'unisson de l'enthousiasme, chœur au milieu duquel se trouvait le directeur d'une de nos grandes scènes, dont les initiales (L.-P.) furent celles d'un roi, et qui se trouvait alors plus heureux qu'un roi! On sonne du dehors, on ouvre du dedans, et, sans s'arrêter à parlémenter avec l'homme-cordon, on grimpe les quatre étages avec les ailes impatientes de la curiosité. Madame Stoltz frappe à la porte qui s'ouvre, et toute la bande de noctambules entre dans la chambre de l'artiste, stupéfait de l'invasion, mais rassuré pourtant par la présence d'une femme, dont une mantille retombée laisse voir la toilette sérale.

— C'est vous qui chantiez, monsieur? — dit la *Favorite*...

— Oui..., madame... Puis-je savoir?...

— De qui est cette musique?

— De moi, madame... Puis-je savoir?

M. Léon Pillet prend la parole et explique l'aventure : on passait, on entend, on s'étonne, on vient complimenter l'artiste et savoir qui il est! Il n'y a pas besoin d'avoir si bien dîné pour ressentir ces émotions et ces curiosités-là!

Ce qu'il est? Peu de temps auparavant, c'était un fils de famille qui venait de terminer ses rigides examens pour entrer à l'École polytechnique. Mais la vocation l'avait mordu au cœur, et de la science il avait violemment bifurqué sur l'art, la musique! Adieu trois-cornes, épée, collet brodé! Adieu l'officiel : mines, usines, canons, combats! Il s'était, l'imprudent, au grand regret paternel, jeté dans les bras remplis de trahisons de cette Muse qui masque ses perfidies sous d'enivrants sourires...; il avait renoncé à la carrière certaine qui s'ouvrait devant lui, avec un diplôme et toutes sortes de choses bien positives au bout, pour faire l'École polytechnique buissonnière et chercher les petites fleurs bleues de l'idéal dans les chemins de traverse qui conduisent soit au grand

Opéra, soit chez le docteur Blanche, soit nulle part...
ce qui est pire encore! Et par quel fabuleux hasard
était-ce l'Opéra lui-même, en sa personne directoriale, qui grimpait ainsi nuitamment chez lui?

Et ce qu'il chantait là au lieu de dormir, aux
oreilles de ceux qui l'avaient écouté au lieu de passer,
vous n'oseriez deviner ce que c'était, monsieur?

— Une romance? une mélodie? un *nocturne?*...
car c'était bien le cas?

— Ah! bien oui, et que vous êtes loin de compte!
c'était un fragment d'opéra, de son opéra *le Roi
David!* Comprenez-vous alors le ton biblique du morceau lancé par la fenêtre, du haut des quatre étages,
sur la tête de ces passants intelligents encore, bien
qu'ils eussent si bien dîné! Oui, un opéra! oui, *le Roi
David!* paroles d'Alexandre Soumet, s'il vous plaît,
un poëme changé en ours dans les cartons de l'auteur
d'*Une Fête de Néron*, et abandonné, en désespoir de
cause et de musicien connu, à ce jeune inconnu
décidé à s'escrimer sur les psaumes du roi-pro-
phète!

Ce que vous ne croirez pas, c'est que tout cet opéra
avait été composé sur... une flûte? et traversière,
comme on disait il y vingt ans. David au moins, lui,
jouait de la harpe, et tel, harpe et sceptre de Jérusa-
lem en mains, vous le représente le roi de pique dans
tous les jeux de cartes! Mais notre polytechnicien ne
savait s'escrimer que sur cet instrument de collége,

et ce ne fut que plus tard, lorsqu'il fallut orchestrer
son opéra, que le flûtiste attaqua le piano, cet orchestre dont tout le monde dit trop de mal..., nous
compris. Voilà donc toute l'escouade nocturne et lyrique installée chez le compositeur qui chantait au lieu
de dormir. Ne crut-il pas rêver, le digne jeune
homme, en voyant ce prestigieux personnage qu'on
appelle un directeur de grand Opéra, et la *primissima
donna* du temple, grimpés là, dans sa presque mansarde, et le priant, passé minuit, de leur dérouler et
chanter les pages écrites du *Roi David?*

Il obéit éperdu ; et, pour abréger, je dois vous dire
qu'au bout de deux heures, lorsqu'on dut se quitter,
M. Léon Pillét laissa, avec ses applaudissements, un
rendez-vous pour le lendemain dans son cabinet directorial. Et, pour finir plus vite, je vous dirai encore que, ce lendemain venu, il fut décidé que *le Roi
David* serait mis en répétition tout de suite..., madame Stolz étant enchantée de jouer un *rôle à jambes*
dans la personne du jeune roi musicien et vainqueur
de Goliath !

Mais il faut maintenant l'avouer, M. Mermet n'était
pas, tant s'en faut, préparé à cette bonne fortune !
Son œuvre était incomplète, mal en ordre, point or-
chestrée, et nullement en état de subir l'épreuve.
L'impatience de madame Stolz à montrer... tout son
talent donna aux choses une précipitation malheureuse. L'auteur perdait la tête au milieu de cet inex-

tricable et multiple labeur de mise en scène d'un
grand opéra, — et la première représentation, hâtive,
sur d'incomplets éléments, ne permit pas à l'œuvre
de se développer avec les beautés qu'y avaient accu-
mulées les dons d'une inspiration aussi implacable-
ment obéie. L'ouvrage fit sensation chez les artistes,
auprès de la partie éclairée du public... ; la masse ne
put lui faire le succès de popularité qui lui était dû.
Mais le nom de M. Mermet n'en fut pas moins écrit,
fort à part, dans la sérieuse opinion des connaisseurs,
et ce nom, plein de promesses, fut attendu à la prochaine échéance de son nouvel effort. A l'heure où
nous écrivons, cette seconde heure semble prête à
sonner pour l'auteur de *Roland à Roncevaux* (paroles
et musique !)

# EMPIS



Il y a une vingtaine d'années, dans une haute administration parisienne se trouvait un chef de division au nombre des attributions duquel incombaient particulièrement les propositions à faire à l'autorité, au sujet des grands ouvrages en souscription. L'éditeur d'un de ces ouvrages sollicitait une de ces souscriptions, et bien que le fonctionnaire se fût en plusieurs fois occupé de l'affaire, on ne saurait dire quelles entraves des bureaux l'avaient laissée en retard, — à ce point que l'éditeur, pour lequel il s'agissait d'une grosse somme, s'impatientait et croyait avoir à accuser le mauvais vouloir du chef de division chargé de présenter la feuille à la signature du ministre.

Un matin, c'était vers le jour de l'an, l'éditeur se présente au domicile du fonctionnaire qu'il pouvait savoir absent. Il demande à parler à madame ; elle était prête à sortir, néanmoins on l'introduit.

— Je regrette que M. X*** soit déjà parti, — dit-il, —mais madame aura peut-être la bonté de se charger de ce petit étui que je désirerais lui remettre, c'est un almanach pour ses enfants...

La femme du fonctionnaire, un peu étonnée, dit à l'éditeur qu'elle lui conseille d'aller trouver son mari au ministère... Mais l'autre, d'un ton assez naturel, répond qu'il ne voudrait pas le déranger pour si peu... et comme il insiste pour prier la dame de lui permettre de laisser l'objet, elle finit par lui dire :

— Eh bien ! monsieur, posez cela sur la cheminée, quand mon mari rentrera il verra ce qu'il doit faire... Pardonnez-moi, j'allais sortir ! L'éditeur s'excuse, salue et sort.

La journée se passe. Les enfants sont restés à la maison, des enfants de quatre à cinq ans. Ils jouent dans le salon et s'amusent de tout ce qui leur tombe sous la main. Vers cinq heures, la mère rentre. La camériste court à elle et lui dit :

— Mon Dieu, madame, il a failli arriver un grand malheur ! vous avez laissé traîner sur la cheminée trois billets de mille francs...; les enfants ont joué par là, autour du feu... et c'est par miracle que j'ai sauvé de leurs mains ces billets... Tenez, en voilà

même un qu'ils avaient commencé à déchirer ! n'en
ont-ils pas brûlé, madame ? n'y en avait-il que trois ?

Grand étonnement de madame X*** ! Elle n'avait
laissé aucun billet de banque ; elle appela les enfants.
Ce fut à grand'peine qu'elle finit par comprendre
qu'ils avaient trouvé l'étui laissé là par le monsieur
du matin, qu'ils l'avaient ouvert et en avaient tiré ces
petis papiers à images... placés là sous prétexte d'almanach ! On s'imagine avec quelle impatience elle
attendit son mari.

Il arrive avec l'heure du dîner. Elle lui raconte
l'affaire. Par une coïncidence singulière, il avait pu,
ce jour-là même, arracher des lenteurs de ses bureaux les pièces nécessaires à la souscription et l'avait
présentée à la signature ministérielle..., de sorte que
le devoir accompli pouvait paraître un service répon-
dant jour pour jour avec la corruption !

On comprendra quelles furent la surprise et la douleur de l'honorable fonctionnaire.

— Et si leur bonne n'était pas entrée ? — dit-il, —
si ces malheureux enfants avaient déchiré, brûlé ces
billets..., nous en aurions ignoré l'existence...; je pas-
serais aux yeux de cet homme pour avoir accepté le
prix d'un coupable abus de pouvoir... L'affaire pouvait s'ébruiter un jour, arriver à l'éclat... et accusé,
innocent,—sans preuve de mon innocence,—j'aurais
été déshonoré !

Or, pour en revenir au début même de ce récit,

nous dirons que c'est là une situation capitale dont
l'effet pourrait vivement émouvoir au théâtre, si,
en novembre 1858, quelque chose d'analogue n'avait
été récemment produit sur notre première scène.
Revenons.

Le chef de division dîna à la hâte; puis, ayant pris
l'étui et les billets, dont un était en morceaux, il retourna au ministère pour voir son ministre, M. de
la B..., L'Excellence indignée ne revint pas sur la
signature donnée, mais décida que le lendemain
l'éditeur serait appelé. Celui-ci fut atterré devant la
menace qui lui fut faite d'être déféré aux tribunaux.
Ce péril ne lui fut évité que sur la promesse qu'il fit
d'aller personnellement porter une lettre d'excuse à
M. X***, ce qu'il accomplit avec un empressement
facile à comprendre. Cet ancien chef de division est
une de nos célébrités dramatiques; sa longue carrière a offert à ses facultés supérieures et à son grand
caractère des applications diverses; il occupait récemment encore une haute situation d'influence artistique et littéraire. Il reste membre de l'Académie
française et a été nommé, en 1861, commandeur de
la Légion d'honneur.

# ISABEY PÈRE



La France perdit un de ses grands artistes dans la personne d'Isabey père, jadis premier miniaturiste de l'Empereur. Il mourut le 18 avril 1855, à l'âge de quatre-vingt-huit ans, en pleine possession de ses facultés spirituelles et aimables.

Jean-Baptiste Isabey était né à Nancy, en 1767, et se destinait à la peinture historique, lorsqu'il arriva à Paris, à l'âge de dix-neuf ans. Il avait conquis toutes les médailles de l'Académie, et allait concourir pour le prix de Rome, lorsque sa pauvreté, qui l'avait lancé dans le portrait, l'y retint, pour son bien et pour sa fortune. Il inventa presque un genre de dessin à la manière noire, qui prit son nom, à la suite de l'Exposition en 1798, de cette réunion de portraits de famille appelés : *la Barque d'Isabey*. Mais les études historique de l'artiste devaient lui permettre de s'élever au delà du portrait proprement dit, et c'est à son talent pour la composition d'un tableau qu'il dut le succès de ses dessins, aujourd'hui déposés à Versailles : *Bonaparte visitant la manufacture des frères Sévènes*, à Rouen, — *Bonaparte visitant la manufacture d'Oberkampf*, à Jouy, — *la Parade des Tuileries*, — *le Congrès de Vienne*, etc. On voit aujourd'hui au Luxembourg plusieurs de ses aquarelles, entres autres son chef-d'œuvre en ce genre, la vue de *l'Escalier du Musée*, qu'il exposa en 1817. La lithographie lui réussit également, et il a crayonné bon nombre de planches pour le *Voyage pittoresque et romantique dans l'ancienne France*, par MM. Taylor et de Cailleux.

Il peignit aussi sur émail et sur porcelaine. La table sur laquelle il a representé, en 1812, d'après un dessin de Percier, l'Empereur entouré de ses maréchaux et des généraux qui commandaient durant la campagne de 1805, est le chef-d'œuvre sorti des manufactures de Sèvres, où Isabey était premier peintre. Il fut, à l'époque de sa célébrité, attaché au ministère des relations extérieures, pour les portraits officiels, des cérémonies, et du cabinet de l'Empereur. C'est à ce titre qu'il dessina tous les costumes du couronnement. Plus tard, il fut nommé directeur des décorations de l'Opéra, genre un peu vaste pour un délicat miniaturiste. Il devint enfin, dix ans après,

peintre du roi Louis XVIII et ordonnateur des fêtes
et spectacles de la cour, tant il est rare et difficile,
qu'un artiste reste fidèle au maître qui a fait sa fortune et sa gloire, lorsque la bourrasque emporte ce
maître! Isabey devint conservateur-adjoint des mu-
sées royaux; il est mort commandeur de la Légion
d'honneur, grade que ne possédaient encore dans
l'art du pinceau que MM. Ingres et Horace Vernet.
Le vieil Isabey laissa un fils, Eugène, célèbre peintre
de marine et de genre.

Peu de jours avant sa mort, ce glorieux vieillard
assistait à la revue de la garde impériale passée par
l'Empereur dans la cour des Tuileries. — Hélas! —
disait-il, — je ne dessinerai pas celle-là! nous ne
sommes plus que deux survivants de la dernière
revue passée par le premier consul dans la cour du
Carrousel!

—Et qui donc avec vous?—lui demanda-t-on.

—Le maréchal Jérôme !

Aujourd'hui, il n'y a plus personne de cette revue.

---

Comme nous étions un jour dans la première salle
du musée français,—celle qu'on peut appeler la salle
de Prud'hon et de Géricault, — passait M. Eugène
Isabey, l'auteur de l'*Alchimiste* et du *Mariage de
Henri IV*. Il s'arrêta un moment à regarder le beau
portrait de son illustre père, tenant par la main une
petite fille, — qui est devenue madame Cicéri, —

œuvre admirable du baron Gérard. Une anecdote
peu connue se rattache à ce portrait, dont M. Eugène
Isabey a fait hommage au musée il y a quelques
années.

Gérard venait de peindre son *Bélisaire*, si connu
par la gravure. Le tableau ne fit point au salon l'effet
que l'artiste en devait attendre. Il allait tristement
le rapporter chez lui (on pourrait dire le ramener...,
car le personnage est vivant!), lorsque Isabey père,
devinant la déception de son ami, lui dit avec l'effusion d'un bon cœur :

— Ton œuvre est superbe, ce sont des ignorants
de ne l'avoir pas appréciée ! Je l'aime et je l'admire,
et si tu veux me faire un plaisir énorme, tu me la cé-
deras; je t'en offre quatre mille francs, c'est tout ce
dont je puis disposer!

Gérard, enchanté, accepta avec effusion. Isabey
accrocha le *Bélisaire* dans son atelier; les années
s'écoulèrent.

Un jour arrive un Anglais très-riche, comme tous
les Anglais qui arrivaient dans ce temps-là, et très-
connaisseur par hasard. Il vit l'œuvre du baron Gérard et en fut frappé.

— Combien me vendriez-vous ce tableau? —
dit-il.

— Dix mille francs ! — répondit Isabey, qui entrevoyait une réparation anglaise au dédain français.

— Il est à moi ! dit lord X***.

Deux heures après, le tableau était échangé contre la somme. Dès qu'il la tient, Isabey en prélève les quatre mille francs qu'il a jadis donnés à son ami en payement de l'œuvre, et le reste en poche, il court chez Gérard.

— Tiens, lui dit-il, voilà six mille francs !

— D'où cela vient-il ? — s'écrie Gérard stupéfait.

— Cela vient de ton *Bélisaire*. Un Anglais me l'a acheté tout à l'heure *dix* mille francs... je t'apporte ce qui te revient !

— Mais, mon ami, mon tableau était à toi... bien à toi... Tu m'as beaucoup obligé en me le payant jadis quatre mille francs, alors que personne n'en voulait ! S'il s'est trouvé un fou pour surenchérir..., il est juste que...

— C'est toi qui es fou de t'imaginer que je vais gagner sur toi ! Allons, serre tes six mille francs dans un tiroir, et parlons d'autre chose !

Gérard se jeta dans les bras de son ami, et s'écria :

— Eh bien, je ferai ton portrait... avec ton enfant à la main ! Je veux m'appliquer et en faire mon chef-d'œuvre !

Et le portrait se fit. Ce fut l'œuvre véritablement magnifique qu'on voit dans cette première salle du musée français du Louvre. M. Eugène Isabey, l'ayant obtenu de son célèbre père, l'avait gardé longtemps. Un jour, la bonne idée lui vint d'en faire hommage à notre grande collection nationale, et le présent fut accueilli avec reconnaissance. Nous trouvions hier le célèbre peintre en contemplation devant cette image; ce don et sa présence nous remirent en mémoire cette anecdote toute spéciale.

———

Il est mort en 1860, dans un des grands châteaux du Haddingtonshire, en Angleterre, un personnage du nom de lord Haddington. Il avait été membre de la chambre des communes, lord-lieutenant d'Irlande et premier lord de l'amirauté sous l'administration de sir Robert Peel. Une particularité anecdotique qui se rattache à Isabey père nous fait noter la mort de ce noble et opulent insulaire.

Il y quelques années, arrive à Paris, vivement recommandé à lord Normamby, ambassadeur d'Angleterre, un neveu du comte Haddington : M. Georges Jerviswood, un brillant gentleman appelé à hériter un jour de la fortune et de la pairie du vieillard. M. Jerviswood avait reçu de son oncle une mission délicate et difficile...

Il s'agissait de retrouver un portrait de lui, comte de Haddington, peint en 1815 par le célèbre Isabey, miniaturiste des empereurs, rois princes et lords, et donné à...

A qui? Faut-il le dire? Le noble comte avait alors trente-cinq ans ; il était dans toute l'ardeur de l'âge, dans tout le prestige de sa fortune, dans tout l'épa-

nouissement de l'esprit et de la séduction personnelle.
Il aima.... il fut aimé.

Par qui? — Comment le révéler ?

Il s'agit aujourd'hui d'une femme épuisée de tristesse et d'âge, — une gloire alors, et depuis, — que
1815 vit dans tout le bruyant éclat de sa beauté, de
son esprit, de son talent... J'en ai trop dit ; je m'arrête...

Isabey fit ce portrait, un de ses chefs-d'œuvre,
misérablement payé deux cents louis. Le lord le lui
donna; elle le garda et le regarda longtemps. Puis, peu
à peu, vint l'âge, et pire que l'âge, la gêne... On fit insensiblement (est-ce le mot?) ressource de tous ceux
de ces présents souverains, — hommage de la puissance au talent, — qui offraient une valeur posi-
tive...

Un jour, Harel, un fureteur, vit l'admirable miniature pendue à la cheminée de la célèbre artiste. Il
aimait cette femme... Il se déclara jaloux de ce portrait—de 1815 ! Je crois qu'au fond il n'était jaloux...
que de le posséder. Le laissa-t-on faire ? Je l'ignore !
Toujours est-il que le lendemain il apportait cinq
cents francs à la célèbre artiste, dont les appointements étaient souvent plus qu'en retard. Où alla le
portrait? Ce fut, dit-on, le marquis de Custine qui,
en pourparlers alors avec l'aventureux directeur de
la Porte-Saint-Martin, pour sa fameuse et malheureuse *Béatrix Cenci*, le voyant sur la table d'Harel,

exprima le désir de l'acheter. Le marquis de Custine donna la miniature à encadrer dans le velours, chez un gainier de la rue Dauphine. Là, elle fut volée, et sa trace fut perdue !

Lorsque M. Georges Jerviswood, le neveu de l'original, vint à Paris expressément pour chercher cette miniature. il la suivit aisément, de main en main, jusqu'au gainier ; mais arrivé là, plus rien ! Il fut désolé. Le comte Haddington avait ordonné de la reconquérir à tout prix ; pourquoi ? On ne saurait dire au juste. C'était un de ces caprices de vieillard opulent auxquels il n'y a qu'à obéir, en supprimant tout commentaire. Peut-être ce portrait fut-il vu chez le marquis de Custine par quelque ami du vieux comte. Découvrant ainsi que l'image était sortie des mains, des admirables mains de celle qui l'avait jadis reçu de sa tendresse, le lord avait sans doute désiré arrêter les courses que son effigie était en train d'accomplir ainsi à travers le monde. Peut-être encore, arrangeant à la fois ses affaires en ce monde et pour l'autre, le noble pair obéissait-il, par cette recherche, à un sentiment religieux. La liste des *peut-être* doit être abandonnée ici avant que d'être épuisée. Un fait demeure : il voulait ravoir, revoir son portrait.

L'embarras du neveu fut donc extrême, la trace de l'objet étant perdue rue Dauphine. Il allait s'en retourner tristement dans le Haddingtonshire, lorsque les usages de son pays même lui donnèrent une idée.

Il fit insérer à la quatrième page des grands journaux un avis ainsi conçu :

MINIATURE D'ISABEY. *On offre d'échanger deux admirables portraits de femmes contre un portrait, d'homme daté de 1815. On offre également d'acheter un bon prix. S'adresser au n° 18, hôtel Meurice, de neuf heures à midi.*

Trois jours après arrive chez M. Jerviswood un personnage d'âge déjà mûr, et très-honorable d'aspect.

— C'est vous, monsieur, qui offrez deux miniatures d'Isabey, représentant des femmes, contre un portrait de ce maître daté de 1815?

— Oui, monsieur !

— Puis-je voir ces deux femmes?

— Puis-je voir le monsieur?

— Certainement ! voici.

Et le monsieur tira de sa poche de portefeuille un petit écrin en galuchat vert monté en argent. Il fit jouer le ressort et...

Et M. Jerviswood reconnut son oncle Haddington !

— Ah ! monsieur, vous voyez le plus heureux des hommes ! — s'écria-t-il transporté.

— Comment donc cela ? — dit l'inconnu.

M. Jerviswood s'empressa alors de raconter toute l'affaire, l'ordre absolu que le lord avait donné de retrouver son portrait et de le rapporter coûte que coûte, la piste perdue à partir du marquis de Custine... et le désespoir d'un neveu qui ne savait comment satisfaire le caprice, la volonté d'un oncle... à succession de millions et de pairie !

L'inconnu parut prendre un grand intérêt à ce récit ardent. Après quoi il satisfit la curiosité de l'Anglais, relativement à la façon dont la précieuse miniature était tombée entre ses mains :

—Il y a quelques années, — dit-il, — je me trouvais par hasard traverser le passage Dauphine en revenant d'une séance publique de l'Institut. Je m'arrêtai machinalement à l'étalage d'un des marchands de bric-à-brac qui occupaient alors ce passage, et ce portrait frappe mes yeux. Je l'examine... et ma surprise est grande en le voyant imperceptiblement signé d'Isabey, là... comme vous apercevez... sous l'épaulette gauche. Je demande au marchand ce qu'il veut de cette minature ; il me répond : cent francs... de l'air d'un homme qui se contentera au besoin du quart ! — Je donne les cent francs sans marchander et m'en vais. Depuis lors, la miniature a souvent été admirée chez moi, et le vieil Isabey, que je rencontrai dans les salons du Président de la République, qu'il venait remercier du sautoir de la Légion d'honneur, le vieil Isabey, auquel je montrai le portrait, le reconnut fort bien et me déclara que c'était celui du comte de Haddington, qui, en 1815, était l'amant de la célèbre X***. Depuis je n'y songeais plus, lorsque dernièrement votre avis publié dans les journaux est tombé sous les yeux de mon neveu, Ev... Bav..., membre du Corps législatif. Il accourut chez moi :

— Vous avez, mon cher oncle, — me dit-il, — une miniature d'Isabey représentant je ne sais quel lord? J'ai vu dans les annonces qu'un amateur, qui doit avoir ses raisons pour cela, offre deux portraits de femmes d'Isabey valant le double de ceux de notre vilain sexe; voulez-vous que je voie ce que c'est que cette affaire?

Je résolus d'aviser personnellement, car ces sortes de choses délicates et d'art sont de mon goût. Je suis donc venu moi-même. Maintenant que nous nous sommes expliqués, puis-je voir... ces dames?

— Monsieur, — dit l'Anglais, — je ne puis vous dissimuler mon embarras à propos d'elles... Elles ne sont pas ici ! Mais je les aurai, à tout prix ! Et comme je vous dois toute la vérité, veuillez m'écouter encore un moment. En proposant tout simplement dans le journal d'acheter la miniature que je cherchais, je risquais de tomber sur quelque amateur insensible à l'argent ! J'eus donc l'idée de tenter la convoitise des collectionneurs en parlant d'abord d'échange prestigieux...; l'offre d'acquisition venait ensuite. De cette façon, si je trouvais un simple vendeur, je payais, et tout était dit ! Si, au contraire, j'avais affaire à un libre-échangiste... j'en étais quitte pour l'inviter à rechercher lui-même chez les marchands deux miniatures féminines.... d'Isabey, que j'aurais payées n'importe quel prix... C'est probablement, monsieur, ce que j'ai à vous offrir!

— J'ai compris, monsieur... et je ne regrette point d'être tombé dans votre piége. Mes compliments, je vous prie, à lord Haddington; voici son portrait, veuillez le lui offrir!

— Mais enfin... monsieur, de quelle part, je vous prie?

— De la part du comte Henri Boulay de la Meurthe, vice-président de la République!

# LES ROTHSCHILD



C'était à Francfort, patrie du père du baron James, en 1848, à l'époque de tout ce que vous savez bien. Au plus laid moment de l'ébullition, quatre gaillards, sentant la bière et le tabac, songèrent que c'était l'heure, ou jamais, de partager avec les riches, et que, tant qu'à faire, le mieux était d'aller chez le plus avéré. Nos communistes se présentent donc avec des airs si déterminés, que les commis jettent les hauts cris et cachent les clefs. Le vieux Samuel demande ce que c'est ; on le lui dit :

— Faites-les entrer ! — s'écrie-t-il. — Qu'est-ce qu'il y a pour votre service ?

— Il y a que vous avez des millions, que nous n'avons rien, et que ça n'est pas juste !

— Après?

— Il faut partager...

Et cela disant, ces messieurs agitaient toutes sortes de vieilles armes, et roulaient des yeux terribles.

— Partager?... je veux bien! Combien supposez-vous que possède la maison Rothschild?

— Mettons une quarantaine de millions de florins! —dit le plus expert.

—Quarante millions... Soit! Le partage sera bientôt fait. Il y a, dans les États de la Diète, quarante millions d'individus..., c'est donc un florin par tête; vous êtes quatre? voilà quatre florins... Maintenant, détalez!

Et d'un geste impérieux l'énergique vieillard leur montra la porte. Nos gaillards subjugués filèrent en murmurant quelques excuses.

M. Samuel Rothschild est mort peu de temps après.

----

Il y a quelques années, l'hôtel Rothschild était assailli d'amateurs, de curieux qui imploraient la permission de voir un magnifique portrait de femme, incomparable chef-d'œuvre d'Holbein, qui venait d'être sauvé d'une imminente destruction par l'ingénieux procédé de M. Haro. Le panneau de bois sur lequel il était peint, fouillé en tous sens par les vers, les tarets, tombait presque en poussière, et il était grand temps de substituer une toile neuve à ce panneau vermoulu. Mais l'opération effraya le restaurateur de cette œuvre merveilleuse, et, dans son inquiétude, il trouva un ex-

pédient ingénieux, qui a parfaitement réussi. Tout ce
que le panneau contenait de poussière a été aspiré,
toutes les galeries, tous les canaux, les forages que
les insectes avaient creusés dans le bois ont été
vidés par une pompe aspirante, et une résine liquide
a été coulée dans toutes les cavités, dont elle a rempli
les vides les plus minces, y emprisonnant et embau-
mant à jamais les dernières larves surprises dans
leur œuvre de destruction. Il est résulté du refroidis-
sement de la matière, une sorte de plaque d'une matière dure et compacte qui défie désormais et l'humidité et les insectes, en éternisant l'œuvre admirable
du grand peintre.

Voici un fait auquel ni vous ni moi ne saurions rien
comprendre :

La bellissime baronne Alphonse de Rothschild
suivait une chasse (1863) dans les dépendances du
château de Ferrières. En retirant un de ses gants de
peau de daim, elle laisse glisser de son doigt une
bague en diamant qui tombe sur le chemin sans
qu'elle s'en aperçoive. Plus tard, en rentrant au château, la perte éclate, et comme le bijou a non-seulement une importante valeur matérielle, mais surtout
une grande valeur d'affection, la jeune baronne est
désolée. On affiche dans les cours et jardins que
cinq cents francs seront donnés à quiconque rappor-
tera la bague, et on n'ose guère espérer !

La nuit s'écoule. Aux premières clartés du jour, la fille d'un des gardes du parc sort du pavillon et se met en marche avec une expression de physionomie étrange. Où va-t-elle? chercher la bague! Quoi, à travers le parc, la forêt, trois ou quatre lieues de parcours par des chemins plus ou moins frayés, des halliers, la fange, les feuilles sèches, les terres détrempées de la saison? Oui... C'est insensé, croyez-vous? Mais, je vous le répète, regardez son visage : c'est celui d'une inspirée. Que se passe-t-il? Eh bien, le voici :

L'événement avait été le sujet de toutes les conversations du soir, sous tous les toits des dépendances du château. La fille du garde avait pris une vive part au chagrin de la jeune baronne, si excellente pour toutes les femmes de Ferrières, et elle n'avait réussi que difficilement à s'endormir tout agitée. Vers la fin de la nuit, elle rêva... car comment dire autrement? Une figure inconnue, étrange, imposante, lui apparut et lui dit : *Au lever du jour, va au carrefour....., à X....., et sur le grand chemin, au bord du fossé, au pied d'un hêtre, tu trouveras la bague.*

Et la vision évanouie, la jeune fille s'était réveillée dans une indicible émotion; elle avait attendu le petit jour; s'était habillée, et sans rien dire à personne, elle était partie, pleine de foi, pour chercher la bague!

Une demi-heure après, elle était à....., au carrefour .de...., près du fossé, au pied du hêtre... et, dans une cavité formée par un petit tas de feuilles rouillées...

Elle apercevait la bague, comme un ver luisant !

Accourir au château, crier à travers les jardins, les cours, les vestibules : « J'ai la bague ! j'ai la bague ! » demander à voir la baronne Alphonse, tout cela fut un élan, une joie, un transport ! Quelques instants après, la belle jeune femme, dont l'apparition dans la loge de famille à l'Opéra est toujours la sensation de la soirée, tenait son cher bijou, et la fille du garde avait une petite dot.

— Mais comment l'avez-vous retrouvée ? lui demanda-t-on de toutes parts.

Alors elle raconta ce que je viens d'écrire...

Qu'ajouter à cela ? il y a *un fait :* la bague perdue dans les bois — et retrouvée par une jeune fille qui n'était pas à la chasse ! — on ne saurait sortir de là. Toutes les femmes de la maison Rothschild acceptèrent très-sincèrement le miracle, parce que la noble et pieuse personne qui domine la famille morale : la baronne James, est une âme croyante autant qu'un cœur charitable, en restant un esprit supérieur. Quant aux hommes... ils ne veulent contrarier personne et se taisent, en réprimant peut-être un sourire. Les gardes, les domestiques du château, un peu jaloux sans doute, font cent contes plus absurdes que ne semble le miracle aux yeux des esprits forts, pour essayer de démontrer comment la jeune fille aurait pu savoir, tout autrement que par une révélation, un rêve, l'endroit où trouver le bijou... Quant au baron James, si on l'interroge, il se borne à répondre finement :

— La bague est retrouvée..., c'est le principal..., ne nous occupons pas du reste !

# M^lle LOUISE DE MORNAY



Il fut beaucoup parlé de la famille de Mornay lors de la représentation de *Henri III*, organisée à l'hôtel Sellière pendant l'hiver de 1862. Rappelons à ce propos un fait qui date de dix ans.

C'était à l'hôtel du maréchal Soult, rue de l'Université. La nuit venait; une sœur de charité était assise au pied du lit du comte Jules de Mornay, auquel elle prodiguait les soins d'un dévouement évangélique. C'était une jeune personne de vingt-deux ans, d'une beauté céleste. Le comte était à l'agonie. La religieuse le regardait à travers ses pleurs...

Tout à coup huit heures et demie sonnent à la pendule de la chambre déjà presque mortuaire. La religieuse fait un effort pour se lever, va embrasser le front pâle du moribond , et se dispose à partir.

— Ma sœur! — dit un prêtre, l'aumônier du collège Stanislas, qui était là en prières, — que faites-vous?

— Je dois le quitter! — répondit-elle d'une voix altérée de sanglots.

— Attendez une heure... et vous fermerez les yeux de *votre père!*

Cette jeune fille, cette sœur de charité, c'était mademoiselle Louise de Mornay, — la petite-fille du maréchal général duc de Dalmatie,—entrée en noviciat quatre ans auparavant, et alors sœur à l'hôpital d'Enghien, fondé au faubourg Saint-Antoine par le duc d'Aumale.

Elle eût pu avoir cent mille livres de rente, et joindre à ses armes illustres l'écusson d'un des plus beaux noms de France! Elle ne voulut être que la *sœur Louise*, vouer sa belle jeunesse et toute sa vie au soin pieux de ses malades inconnus qui viennent guérir, ou mourir, dans les hôpitaux. L'abbé de Saint-Stanislas essaya de la retenir.

— Non! — dit-elle, — la règle m'impose de rentrer à neuf heures, je dois l'exemple. La douleur que j'emporte rendra mon sacrifice et mon obéissance plus méritoires...

Elle embrassa de nouveau son père, qui ne sentit point cet adieu suprême, — et partit en pleurant et priant...

Le comte de Mornay mourut dans la nuit. Sa mort était causée par une névralgie aiguë résultant d'un fatal accident. Étant à la chasse, il reçut près de l'œil un grain de plomb parti de la main maladroite d'un ami. Les désordres inappréciables déterminés par ce petit projectile, qui n'avait pu être extrait, amenèrent des souffrances inouïes, — puis la mort.

# JEAN-JACQUES ROUSSEAU

S'EST-IL SUICIDÉ?
SON MASQUE A LA SALLE DES COMMISSAIRES PRISEURS.
LE PROCÈS-VERBAL DE SON AUTOPSIE.
LA VÉRITÉ MISE EN LUMIÈRE.

On nous écrivait :

Il a été vendu, à la salle des commissaires-priseurs de la rue Drouot, une relique à la fois curieuse et précieuse : le masque de Jean-Jacques Rousseau, empreinte de plâtre prise sur les traits de l'illustre philosophe, quelques instants après sa mort, par son ami Houdon, le même dont vous parliez récemment avec d'intéressants détails relatifs à la statue de Voltaire, une des plus admirables œuvres de l'art moderne, que le Théâtre-Français a le bonheur de posséder sous son péristyle.

Ce masque, dont la parfaite authenticité semble établie, mis à prix à 3,000 francs, n'ayant pas trouvé de surenchère à ce taux, a dû être baissé à 2,000, puis à 1,500, puis à 1,000... enfin à 500 et finalement à 200 ! —Un moment j'ai cru pouvoir l'acquérir au même prix

4.

qu'un perroquet de plâtre porté sur sa tête par un Luc-
quois ambulant...

« Parti de 200 francs, ce *monument*, digne d'un musée
(et dans lequel les vendeurs faisaient remarquer quelques cils de l'auteur des *Confessions* et de la *Nouvelle
Héloïse* mêlés au plâtre), a lentement gravi jusqu'à
660 francs, où il a été abandonné par les trois ou quatre
amateurs qui ne se le disputaient guère. — Dans la
salle à côté, on vendait à la même heure, 1,248 francs,
un petit chaudron en cuivre gravé, dans lequel un mu-
sulman inconnu avait dû faire ses ablutions, — et d'autres amateurs enchérissaient à l'envi une tabatière ou
bonbonnière en porcelaine de Saxe, représentant au
dehors des oiseaux, et à l'intérieur... un sujet peu fait
pour voir le jour. L'objet a atteint 1,662 francs, c'est-à-
dire 1,000 francs de plus que l'empreinte des traits de
Jean-Jacques à peine expiré, et relevée par la main la
plus habile du temps.

Cela est triste. On se demande où étaient les com-
patriotes de l'illustre écrivain qui a fait la gloire de leur
ville, et comment ce masque unique n'est pas allé, payé
son pesant d'or, prendre place sur un autel spécial,
dans un monument de Genève.

Oui, cela est triste, et, comme ce Bolingbroke de
l'histoire d'Angleterre (l'histoire selon M. Scribe),
« sans nommer personne, j'accuse tout le monde » dans
cette impiété, ce dédain, cette indifférence. — On me
dit qu'un grand artiste paya, il y a déjà bon nombre
d'années, le double du prix ci-dessus mentionné, le
simple masque du peintre David, qu'il en fit faire un
grand nombre d'épreuves et les répandit généreusement dans les ateliers, comme un hommage à celui qui
releva la peinture française de sa décadence de style
et des profondeurs de l'afféterie et du pastoral où les
petits-maîtres du dernier siècle l'avaient précipitée. —

Des remerciements officiels furent adressés à l'architecte intelligent qui, à l'ouverture des tombeaux de
Saint-Denis, eut l'idée de prendre lui-même l'empreinte,
pourtant défigurée, des traits de Henri IV, empreinte
qui, comme celle de Rousseau, offre quelques cils, et
de plus des brins de barbe. — Je lisais l'autre jour,
dans un journal du soir, qu'un magistrat de Paris possède quelque chose de plus étrange qu'un simple masque moulé sur nature... c'est la tête du cardinal de Richelieu, desséchée, pour ainsi dire momifiée, et qui fut
enlevée pendant la Révolution au tombeau de la Sor-
bonne... N'est-il pas étrange de savoir que le corps du
terrible ministre repose aujourd'hui *décapité* dans le
tombeau de Girardon? Mais le masque authentique de
Rousseau, l'empreinte de son dernier souffle, si l'on
peut dire, vendu beaucoup moins cher qu'une petite
porcelaine obscène, c'est triste! le mot me revient, et
ce n'est pas la gloire de Jean-Jacques qu'il en faut
accuser!

Veuillez agréer, etc.

Dans les jours qui suivirent, nous reçûmes plusieurs autres lettres que l'intérêt historique et littéraire du sujet nous porte à réunir ici, — une vive
lumière devant jaillir de l'ensemble sur la grave et
intéressante question du suicide de Jean-Jacques
Rousseau.

La première de ces lettres émane d'une des au-
torités fédérales de la Suisse, et elle fait observer que
si Genève n'a pas cherché à acquérir ou conquérir

ce masque, « ce n'est point par indifférence pour l'homme illustre *auquel elle a élevé une statue.* »

Une autre lettre exprime le regret d'un ardent disciple de Jean-Jacques, de n'avoir pas été informé à temps de cette mise en vente, déclarant qu'il eût payé ce masque son « pesant d'argent. »

Deux autres se rencontrent dans le même vœu, et nous prient de reproduire ce masque en gravure.

Une dernière enfin, signée Jules Claretie, nous signale un autre masque du philosophe génevois, placé au Jardin des Plantes, dans les galeries d'anthropologie, à côté du masque de Voltaire et de celui de... Cartouche : *habent sua fata...* s'écrie notre correspondant. Ce masque est également de Houdon ; mais il est naturellement d'une époque antérieure à celui de la salle Drouot, *moulé sur le mort*, et il se rapproche beaucoup du pastel de Latour, si vivant, si animé, et duquel on pourrait véritablement dire qu'il va parler... ou plutôt écrire.

Quant à la question du suicide, voici pour la négative (et ceci concorde parfaitement avec le document qu'on trouvera plus bas), M. Jules Claretie nous dit :

« Je terminerai cette lettre en recopiant une phrase de Houdon lui-même, adressée à M. Petitain (1819), — phrase que j'ai *collationnée* sur la lettre originale :

« Quant à ce propos, dit le sculpteur, que j'aurais tenu à M. Olivier Corancez que : le trou au front était profond au point de m'avoir forcé à remplir le vide, je regrette, monsieur, d'être amené à déclarer à M. Corancez qu'il y a complétement erreur. — Je n'ai jamais dit pareille chose !

« La lettre est bien connue. Elle traite du masque que Houdon venait de mouler. C'est toujours la polémique de Musset-Pathay contre ses adversaires !—Y a-t-il eu, dans la mort de Jean-Jacques, suicide ou accident?—Ce n'est pas moi qui oserais prononcer. »

Soit; mais voici un très-important document. Il nous vient en droite ligne du petit-fils de l'illustre sculpteur, auquel l'art contemporain doit la magnifique statue de Washington et le fameux *Écorché*. Nous copions :

Forges de Paimpont, 24 juin 1860,<br>par Plélan (Ille-et-Vilaine).

Monsieur,

Vous avez parlé du masque de Jean-Jacques Rousseau, moulé par le sculpteur Houdon.

Je suis le petit-fils de Houdon, et j'ai vu dans ma jeunesse ce masque dans l'atelier de mon grand-père.

Souvent j'ai entendu parler du genre de mort de Jean-Jacques, et j'ai toujours entendu nier absolument qu'il se fût suicidé.

Mon grand-père ne trouva sur le cadavre, presque encore chaud, *qu'une légère écorchure* sur le front. Cette blessure n'attaquait que l'épiderme, car on peut suivre encore sur le masque les lignes formées par les rides.

Mon grand-père affirmait que Rousseau était assis, et que, se sentant tout à coup indisposé, il avait voulu se lever, et était tombé la face contre terre.

Suivant M. Houdon, Rousseau serait donc mort d'un coup de sang, et la blessure du front serait une suite toute naturelle de la chute du corps.

En 1828, le masque de Rousseau fut vendu avec les autres objets qui composaient l'atelier de mon aïeul.

Si mes souvenirs sont fidèles, le prix de ce masque, aux paupières duquel adhéraient quelques cils, s'éleva à la somme de 500 francs. M. Gossuin, l'acquéreur, le fit lithographier assez fidèlement, et j'ai retrouvé chez moi un exemplaire de cette lithographie devenue de toute rareté. Je me fais un plaisir de vous l'envoyer.

Recevez, monsieur, etc.

EDMOND DUVAL.

Peu de jours après la réception de cette lettre fort concluante et de l'image en question, il nous parvenait un calque de cette même lithographie, de la part de M. Jules Canonge, de Nîmes. Comme sous l'envoi précédent, on y lit : *Tête de Jean-Jacques Rousseau, moulée sur nature, 24 heures après sa mort, par Houdon, sculpteur. Faisant partie du cabinet de M. Gossuin. Marie Lavigne del. Lith. C. Motte.* Notre nouveau correspondant ajoute que « Pradier ayant vu, chez lui, cette estampe authentique, l'étudia avec beaucoup d'intérêt, et exprima le regret de ne pas l'avoir connue lorsqu'il exécuta sa statue de Jean-Jacques pour la ville de Genève. »

Madame de Staël n'avait que douze ans à la mort de Jean-Jacques ; lorsqu'elle fut en âge de penser et d'écrire, elle se montra l'adversaire passionnée des idées de l'auteur du *Contrat social*. Quand on songe aux entraînements des polémiques antiphilosophiques du temps où madame de Staël régnait sur les coteries franco-allemandes, on comprend, qu'heureuse de trouver, dans une mort violente, un argument contradictoire et final aux théories de son adversaire posthume, elle ait trop aisément écouté *le dire d'un maître de poste de Louvres, dont un des gens avait conduit M. Houdon à Ermenonville, et qui lui avait dit à son retour que quelques habitants, qu'il avait vus dans une auberge, n'étaient pas unanimes sur le fait de savoir si la mort avait été naturelle ou violente.*

Ainsi, voilà des *on dit* de gens flânant dans une auberge, rapportés par un postillon à son maître, et enfin par celui-ci à on ne saurait préciser qui, voilà, disons-nous, sur quoi madame de Staël a répandu dans toute l'Europe—et dans l'histoire—une affirmation aussi capitale au double point de vue philosophique et religieux !

Mais si le postillon qui a conduit Houdon à Ermenonville a répété ces vagues *on dit*, le célèbre sculpteur lui-même a fait la déclaration *toute contraire*, et dont acte a été offert à nos lecteurs par la curieuse lettre du petit-fils de Houdon, qui précède. Qui mérite le plus créance : soit de l'honorable et grand artiste, pratiquant par le moulage une opération des plus concluantes, et dont la preuve matérielle *est encore là*,—soit du postillon rapporteur de ces commérages. d'auberge ?

Il restait un document à produire : le *procès-verbal* authentique de l'examen du corps et de l'autopsie de Jean-Jacques. Rousseau. C'est ce morceau, si matériellement affirmatif, de la lettre précitée, que nous avons la bonne fortune de publier comme dernier mot d'une question qui nous semble aujourd'hui incontestablement jugée dans le sens le plus heureux. pour la véritable philosophie chrétienne, et pour la mémoire d'un grand homme. Ce procès-verbal est une copie certifiée, prise sur la *minute* déposée aux archives de la mairie de la commune d'Ermenonville (Oise). Nous nous bornons à en extraire les points particulièrement essentiels à la question :

*Rapport de M. Casterès, chirurgien, à Senlis (Oise), sur l'ouverture du corps de Jean-Jacques Rousseau.*

Je soussigné, Casterès, lieutenant de M. le premier chirurgien à Senlis, avant été appelé au château d'Ermenonville cejourd'hui, 3 juillet 1778, et requis de faire l'ouverture du corps de M. Jean-Jacques Rousseau, de Genève, décédé le soir précédent audit lieu, vers onze heures du matin, lequel avait recommandé, tant dans sa dernière attaque que dans une précédente maladie, qu'on ouvrît son corps après sa mort pour découvrir, s'il était possible, les causes de plusieurs maux et incommodités auxquels il avait été sujet en différents temps de sa vie, j'ai, le jour dit, à six heures du soir, procédé à ladite ouverture, et recherché, avec l'aide de mes confrères *soussignés*, Gilles-Casimir *Chenu*, chirurgien à Ermenonville, et Simon *Bouvet*, chirurgien à Montagny, et en présence de MM. Achille-Guillaume *Lebègue de Presles*, écuyer, médecin de la Faculté de Paris et censeur royal, et *Brulé de Villeron*, médecin à Senlis... (Ici l'énumération des recherches étrangères à l'objet de la mention spéciale qui nous occupe.)...

. . . . . . . . . . . . . . . . . . . . . . . . . .

« L'ouverture de la tête et l'examen des parties renfermées dans le crâne nous ont fait voir une quantité considérable (plus de huit onces.) de sérosité épanchée entre la substance du cerveau et les membranes qui la recouvrent. Ne peut-on pas, avec beaucoup de vraisemblance, attribuer la mort de M. Rousseau à la pression de cette sérosité, à son infiltration dans les enveloppes du cerveau et dans la substance de tout le système nerveux ?

Ce qui tend à prouver que la cause de mort a attaqué l'origine des nerfs ou les parties principales du système nerveux, c'est que M. Rousseau ne s'est plaint, durant les dernières heures de sa vie, que d'un fourmillement et picotement très-incommode à la plante des pieds, ensuite d'une sensation de froid et d'écoulement de liqueur froide le long de l'épine du dos, puis de douleurs vives à la poitrine, enfin de douleurs aussi très-vives et lancinantes dans *l'intérieur de la tête.*

Ce 3 juillet 1778, signé à la minute.

Casterès, lieutenant.

Lebegue de Presles.
Brulé de Villeron.

Et plus bas on lit :

Contrôlé à Dammartin, ce 2 janvier 1779, par Ganneron, qui a reçu 14 sols.

Signé : Ganneron.

5

Résumons en peu de mots :

Le rapport d'autopsie (demandé par Rousseau déjà malade) constate que l'*épanchement cérébral* a dû causer sa mort ;

Le témoignage de Houdon qui moule le masque, constate une *égratignure* au front, — le moulage en porte la trace légère.

· Voyez maintenant l'enchaînement naturel des faits certifiés :

L'épanchement cérébral foudroie le malade ;

Il tombe, et son front est légèrement entamé dans la chute.

Le masque qui subsiste démontre *matériellement* la vérité des allégations et du procès-verbal des chirurgiens—et des déclarations du sculpteur Houdon...

Qui pourrait encore songer aux bavardages de cabaret rapportés par le postillon de madame de Staël?

———

A propos encore de Jean-Jacques, le correspondant obligeant duquel nous tenons le procès-verbal qui précède, appelle notre attention sur le triple cachet de son envoi. On y lit dans un cercle à peu près égal en diamètre à celui d'une pièce d'or de dix francs :

VITAM

IMPENDERE

VERO

« C'est, — écrit notre correspondant, — l'empreinte du cachet qui a appartenu à Rousseau et dont je suis l'heureux possesseur. » Il est curieux d'ajouter que la devise de Dante fut jadis la même pensée exprimée en une autre langue :

*Cercando il vero.* »

Nous pensons que de cet ensemble de documents il résulte irréfragablement que Rousseau n'a point attenté à sa vie, qu'il est mort naturellement, et que les adversaires de son génie ont à abandonner le violent argument du suicide contre les doctrines déistes de l'hôte du Panthéon.

# LES DEUX DUCHESSES DE PARME

MARIE-LOUISE D'AUTRICHE. — MARIE-THÉRÈSE DE BOURBON.
LEURS DESTINS.

Il peut être curieux de constater ici quels sont aujourd'hui les destins de la génération issue de l'ancienne duchesse régnante de Parme, l'ex-impératrice veuve de l'empereur Napoléon I^er. On verra combien cette mention d'une filiation, croyons-nous, peu connue, se relie curieusement aux événements actuels.

Marie-Louise ayant obtenu la souveraineté des duchés de Parme, Plaisance et Guastalla par le traité de Paris, en date du 11 avril 1814, ratifié au congrès de Vienne l'année suivante, n'entra dans ses États qu'en 1816. Elle était accompagnée, presque depuis l'époque de sa retraite de France, par le lieutenant maréchal comte Adam-Albert de Neipperg, « personnage illustré, — dit M. de Menneval, — par de grands commandements militaires et d'importantes missions diplomatiques. » Le comte de Neipperg prit dès lors auprès de la duchesse le simple titre de *chevalier d'honneur*. Il avait quarante-deux ans. Il était veuf depuis un an à peine d'une dame de Trévise qui lui avait laissé quatre fils. Il venait de quitter le commandement des départements du Gard, de l'Ardèche et de l'Hérault, où les troupes de sa division se trouvaient réparties à la chute de l'Empire. Madame de Staël enfin, qui avait connu le comte de Neipperg, ambassadeur d'Autriche en Suède, l'appelle le *Bayard allemand*. Le fait est que s'il était diplomate consommé, pour son gouvernement—et pour lui-même, ce personnage était aussi un valeureux soldat. Il portait au front un bandeau noir ; un coup de feu l'avait laissé borgne.

Disons quel destin fut celui des quatre fils nés du premier mariage du comte Neipperg ; nous mentionnerons ensuite les résultats de son union avec l'ex-impératrice Marie-Louise.

L'aîné, Alfred, plut à l'une des filles du premier mariage du roi Guillaume Ier de Wurtemberg, la princesse Marie-Charlotte, et en fut épousé en 1840. Il devint, pour ainsi dire, comte-époux. Dans une partie de chasse, il fit une chute horrible, tomba sur la tête, — et resta fou.

Le second, le comte Gustave, commandeur de Malte (avec vœu), était officier d'artillerie. C'était un

esprit très-distingué, fort occupé des sciences mysti-
ques : la phrénologie, le magnétisme, etc. Il est mort
du choléra à Milan.

Le troisième, le comte Ferdinand, était officier de
hussards. Un jour qu'il avait défendu à un sous-offi-
cier de son régiment d'aller dans un bal de cabaret,
celui-ci désobéit. Le comte l'apprend, et court pour
le faire sortir. Le soldat injurié perd la tête, et tue
Neipperg d'un coup de pistolet.

Le quatrième fils du second époux de Marie-Louise,
le comte Ervin, seul survivant des quatre frères, est
au service autrichien.

Du mariage morganatique de l'archiduchesse d'Autriche, ex-impératrice des Français, duchesse régnante
de Parme, avec son chevalier d'honneur et premier
ministre, le maréchal comte Adam de Neipperg, sont
nés trois enfants.

Le premier n'a pas vécu.

Le second fut une fille qui épousa le comte San
Vitale, de l'une des premières familles du pays. Issue
d'une archiduchesse et d'un maréchal autrichien, la
comtesse San Vitale adopta pourtant avec ardeur la
cause révolutionnaire italienne en 1848. Elle fut marraine du drapeau tricolore national, et se mit à la
tête du cortége, lors des funérailles des habitants tués
par les troupes ducales ou archiducales. Son mari de-

vint sénateur piémontais. Lors du dernier réveil de
la nationalité italienne, la comtesse de San Vitale en-
voya son fils aîné combattre dans les rangs piémontais...

Le dernier fruit du mariage de la duchesse de Parme
est enfin le comte de Montenuovo (traduction italienne
du nom ou mot allemand Neipperg, *mont neuf*)
aujourd'hui général de division au service de l'Autriche.

De sorte que de son second mariage, avec le comte
Neipperg, Marie-Louise a laissé deux enfants, — dont
l'un combattit dans les rangs opposés à ceux où
la sœur envoyait son fils !

*Louise-Marie-Thérèse de Bourbon*, née en 1819, — fille
du duc de Berry, et conséquemment sœur du comte
de Chambord, — jadis *mademoiselle de Rosny*, — puis,
duchesse de Parme et de Plaisance par son mariage,
en 1845, avec l'infant d'Espagne Ferdinand-Charles III
de Bourbon, fils de l'ex-duc de Lucques, — veuve en
1854, — et depuis, régente des duchés pour son fils, le
duc Robert I<sup>er</sup>.

Lorsque, séduit par certains prestiges, il arrive
qu'on envie le sort des princes, il est salutaire de se
rappeler aussitôt les grandes douleurs de ces ora-
geuses existences, — afin de comprendre que le véritable bonheur est le plus souvent moins qu'ailleurs

dans ces vertigineuses situations que leur hauteur
même rapproche plus souvent des foudres. — La vie
de la dernière duchesse de Parme en est un frappant
exemple.

Ainsi, elle est encore au berceau, — que le duc de
Berry, son père, est assassiné sous les yeux de sa
mère.

Elle a dix ans à peine, — lorsque la révolution de
Juillet chasse de France toute sa famille.

Elle se marie, — neuf ans après, on rapporte le
prince frappé à mort; il expire dans ses bras.

Enfin, plus tard, — elle doit abandonner ses États,
où la rappelle pour un seul moment la contre-révo-
lution.

Le duché de Parme était l'un des plus heureux, des
plus florissants États d'Italie. La duchesse y avait in-
telligemment et généreusement continué les traditions fondées par Marie-Louise, laquelle, tout archiduchesse d'Autriche qu'elle fût, sut parfois prouver
qu'elle se reconnaissait princesse italienne. La régente avait quatre enfants : *Marguerite*, l'aînée, âgée
de douze ans lors de la révolution italienne, — *Robert*
(duc souverain mineur), âgé de onze ans, — *Alice*,
âgée de dix ans, — et *Henri*, comte de Bardi, âgé de
huit ans.

Le jeune duc de Parme, — appelé à gouverner l'État

par l'abdication, en 1849, de son père Charles II, ancien duc de Lucques, et héritier, par les traités, du
duché de Parme, à la mort de Marie-Louise, — ne
régna que cinq ans. Un soir, il fut frappé de deux
coups de couteau, comme il se promenait dans les
rues de Parme. Il expira dans la nuit. L'assassin fut
longtemps inconnu. La façon dont il échappa aux recherches est audacieuse et singulière. Il avait choisi,
pour frapper le duc, un point qui offrait une retraite
facile, en contournant une église isolée. Il gagna
rapidement les remparts, où une corde avait à
l'avance été cachée dans les broussailles. Profitant
de la nuit qui tombait, et aidé de cette corde, il se
laissa glisser dans le fossé extérieur, d'où il gagna la
campagne. Deux heures après, et comme dans l'agi-
tation où le meurtre avait mis la ville, on en avait
fermé les portes, il se présenta sous prétexte de rentrer chez lui. Les soldats de garde lui refusèrent le
passage ; il insista, feignant l'étonnement. Alors on
lui raconta qu'on venait d'assassiner le duc, et que
les portes de la ville étaient fermées pour empêcher
l'évasion du meurtrier...

Là-dessus, il s'en fut coucher aux champs, et revenu le lendemain seulement, il fut naturellement à
l'abri de tout soupçon. Quelques jours après, il jugea
pourtant assez prudent de quitter la ville, le pays,
l'Italie, l'Europe ! Il passa en Amérique. C'est seulement de là, et en apprenant que plus de vingt inno-

cents étaient incarcérés pour son crime, qu'il résolut de se faire connaître. Il écrivit au ministre de Parme, en précisant toutes les circonstances de son action, de façon à ne laisser aucun doute sur la sincérité de son aveu. — Il se nommait Bocchi.

LE DOCTEUR

# CHARLES PHILLIPS



Quelle admirable découverte que celle de l'action anesthésique du chloroforme, et quel malheur pour nous que l'humanité la doive à l'étranger... à l'Amérique ! Nous nous consolons pourtant un peu en songeant que les Anglais n'y sont pour rien.

Un exemple de cette action merveilleuse, qui s'est récemment passé sous nos yeux (1862) :

Un vieillard de soixante-dix-huit ans doit subir une opération des voies inférieures, opération aussi douloureuse, aussi sanglante que grave. On met quinze jours à l'y préparer. Sa vie est à ce prix... et Dieu sait, puisqu'il l'a voulu ainsi, combien le vieillard tient à cette vie qui menace à tout instant de l'abandonner.

Un matin, le célèbre chirurgien-opérateur arrive

avec deux aides. Les aides restent dans une chambre voisine. Le docteur Phillips entre seul, s'informe auprès du malade de sa nuit, qui a été mauvaise; celui-ci n'a pu dormir un instant, tant les douleurs ont été vives!

Le prince de la science dit :

— Il faut que vous reposiez un peu... je vais vous faire dormir quelques heures... respirez cela !

C'était un mouchoir imbibé d'une liqueur éthérée; le malade sans défiance respire, et s'endort aussitôt.

. . . . . . . . . . . . . . . . . . . .

. . . . . . . . . . . . . . . . .

Vingt minutes après, entre la femme du vieillard, étendu chaudement dans son lit.

— Eh bien, mon ami, comment te trouves-tu?

— Mieux... j'ai dormi... cela m'a un peu calmé!

— Il faudra pourtant que tu te décides à cette opération... M. Phillips vient de m'en parler encore... Voyons, mon ami, c'est ta santé dont il s'agit, c'est ton salut, notre bonheur à tous!

— Oui..., — dit le malade en soupirant, — je sens bien qu'il faudra m'y décider puisque mon excellent médecin, puisque mon ami, le veut... Mais je voudrais bien attendre encore quelques jours!

— Mais puisque tu te sens mieux... ne faudrait-il pas, au contraire, profiter de tes forces pour en finir?

— Ah! mon Dieu!... Ah! mon Dieu! — exclama le pauvre vieillard en pâlissant.

— Ne vous effrayez pas ! — dit l'éminent praticien, qui venait de rentrer, après avoir congédié ses aides, — ce que vous redoutiez n'est plus à faire...

— Comment cela ? — s'écria le malade, soulagé par la brusque espérance d'esquiver l'horrible opération.

— Cher ami, — dit avec élan sa femme, — ne sens-tu pas que tout est fini ? que tu n'as plus rien à redouter ?

La joie du vieillard, on la comprendra ! En neuf minutes, l'éminent praticien l'avait endormi par l'inhalation du chloroforme, — puis dextrement opéré — et replacé dans son lit...

Et l'on récompense les gens qui inventent de terribles machines destructives du genre humain ! Il est vrai que ces machines ne sont pas encore assez terribles, car le jour où l'on aura trouvé le moyen de faire sauter d'un seul coup tout une armée, tout une ville, en y lançant quelque formidable engin d'explosion, on aura rendu le plus éminent service possible à l'humanité : la guerre sera devenue impossible !

# DE BALZAC

L'HÔTEL DES HARICOTS.—LE VASE ÉTRUSQUE.
SON PORTRAIT ÉCRIT PAR LUI-MÊME.—LE VINAIGRE DE BULLY.
UNE ÉPREUVE D'IMPRIMERIE.—LA MESSE DE L'ATHÉE.
UNE RÉCLAME SUR LUI-MÊME PAR LUI-MÊME.

Il y a, trop de gens le savent, un endroit de Paris plaisamment appelé l'*hôtel des Haricots*; c'est la maison disciplinaire de la garde nationale. Quelqu'un qui vient d'y faire un séjour, et qui a cru devoir écrire ses impressions dans un petit journal, dit :

« Je remarquai, à côté du nom de M. Adolphe Adam, ces deux lignes :

« M. de Balzac, prisonnier d'État, du 7 au 15 mars. »

Voici ce qui nous est revenu de cette arrestation, qui mérite sa petite place dans le récit d'aventures du romancier illustre.

A l'époque de sa très-grande vogue, de Balzac cherchait à se dérober aux visites d'amis ou de flâneurs

qui venaient lui dévorer son temps. Il avait loué, à
cet effet, dans le voisinage de son éditeur d'alors,
M. Hippolyte Souverain, un petit appartement sous
le nom de *madame Dupont;* ce fut là que son ami
Léon Gozlan, qui l'avait déniché, lui écrivit un jour
sous cette adresse : à madame Dupont, *née Balzac.*
Mais ceci n'est pas l'affaire.

Parmi les terreurs à l'abri desquelles le célèbre
romancier avait cru se placer à l'aide de ce vulgaire
pseudonyme se trouvait au premier rang le service
de la garde nationale, pour lequel il avait une répul-
sion semblable à celle qu'éprouve contre l'eau
l'hydrophobe. Mais la discipline civique avait son
implacable cours, si bien que les fantaisies antigarde-
nationalesques de notre auteur avaient accumulé à
son domicile légal tous les avis et commandements
qui précèdent l'incarcération des réfractaires.

Or, le sergent-major de la compagnie qui avait
l'honneur de compter M. de Balzac sur ses cadres
était un parfumeur. En cette qualité, il n'avait pas vu
sans quelque dépit le sans-gêne avec lequel l'illustre
plume avait démasqué divers secrets professionnels
dans le fameux *César Birotteau.* Aussi, comme repré-
sailles, s'était-il juré de coffrer l'historiographe de
sa profession. Il suffisait pour cela de le trouver
*dans la rue...*

Ces préliminaires établis, voici la scène.

Un matin, tandis que, sous prétexte de madame

Dupont, de Balzac travaillait à une des *Incarnations de Vautrin*, sa vieille servante vient lui dire qu'il y a en bas un camion qui apporte une caisse à son adresse.

— Comment diable m'a-t-on déniché ici ! — s'écrie Balzac, renvoyant la bonne aux informations. Elle va, revient, et dit que la caisse est déclarée contenir un *vase étrusque* qui arrive d'Italie, que voilà déjà trois jours qu'elle est promenée dans Paris à la recherche du destinataire, et qu'avant de la livrer le porteur désire que M. de Balzac constate le bon état de la caisse. L'écrivain, emporté par son sens artistique, descend en robe de chambre, met le pied sur le trottoir et regarde le camionneur qui manie délicatement cette aimable caisse, contenant l'œuvre inestimable des antiques Capouans. Il s'imagine déjà contempler le vase à la panse rebondie, aux anses contournées en col de cygne, et ce fond noir-roux où se dessinent, avec une pureté parthénopéenne, de longues figures jaunes dans des attitudes funéraires ou héroïques...

— Ah ! monsieur de Balzac, vous êtes pincé ! — crie un trouble-fête qui lui saisit brusquement le bras, tandis qu'un colossal gaillard ferme la retraite du côté du logis.

— Quoi?.... qu'est-ce que c'est? — s'écrie de Balzac brusquement assailli dans son joli rêve étrusque.

Ce que c'était? C'était le sergent-major parfumeur qui vengeait à la fois et sa profession et la garde civique! Un fiacre était là qu'on fit approcher, tandis que le fallacieux camion disparaissait avec sa diable de caisse. En vain l'écrivain objecta qu'il était en robe de chambre, en pantoufles, à jeun..., dans tous les états enfin qui retiennent un homme chez lui..., le raccoleur fut impitoyable, inexorable, intraitable. Il fallut monter tel quel dans le sapin, en présence d'une vingtaine de personnes déjà rassemblées, et ne se gênant point pour rire de la scène. La vieille servante se désolait; Balzac finit par rire comme les autres; il commanda qu'on lui apportât tout ce qui allait lui manquer, et partit pour l'*hôtel des Haricots*, où, ainsi que la preuve en est restée jusqu'aujourd'hui sur la muraille-archive, il passa huit jours à rêver tout à son aise sur l'art des aruspices.

---

Voici une lettre de Balzac, qui complétera, sur son caractère, certains aveux. Cette lettre s'est vendue soixante-deux francs en 1861, n° 254 du catalogue Charavay.

Après avoir critiqué une traduction d'*Inès de Castro*, faite par la dame à laquelle la lettre est adressée, tout en se défendant vivement de s'être jamais moqué d'elle, il dit :

6.

... La moquerie est ce qu'il y a de plus froid dans le monde ; elle annonce toujours quelque sécheresse dans le cœur...

Il lui demande ensuite qui a pu lui dire qu'il est dans des *chaînes fleuries* :

... Je puis vous assurer, madame, que si j'ai une qualité, c'est, je crois, celle que vous me verrez le plus souvent refuser, c'est l'énergie. Vous devez avoir éprouvé vous-même combien les malheurs développent chez nous cette terrible faculté de se roidir contre la tempête et d'opposer à l'adversité un front calme, immobile. . Je suis vieux de souffrances, et vous n'auriez jamais présumé mon âge d'après ma figure gaie. Je n'ai même pas eu de revers, j'ai toujours été courbé sous un poids terrible... Rien ne peut vous donner une idée de ma vie jusqu'à vingt-deux ans. Je suis étonné de n'avoir plus à combattre que la fortune... De la dure contrainte dans laquelle j'ai vécu, il est résulté une sauvage énergie et une horreur pour tout ce qui sent le joug... J'ai tout refusé en fait de places, à cause de la subordination, et sur cet article je suis un vrai sauvage, et c'est moi que vous imaginez *mené*, ou qu'on vous dépeint *mené !* rien n'est plus faux... J'ai le caractère le plus singulier que je connaisse ; je m'étudie moi-même comme je pourrais le faire pour un autre. Je renferme dans mes cinq pieds deux pouces toutes les incohérences, tous les contrastes possibles... Ce kaléidoscope-là vient-il de ce que le hasard jette dans l'âme de ceux qui prétendent vouloir peindre toutes les affections et le cœur humain toutes ces affections mêmes, afin qu'ils puissent, par là, forcer leur imagination à ressentir ce qu'ils peignent, et l'observation ne serait-elle qu'une sorte de mémoire propre à aider cette mobile imagination? je commence à le croire... J'espère qu'après une telle confession vous ne me ferez plus parler de moi-même....

Cette curieuse confession n'est-elle pas un document fort précieux pour la biographie du grand romancier?

Qui ne connaît le vinaigre hygiénique et odontalgique dit *de Bully?* Cinq ou six industriels font fortune à Paris à le fabriquer, et une foule de marchands à le vendre; ce nom acquit même jadis une telle notoriété, qu'un homme de lettres très-connu, dont le nom patronymique était celui de ce vinaigre, craignit le ridicule, se débaptisa, et prit un pseudonyme moins aigre et plus ronflant, sous lequel il s'est fait une célébrité qui ne lui provient pas de l'unique littérature.

On dit que lorsque Balzac conçut le célèbre *César Birotteau,* dont il vient d'être parlé, un des types du roman moderne, ce fut cet inventeur encore obscur qui lui servit de modèle, en sa modeste boutique, située à l'angle des rues Saint-Honoré et Saint-Nicaise.

Bully allait sans doute, en 1829, toucher à la fortune que Balzac donne un moment à César Birotteau, car il venait d'inventer son fameux vinaigre; mais la révolution éclata peu de temps après, et ce fut une

des plus lamentables victimes de cette révolution.
Dans la lutte dont son quartier se trouva le théâtre,
des Suisses traqués par le peuple vinrent se réfugier
chez lui... ; la petite boutique fut forcée, saccagée ;
Bully perdit tout ce qu'il possédait, et ne sauva pas
les Suisses ! La vente du peu qui lui restait ne com-
blant point le passif de sa situation, Bully aliéna la
recette de son vinaigre aux mains d'un confrère, et se
retira dans une mansarde, chargé de quelques mille
francs de dettes. Mais il jura qu'il payerait tout...
Comment ? Il avait foi en la Providence !

Peu de temps après ces événements, M. Laurentie
fondait, avec le comte de Lostange, un journal quoti-
dien, d'abord intitulé *le Rénovateur, Courrier de l'Europe*, et qui devint plus tard *la Quotidienne*. On raconta
à ces honorables légitimistes le dévouement et la ruine
du pauvre Bully ; ils le firent appeler et lui offrirent,
en attendant mieux, une place de garçon de bureau,
qu'il accepta avec reconnaissance. La vie que mena
dès lors cet honnête homme méritait d'être recueillie
par le grand romancier qui avait décrit la décadence
de César Birotteau. Cette vie, qui dura encore quinze
ans, fut une sorte de martyre inconnu, une abnégation touchant à l'héroïsme de la probité. Bully,
pour payer les quelques mille francs qu'il devait
encore depuis le sac et le pillage de son magasin de
la rue Saint-Nicaise, se condamna à des privations
qui ont assurément abrégé sa vie. Ceux qui le connu-

rent racontent qu'il ne vivait que de pain et de laitage, qu'il n'avait pas de domicile, qu'il couchait sur un fauteuil de bureau, et que de cette sorte il ne prélevait guère que 15 à 20 francs par mois sur ses appointements de 90, abandonnant le reste à ses créanciers. Accablé de vieillesse, il alla mourir à l'hôpital de la Charité, et la seule personne qui suivit le convoi de cet homme de bien fut M. le comte de Lostange!

Que ceux, en grand nombre, qui se servent du vinaigre de Bully apprennent cette touchante histoire d'un des martyrs inconnus de l'invention, — de la politique — et de la probité.

———

Il nous est tombé sous les yeux une singulière épreuve de la feuille 18 d'une édition in-8° du *Lis dans la vallée* de Balzac, avec le *bon à tirer* de l'auteur. Voici le texte commençant au haut de la page 296 du premier volume :

« ... lumières de la foudre. Combien de plaisirs suaves ne goûtai-je pas, *voilà deux fois que je corrige tout le passage* en voyant que chez nous ces pensées, ces ressentiments étaient réciproques? De quel œil charmé *et je m'étonne que les fautes soient restées. Revoir la première* je suivis le progrès du bonheur chez Henriette. Une femme qui revit sous les regards de l'aimé *épreuve, car j'ai oublié ce qui était écrit; je supplie M. Albertin de donner des ordres pour qu'à l'avenir* M^me de Mortsauf, renaissant à la vie naturellement, comme les effets du mois de mai sur les prairies, comme ceux du soleil sur l'onde et sur les fleurs abattues, *de pareilles choses ne se renouvellent pas, sans quoi je dirai à l'éditeur de changer d'imprimerie. Ce désordre est intolérable* comme notre vallée d'amour, Henriette avait eu son hiver ; elle renaissait comme elle au printemps. Avant le dîner... »

Comprend-on ?

Ce qu'on doit comprendre, c'est que M. de Balzac ayant précédemment fait sur les épreuves des corrections qui n'avaient pas été exécutées, sa mauvaise humeur s'était épanchée sur la marge de la nouvelle épreuve à l'endroit non corrigé, et qu'il renvoyait l'imprimeur à ces corrections pour donner son *bon à tirer*. Mais qu'avait fait l'ouvrier ? Distrait, étourdi ou peut-être rancuneux des reproches, il avait confondu les lignes manuscrites de la marge avec les corrections et le texte imprimé, en recomposant le tout au hasard... et il en était résulté le joli galimatias que vous avez vu !

On ne s'aperçut de l'affaire que l'ouvrage broché, et déjà mis en circulation. On s'empressa de mettre des *cartons* aux exemplaires, heureusement presque tous encore en magasin, — c'est-à-dire qu'on recomposa la page et qu'on substitua la bonne à la mauvaise. Mais parmi les quelques exemplaires lancés, un a été conservé par un curieux, et c'est sur celui-là que nous avons copié le paragraphe indéchiffrable qu'on vient de lire.

On a récemment réimprimé *la Messe de l'athée*, de Balzac. A ce propos une anecdote. Elle concerne à la fois l'illustre mort et un vivant, le marquis de Belloy, propre neveu d'un des archevêques de Paris, et, tout excellent poëte qu'il est, désormais un critique loyal et habile. Donc, le romancier et le poëte étaient fort liés, et comme un jour le dernier dînait chez le premier, aux *Jardies*, entre Saint-Cloud et Meudon, le soir venu, Balzac reçut une lettre. C'était la *Revue**** qui demandait avec instance, pour le lendemain même, une *nouvelle* choisie dans les travaux qu'il passait pour tenir ébauchés.

— Faites-moi le plaisir de coucher ici, — dit de Balzac à de Belloy ; — je travaillerai toute la nuit, et demain vous pourrez me rendre le service de porter ma nouvelle à la *Revue!*

Le lendemain, à six heures, le romancier réveilla son hôte, et lui lut cette *Messe de l'athée*, délicieux récit dans lequel, sous le nom de *Desplein*, Balzac met en scène l'illustre Dupuytren, à propos d'une aventure de jeunesse—qui datait de l'époque où ce prince de la science, encore *carabin*, logeait dans un grenier

de la rue de la Harpe, avec Fourier, devenu lui
aussi, fort célèbre... mais dans une voie moins sé-
rieusement utile à l'humanité. Dupuytren laissa, on
le sait, six millions acquis par la seule pratique de la
science, et tout en consacrant chaque jour, et très-
rigoureusement, cinq heures à ses visites ou à ses
cours de l'Hôtel-Dieu, le tout payé 2,400 fr. l'an. En
1830, n'ayant encore amassé que la moitié de cette
honorable fortune, il écrivait à Charles X partant
pour l'exil : « Sire, j'ai trois millions de bien, j'en
tiens un pour doter ma fille, un pour ma vieillesse,
j'offre l'autre à Votre Majesté. » Mais la digression
sur le héros de *la Messe de l'athée* nous fait oublier
notre anecdote.

M. de Belloy, émerveillé de la lecture et des conditions d'incroyable pression dans lesquelles l'œuvre
avait été écrite, pria de Balzac de lui faire don du
manuscrit, signé et daté, comme souvenir de ce tour
de force, comme mnémonique de son hospitalité. Le
don de grand cœur consenti, le marquis de Belloy
revint à Paris. Les années s'écoulèrent.

Or, il y a quelque temps, M. de Belloy reçut la visite d'un littérateur pauvre lui demandant appui.

— Vous avez été lié avec M. de Balzac, — lui dit le
visiteur, — vous devez posséder quelques lettres de lui?

— Sans doute ! Pourquoi ?

— C'est que je connais quelqu'un... un étranger...
un grand admirateur de Balzac... et...

— Et vous voudriez lui offrir un autographe ? — répliqua M. de Belloy. — Eh bien! soit... Voici plus qu'une lettre, c'est tout un manuscrit !

C'était le manuscrit de *la Messe de l'athée.*

Le mendiant de lettres reçut le cadeau avec une vive reconnaissance, et s'en fut trouver son étranger. Celui-ci, ravi du trésor autographique qui lui tombait entre les mains, offrit 1,000 francs à son possesseur. Plus ravi encore, notre homme rentra chez lui et écrivit à l'auteur du *Chevalier d'Aï* et des *Légendes fleuries,* pour lui raconter sa bonne fortune inespérée. Il est juste d'ajouter qu'il joignait à sa lettre un reçu direct de 1,000 francs... mais que ce reçu lui fut instantanément renvoyé. — On vient de réimprimer *la Messe de l'athée;* relisez-la, et admirez la façon dont vint au jour ce merveilleux, et ajoutons, cet utile autographe !

Dans un catalogue de la fin de 1862, vente Aug. Laverdet, on trouvait l'article suivant, véritable curiosité :

Balzac (Honoré de), romancier. Réclame rédigée par lui-même sur un de ses ouvrages. Son nom est écrit plusieurs fois dans le texte. Il commence ainsi :

« Les *Contes philosophiques* de M. de Balzac ont paru cette semaine chez le libraire Gosselin. La *Peau de Chagrin* a été jugée comme ont été jugés les admirables romans d'Anne Radcliffe. Ces choses-là échappent aux analystes et aux commentateurs. L'avide lecteur s'est emparé de ces livres. Ils jettent l'insomnie dans l'hôtel du riche et dans la mansarde du poëte; ils animent la campagne; l'hiver, ils donnent un reflet plus vif au sarment qui petille. Grands priviléges du conteur! C'est qu'en effet c'est la nature qui fait les conteurs. Vous aurez beau être savant et grand écrivain, si vous n'êtes pas venu au monde conteur, vous n'obtiendrez jamais cette popularité qui a fait *les Mystéres d'Udolphe* et *la Peau de Chagrin*, les *Mille et une Nuits* et M. de Balzac. J'ai lu quelque part que Dieu mit au monde Adam le nomenclateur en lui disant : *Te voilà homme!* Ne pourrait-on pas dire qu'il a mis aussi dans le monde Balzac le conteur en lui disant : *Te voilà conteur!* Et en effet quel conteur! Que de verve et d'esprit! Quelle infatigable persévérance à tout peindre, à tout oser, à tout flétrir! Comme le monde est disséqué par cet homme! Quel analyste! Quelle passion et quel sang-froid ! — *Les Contes philosophiques* sont l'expression au fer chaud d'une civilisation perdue de débauches et de bien-être que M. de Balzac expose au poteau infamant... »

On voit dans ces lignes curieuses ce que l'illustre romancier pensait de lui-même ! Cet amusant autographe n'a été vendu que 20 francs.

# M. A. THIERS

UN SOUVENIR DU COLLÉGE. — LE PLAISIR DE BATIR.
UN BIZARRE CONTRASTE.

On nous écrivit :

Monsieur, vous avez, il y a quelques semaines, consacré un touchant article au bon abbé Lhomond auquel sa ville natale va élever une statue. Je vous crois aussi amateur d'autographes. A ce double titre, je pense vous faire plaisir en vous envoyant un volume assez curieux. C'est une des œuvres classiques les plus répandues de Lhomond, avec un autographe de l'écolier auquel ce livre a appartenu au commencement de ce siècle, lequel écolier est devenu un des hommes importants de ce même siècle. Agréez, etc.

Le livre est le : *De Viris illustribus urbis Romæ*. Il est cartonné avec dos et onglets en parchemin jaune et plats en papier jaspé vert, le tout très-fatigué; la ficelle qui liait les feuillets s'échappe sur plusieurs points. Un des angles inférieurs semble avoir été grignoté par une souris. Sur le plat du recto on voit une figure de mathématiques tracée avec un compas, dont les pointes ont égratigné le carton. Un grand T orné figure au dos, où le titre du livre est aussi ajouté en lettres romaines. On ouvre, et sur la garde s'offre dessinée une potence où pend un des ancêtres de Deburau et de Paul Legrand. Au-dessous on lit :

> Aspice Pierrot pendu
> Quia librum n'a pas rendu,
> Si librum reddidisset,
> Pierrot pendu non fuisset!

Deux fois le mot *pendu* semble écrit *fendu*. Dessin et texte sont signés :

Louis Adolphe Thiers, 1810.

A cette époque, l'ancien président du conseil, l'illustre historien homme d'État avait treize ans; il était élève-boursier au lycée de Marseille.

Le reste de la page est rempli de traits de plume, de *fions*, de tentatives de croquis et de bonshommes. On y voit le burlesque profil d'une sorte de Prud'homme anticipé, dont le nez proéminent, tâtonné, rectifié, prouve, par les *repentirs* de la plume, une recherche d'exactitude qui révèle le portrait : celui de quelque professeur sans doute ! Le tout est d'une allure qui annonce une certaine facilité précoce, et l'on peut dire que le goût des arts du dessin s'y révèle déjà. Quant à l'écriture du jeune propriétaire de ce *De Viris*, écriture que nous avons comparée avec des autographes récents de M. Thiers, nous y remarquons une analogie qui, se manifestant à travers les dates, éclate surtout dans le T de la signature. En tête du volume qui prend sa place sur les rayons mêmes où se pressent l'*Histoire de la Révolution* et celle du *Consulat et de l'Empire*, en tête du livre du lycéen, nous mettons face à face avec *Pierrot pendu* ou *fendu*, une belle lettre autographe de l'illustre auteur, achetée l'an dernier chez Charavay, — lettre relative à l'élection de son ami M. Mignet, comme membre de l'Académie française, où M. Thiers était entré un an auparavant (1836). Le rapprochement de ces deux autographes, du lycéen et de l'académicien-ministre, nous paraît piquant. Nous pensons que le volume ainsi offert dans une bonne vente, serait fort disputé des amateurs de singularités ou curiosités autographiques.

————

L'autre jour, à peu d'heures d'intervalle, on eût pu voir, comme nous l'avons vu, un bizarre spectacle, plein de piquant et d'enseignement...

C'était rue d'Aumale;

C'était à Passy...

Là, M. Thiers;

Ici, M. de Lamartine.

Rue d'Aumale, M. Thiers a fait bâtir, dans une portion de son jardin qui vient, en retour, faire façade sur la voie publique, une grande maison de rapport. Il a cédé aux sollicitations des entrepreneurs en consentant à mettre en valeur des terrains qui ne lui rapportaient, pour tout intérêt, que l'ombre de ses sycomores et de ses marronniers.

Or, vous ne vous imaginez pas le plaisir que prit à surveiller ses travaux de maçonnerie l'ancien président du conseil, l'historien national, — celui qui décida l'expédition d'Anvers, — qui présida le cabinet du 1er mars, — qui soutint Méhémet-Ali, — qui brava l'Angleterre en 1840, — et qui, depuis, a achevé ce grand ouvrage, monument historique et littéraire de premier ordre.

L'homme d'État qui a, pendant près de dix ans, gouverné la France, et parfois l'Europe, s'en allait le matin, armé de son inséparable petite canne, causer avec les Limousins qui entassaient les moellons à plein mortier. C'était une distraction qui lui était toute nouvelle; elle l'attirait..., et on se demandait comment il y avait pris goût si tard, lui qui, pendant ses divers ministères, fut le plus grand *bâtisseur* de France, — car en ce sens, M. le préfet actuel de la Seine ne l'a point encore égalé.

En effet, ne lui doit-on pas les fortifications de Paris? N'est-ce pas M. Thiers qui a ordonnancé ou fait voter l'achèvement de l'arc de triomphe de l'Étoile, — de l'église de la Madeleine, — du palais du quai d'Orsay, — d'une foule de fontaines publiques (celle de Louvois entre autres); et la province, enfin, ne lui doit-elle pas divers de ses plus importants canaux? Aussi quand on a tant bâti pour la France, était-il bien temps, à soixante-quatre ans, de s'amuser à bâtir un peu pour soi !

J'ai vu, un jour, M. Thiers franchir, sur une planche tremblante, l'abîme d'une cave profonde, pour aller causer avec ses Limousins. Il sortit de là tout poudreux, tout blanchi de plâtre, et se secoua sur le trottoir, se brossa de la main, tout en riant d'être reconnu des passants amusés. Mais il a eu beau faire bâtir pour la France, il aura beau faire bâtir pour lui-même..., son plus durable monument sort de ses propres mains, et qu'on le *prime* ou non à l'Académie, il peut oublier les fortifications, l'Arc de Triomphe, la Madeleine, et la statue placée au sommet de la colonne Vendôme, en se disant, les yeux sur son histoire : *Exegi monumentum!*

Le même jour, à l'extrémité de l'avenue de Saint-Cloud, à deux pas du parc de la *Muette*, dans le jardin haut planté d'un chalet pittoresque, un homme, si droit qu'il n'avait pas l'air d'un vieillard, s'amusait, armé d'une cravache, à faire tomber les feuil-

les jaunies sur les lauriers-amandes et les occubas du
Japon. Il y mettait une certaine ardeur, et la terre
se jonchait de ses victoires.

C'était un autre illustre écrivain, pris, par un voisin, en flagrant délit de passe-temps puéril, de jar-
dinage exécutif.

Celui-ci n'a pas rempli un moindre rôle que l'his-
torien-président du conseil. En effet, ne tient-il pas
un des deux ou trois bâtons du maréchalat littéraire?
A cette heure même, l'édition complète qu'il publie
de ses travaux connus ou inédits promet une des plus
grandes œuvres de notre littérature, et de toute littérature. Laissez-moi vous le dire en passant : les
notes et commentaires dont M. de Lamartine a enrichi cette monumentale édition de ses travaux de
toutes sortes offrent la lecture la plus attachante et
souvent la plus touchante qui soit ! Et c'est entre un
volume et l'autre, que l'illustre poëte et le grand pro-
sateur demande à l'air vivifiant du Bois un entr'acte
à un labeur qui reste un problème pour le public et
un attendrissement pour ses amis...

Le modérateur de la révolution de 1848, l'auteur
de ce manifeste aux puissances étrangères qui déchi-
rait les traités de 1815, et présentait à la fois et tant
d'assurances pacifiques et tant de menaces contenues,
l'élu de douze départements à la Constituante, celui
qui sut faire pardonner, par une image sur *le paratonnerre* et *la foudre*, le pacte qui unit Cicéron et

Catilina...., celui enfin qui connut, sans en chance-
ler, l'ivresse de la plus vaste popularité, et plus tard,
sans pouvoir contenir ses plaintes, l'amertume de
toutes les ingratitudes, l'homme d'État, remonté poëte
enfin, hôte modeste d'une capitale qu'il a protégée
jadis des fureurs révolutionnaires, M. de Lamartine
passe ainsi dans ce jardin, — si petit en comparaison
de ceux que la fortune contraire lui a repris avec son
berceau, — si mesquin en regard du parc véritablement royal qu'à deux pas de là l'industrie a donné à
un *fabricant* heureux [1], — M. de Lamartine, disons-
nous, passe, dans ces étroites allées d'une concession
municipale et viagère, les heures du repos matinal
qui suivent les nuits laborieuses, où il s'épuise dans
l'ingrat travail de Sisyphe !

---

C'est ainsi qu'un jour, au pied de l'arc de triomphe
de l'Étoile, se sont croisés et salués deux hommes à
peu près du même âge, — d'illustrations différentes,
mais égales en niveau, — tous deux tombés avec les
pouvoirs qu'ils ont servis et parfois dirigés, et tous
deux aussi relevés par leur talent, leur génie littéraire, — celui-ci poëte, celui-là historien : MM. Alphonse de Lamartine et Adolphe Thiers !

L'un s'en allait à cheval ; l'autre s'en revenait à
pied. Le poëte suivait tout pensif le chemin de Passy ;

[1] M. Erard.

sa main sur son coursier laissait flotter les rênes.
L'autre, l'historien, revenait de l'avenue de Saint-
Cloud, la canne à la main, regardant, s'arrêtant, en
vrai flâneur, et surtout en flâneur *parisien*, qualité
civique qui porte la flânerie à sa dernière équation.

M. de Lamartine allait visiter son chalet municipal
de la Muette; — M. Thiers revenait de parcourir le
terrain qu'il avait acheté avenue de Saint-Cloud, non
loin de la place de l'Hippodrome.

Ainsi le poëte et l'historien pareillement illustres,
tous deux hommes d'État avec des convictions sem-
blables dans la générosité du but, bien que différentes
dans les voies pratiques, — après les déceptions
qu'offre tout ce qui est humain, — également battus
par l'orage, — vaincus par les hommes et les choses,
mais vainqueurs en eux-mêmes par l'étude et l'inspiration, — réfugiés dans les lettres et dans la solitude, ces infaillibles consolatrices, — ainsi ces deux
hommes, qui tinrent, tiennent et tiendront une place
si considérable dans l'histoire du pays, — l'un dé-
couragé, l'autre résigné, — s'en vont habiter à quelques pas l'un de l'autre, avec un jardinet pour empire
et une plume pour sceptre, à l'extrémité paisible de
cette capitale bruyante qu'ils ont tour à tour gou-
vernée et passionnée ! (1862).

# CARL-MARIE DE WEBER

QUELQUES FAITS CURIEUX. — MAURICE SCHLESINGER.
HABENECK. — CASTIL BLAZE. — HECTOR BERLIOZ. — EM. PACINI.
LE COMTE TYSZKIEWICZ.—NESTOR ROQUEPLAN.
UN PRÉCIEUX AUTOGRAPHE MUSICAL.

La lettre suivante prouve que Weber était disposé
à écrire pour notre grand Opéra, ou tout au moins à
transformer une de ses œuvres pour Paris. C'est un
document utile pour l'histoire musicale :

*A monsieur Maurice Schlesinger, à Paris.*

Dresde, 15 mars 1823.

Ce sera avec plaisir et avec toute la confiance que
l'on doit à un artiste distingué que j'enverrai à M. Habeneck la partition du *Freyschütz*. Mes vues sur cet
opéra sont toujours encore les mêmes, et je ne puis me
persuader que le public parisien goûtera le poëme de
cet opéra. Je serai enchanté de me mettre en rapport

avec M. Habeneck, mais je ne connais nullement les relations qui existent à Paris entre les artistes; et voilà pourquoi je prierai M. Habeneck de vouloir bien avoir la bonté de me faire savoir par vous les conditions qu'il pourra me faire, et qui seront, j'en suis sûr, de sorte à honorer mutuellement les artistes et le temple des arts édifié dans la capitale de la France. Je me crois flatté d'entreprendre la composition d'un opéra pour l'Académie royale de musique, j'accepte volontiers le poëme qui sera déjà accepté de l'Académie, pourvu qu'il soit conforme à ma manière de sentir : dans ce cas, je viendrai à Paris pour six semaines 'ou deux mois, pour connaître les moyens qui seront à ma disposition, afin d'y pouvoir ranger mon travail.

Je n'aime pas presser la besogne, et j'ai une place que je ne puis abandonner trop longtemps. Voilà pourquoi je ne crois pas pouvoir terminer *tout à fait* l'opéra pendant mon séjour à Paris; mais je m'engagerai de revenir pour la mise en scène. Ce n'est que M. Habeneck qui pourra régler le *quand* et *comment,* c'est lui qui est, suivant sa position, celui qui doit le savoir au mieux.

Je n'ai pas encore de nouvelles sur la représentation du *Freyschütz* en Italie; je sais que MM. Rossi et Graz ont été chargés par M. Barbaja de le traduire, mais j'ai eu des raisons pour ne pas m'en informer plus particulièrement.

Je vous prie de faire bien des compliments de ma part à M. Romberg.

Ma femme vous fait bien des compliments, et moi, je suis, etc.

Charles-Marie de Weber.

P. S. Quelle serait la voie par laquelle M. Habeneck désirerait recevoir la partition du *Freyschütz?*

Le vœu de l'illustre compositeur ne fut point accompli à cette date. On joua bien, un an après, à l'Odéon, un *Robin des bois* arrangé par M. Castil Blaze sur des paroles de lui (Castil Blaze), avec un peu de musique également de lui (dito, dito). — L'Opéra-Comique reprit même cet *opéra comique* en 1834. — Mais la traduction consciencieuse du chef-d'œuvre et telle qu'il la fallait pour le grand Opéra, c'est-à-dire *avec des récitatifs*, n'eut lieu que longtemps après, en 1841. Ce fut l'œuvre fort habile de M. Émilien Pacini. M. Hector Berlioz consentit à arranger les récitatifs, et il le fit avec un respect et un goût qui l'honorent; il en chercha en grande partie les phrases dans les ouvrages de Weber, et notamment dans l'*Invitation à la valse*.

A ce propos, nous reçûmes dans le temps de l'illustre maître une lettre relative à ces récitatifs, dont quelques fragments nous étaient tombés sous la main dans un lot d'autographes musicaux. L'auteur des *Troyens* écrivait de cette plume toujours ingénieuse ou piquante :

...... Ces récitatifs qu'on me demande pour le *Freyschütz*, parce qu'il est interdit de parler à l'Opéra (sur la scène du moins), devraient être dits d'une façon familière et animée, et non vociférés avec emphase. Mais il est aussi impossible d'obtenir des *chantres* d'opéra cette

allure légère, que de faire marcher un éléphant comme
un cheval arabe, ou de donner du naturel à un rhéteur !

.Hector Berlioz.

Ce qu'insinue Berlioz ne se bornait point aux simples récitatifs : toute l'*exécution* (c'est le mot!) était
déplorable, et M. Emilien Pacini, en homme de
goût, avait eu beau mettre en tête de sa traduction
nouvelle « que la partition du maître n'avait subi aucune altération, qu'on y avait strictement respecté
l'ordre, la suite, l'intégralité de l'instrumentation;..»
la direction de l'Opéra ne tint compte que de ses
convenances d'affiches, et s'il fallait ajouter un ballet
au *Freyschütz*, ledit *Freyschütz* devait être amputé
pour que le tout ne dépassât point minuit, — heure
du crime dans les opéras fantastiques, et heure du
délit dans les règlements de police, qui, au dernier
des douze coups placés entre la veille et le lendemain, impose impitoyablement l'amende. Ce mode
de *dérangement* du chef-d'œuvre pouvait laisser indifférente la foule futile, idiote (musicalement parlant), mais il suffisait d'une exception pour amener
une protestation.

Elle vint un soir, non pas des auteurs, ni des critiques (Berlioz et Pacini ne mettaient plus le pied à
l'Académie alors royale de musique, depuis qu'on
avait fait du triomphant opéra un mutilé, un mar-
tyr), mais de la part d'un voyageur, un dilettante,

un quasi-Allemand. Voici ce que nous trouvons sur
cet étrange et un peu burlesque incident dans les cahiers d'un ouvrage inédit (*les Mémoires du temps*), en
cours continuel de fabrication :

Un curieux procès va surgir. Un Polonais fixé en
Allemagne, M. le comte Tyszkiewicz, grand musicien,
rédacteur de la fameuse *Gazette musicale* de Leipsick,
arrive à Paris ; il voit sur l'affiche du grand Opéra
*Freyschütz.* On sait si le grand et insondable ouvrage est
populaire en Allemagne ; l'idée de le voir représenter
dans une autre langue, par des artistes nouveaux, sur
cette imposante scène, enflamme le dilettante ! il court
à l'Opéra, prend une stalle au bureau, entre, s'installe
et écoute.
Or, il paraît que ce qu'il entend le charme peu.
L'ouvrage est mutilé ; l'exécution lui paraît déplorable ;
il a assisté à une profanation... Il faut qu'il cherche à
M. le directeur de l'Opéra une querelle d'Allemand. Le
livret en main, portant que l'ouvrage est respectueuse-
ment représenté tel qu'Émilien Pacini l'a poétiquement
traduit de Frédéric Kind, notre mystifié va trouver le
commissaire de police de service à l'Opéra, réclame
l'exécution de l'opéra complet tel que l'indique l'affiche,
ou la restitution de son argent. Or, comme on ne peut
pas lui livrer l'une, et qu'on ne veut pas lui restituer
l'autre, il exige un procès-verbal des faits, met le livret
imparfaitement exécuté et l'affiche trop prometteuse au
*dossier,* et s'en va très-sérieusement furieux, et décidé à
faire un procès. Le lendemain, il expose l'affaire dans
une lettre lithographiée qu'il adresse à tous les journaux, sans qu'aucun consente à l'imprimer, toute spirituelle qu'elle fût dans sa vivacité un peu portée au
delà du grief, et il choisit un avocat, le célèbre

Lachaud, un avoué, Oscar Moreau, pour entamer promptement le procès, un curieux procès! Le comte Tyszkiewicz demande aux tribunaux pour tout dommages-intérêts : *une représentation complète du Freyschütz !!*

Les tribunaux se montrèrent aussi sourds aux plaintes du dilettante que le furent jadis les diables de Gluck aux lamentations d'Orphée. L'Opéra fut condamné à restituer au comte *Tyszkiewicz* (l'avocat de M. Nestor Roqueplan demanda comment on pouvait plaider pour l'harmonie avec un pareil nom !), l'Opéra dis-je, fut simplement condamné à restituer au farouche plaideur les *sept francs* qu'il avait payés pour sa stalle, — attendu, qu'en effet, on n'avait pas tout à fait représenté ce que promettait l'affiche.....

Pour en revenir à l'autographe de Carl-Marie de Weber, il sera permis, ou plutôt toléré à un amateur de mentionner sa bonne fortune. C'est la possession d'un morceau religieux, à quatre voix, INÉDIT, *composé, écrit, signé et daté* par l'illustre auteur de *Freyschütz,* — don inestimable et direct de M. le baron Marie de Weber, fils du maître, directeur actuel des chemins de fer saxons, — et auteur anonyme, mais prouvé, de la tragédie *le Gladiateur de Ravenne,* qui fit tant de tapage il y a quelques années à Vienne, à Berlin, par la curiosité très-irritée qu'on éprouva d'en découvrir l'éminent auteur. Le morceau *inédit* (ce mot plaît à répéter) qu'on tient de la munificence du fils du père d'*Euryanthe* et d'*Obéron* est daté de 1819, c'est-à-dire qu'il fut composé deux ans avant l'immortel *Freyschütz* le franc archer, sur des paroles du même Frédéric Kind, auteur du poëme des trois balles enchantées. Nous comptons bien faire exécuter ce morceau précieux dans quelque solennité dont nous cherchons l'à-propos.

# SAID-PACHA

PASSAGE A..... DU VICE-ROI EN 1862.

### TROIS FOURNÉES DE TABATIÈRES.

Un très-haut personnage étranger, — qui n'était
pas Saïd-Pacha, — passait par une capitale, — qui
n'était point Paris, et faisait appeler un bijoutier, —
qui n'était pas M. Bapst.

— Monsieur! — aurait dit l'Altesse au bijoutier,
selon le récit qui nous est fait d'une histoire qui s'est
vraisemblablement passée en Chine, — je désire laisser de moi quelques souvenirs à des hommes qui ont
témoigné de la sympathie à ma personne ou à mon
œuvre de prince. Auriez-vous une douzaine et demie
de tabatières en or émaillé, avec diamants, de la valeur d'environ quatre mille francs la pièce?

— Altesse! — aurait répondu le joaillier, — je

n'en ai présentement que six de cet ordre-là. Si vous commenciez à les distribuer, quelques jours après j'en aurai sûrement six autres... puis avant peu quelques-unes encore... et ainsi, en une semaine au plus, vous auriez reçu — et pu donner — le nombre de tabatières que vous destinez à ces admirateurs de votre génie !

— Très-bien ! envoyez-moi donc les six premières !

Les tabatières furent apportées. Elles étaient fort belles, et portaient, à côté du poinçon officiel, le nom gravé du célèbre fabricant... chinois.

L'illustre voyageur distribua cette première fournée, avec d'élogieuses lettres d'envoi, aux mandarins lettrés qu'il voulait distinguer. Quelques jours après, le bijoutier, le Bapst de la ville, revint et dit :

— Altesse ! selon la promesse que j'avais cru pouvoir vous en faire, par expérience, je vous rapporte *les* six tabatières promises...

— Très-bien ! A quand la fin de la livraison ?

— Dès que Votre Altesse aura distribué celles-ci...

— Eh bien ! mon secrétaire va les expédier aujourd'hui même.

— En ce cas, Altesse, je serai ici sous trois ou quatre jours.

Les tabatières — de six à douze — furent envoyées à six nouveaux mandarins. Et, selon les expertes visions ou prévisions du joaillier, il put bientôt revenir achever la livraison... *moins une*, pourtant ! Le vice-roi dit à son fournisseur :

— Je suis content de votre fourniture, et il paraît que les mandarins auxquels je les ai distribuées en ont été pareillement enchantés, car j'ai reçu de tous, — *moins un*, des lettres de remerciement fort bien tournées !

— Moins un ?... Votre Altesse a dit moins un ?

— Oui... mon secrétaire m'a raconté que l'un des mandarins n'était pas dans la ville lorsque la tabatière est arrivée chez lui. C'est ce qui explique qu'il n'ait pas encore remercié... On l'attend dimanche seulement. Mais vous ne m'apportez que cinq des six dernières tabatières que je vous ai demandées? Ma liste est faite ; je ne saurais sur qui faire porter une regrettable suppression.

— Votre Altesse me dit que celui des destinataires qui n'a pu recevoir le don de votre munificence arrive dimanche?

— Et je pars samedi!

— Eh bien! que Votre Altesse ait la bonté de me laisser le nom du dix-huitième mandarin, par suite d'absence, encore privé aujourd'hui de sa tabatière... et lundi, ou mardi prochain au plus tard, je la lui expédierai de la part de l'illustre voyageur !

— Vous comptez donc vous procurer d'ici-là cette dix-huitième tabatière qui vous manque?... et elle sera de tout point semblable aux autres, pour ne pas faire de jaloux?

— Votre Altesse ne trouve-t-elle pas que les demi-douzaines qui se suivaient se ressemblaient?

— Absolument!

— Eh bien! la dernière ne dépareillera en rien ses devancières!

— Alors, je compte sur vous pour ce dernier don. Mon secrétaire va vous payer vos 72,000 francs... A un prochain voyage, monsieur Bapst! — dit Saïd. (Nous écrivons ces noms connus pour préciser un peu le récit, afin d'ajouter à sa vraisemblance ; mais, au fond, ce n'est qu'un artifice de plume, une ruse de conteur. C'est en Chine, assurément, que l'affaire s'est passée.)

Or, il est bon d'informer, par la voie du journal, tout vice-roi, prince ou autre magnifique voyageur, que s'il leur convenait de distribuer, — selon l'exemple qui précède, — des tabatières aux mandarins de la ville dont il s'agit, ils en trouveraient une *demi-douzaine au grand complet*, et on peut dire toutes neuves, chez le fameux bijoutier que nous nous sommes bien gardé de nommer.

# ALEXANDRE BOUCHER



C'était à Belfort, en l'année... (vous le saurez plus tard). Le monsieur dont il s'agit, se rendant à Strasbourg, avait pris place sur l'impériale de la diligence, — car, dans ce temps-là, il n'y avait encore de *railway* en Europe qu'entre Londres et Manchester. Pourquoi ce monsieur, qui appartenait aux classes distinguées de la société, se juchait-il sur l'impériale du lourd véhicule? Je ne crois pas que ce fût par économie... peut-être était-ce à cause du nom donné, — on ne sait pourquoi, — à la partie supérieure de la diligence; car ce voyageur était un partisan déclaré du régime impérial, ayant à cela quelque courage, à l'époque dont il s'agit... Et, aussi bien, je ne vois pas qu'il doive plus tard résulter un grand effet d'émotion à vous dire que notre anecdote se place en 1818 !

Comment diable les Messageries *royales* de ce temps avaient-elles une *impériale?* Je pose ce point d'interrogation à tout commentateur qui pourra résoudre et résumer le problème en très-peu de mots. Ceci posé, je continue.

———

Nous disons Belfort. La diligence, — ainsi nommée par antiphrase, — s'arrêtait là trois heures. Notre homme, ne sachant que faire, se mit à arpenter les trottoirs... une hardiesse du temps, car Paris, nous dit-on, n'eut de trottoirs que dix ans après Belfort ! Sur ces mêmes trottoirs, trois ans plus tard, le colonel Caron devait, la nuit, à la tête de cent conspirateurs... mais restons dans les faits de la cause. Il s'agit d'un voyageur obligé de passer trois heures dans une petite ville de cinq à six mille habitants, située au pied d'un roc fortifié par Vauban, ce qui lui a valu le surnom de *Gibraltar de la France*. Le fait est que cette ville militaire par excellence a donné huit généraux aux grandes batailles de l'Europe, et qu'elle a vu l'héroïque Lecourbe arrêter dans leur essor, et battre à plate couture soixante mille Autrichiens, — jadis maîtres du pays jusqu'en 1648, — qu'il força, au prix d'une suspension d'armes, à l'humiliation de nourrir eux-mêmes les troupes françaises retranchées dans

Belfort... Mais voilà que j'oublie encore qu'il s'agit, non pas de l'histoire de France, mais de celle d'un voyageur!

Depuis plus de deux heures il trottait donc par la ville (*trottoir* vient évidemment de *trotter*), cherchant à tuer le temps, — ce temps qui nous le rend si bien ! —· et il était machinalement revenu à son point de départ, en regardant les brasseries, les papeteries, les chapelleries et les tanneries qui font la base du commerce de cette ville frontière. Le bureau de la diligence était situé à l'entrée du faubourg de Brasse (l'ancienne *Brescia Romanorum*... s'il vous plaît !), et tout à côté se trouvait la belle maison, qu'on appellerait aujourd'hui un hôtel, où demeurait la famille Georges, l'une des plus *emmillionnées*,—dirons-nous, selon l'expression du pays, — qui fût depuis le plus Haut jusqu'au plus Bas-Rhin !

Tout à coup.... (nous entrons enfin dans le vif !) le promeneur s'arrête — comme s'il avait été brusquement changé en pierre — droit en face d'une fenêtre ouverte du rez-de-chaussée. Cette fenêtre était celle d'un salon, et il en sortait, à pleines ondes sonores, des variations merveilleusement jouées sur un piano... de 1818, — lequel pouvait bien être un Sébastien Érard, après tout ! Stupéfait d'entendre pareil talent dans pareil endroit, le voyageur sent toute sa vie, tout son sentiment, tout son cœur affluer vers ses oreilles, le sens le plus exquis qu'il eût. Il faut dire qu'en ce temps-là on ne connaissait ni Listz, ni Thalberg, ni Chopin, ces trois révolutionnaires qui ouvrirent des horizons inconnus à l'art de taper de l'os sur de l'ivoire. La première surprise une fois passée, et la première émotion vaincue, le voyageur refait instinctivement ce qu'il peut de sa toilette : il époussète sa chaussure avec son foulard, il passe une manche sur l'autre, secoue le collet de sa redingote, rajuste sa cravate et son col, s'arrangé les cheveux avec le peigne à cinq dents de la nature... et, ainsi réparé (notons que c'était un très-joli homme !), il s'avance vers la croisée ouverte, regarde à l'intérieur, aperçoit mademoiselle Georges, la virtuose, — et lui tient à peu près ce langage :

— Pardonnez, surprenante pianiste, la liberté que prend un voyageur tout ému de votre talent... Mais j'aperçois un violon sur cette chaise, et je vous demande l'extrême faveur d'accompagner de mon mieux un des morceaux que vous exécutez si merveilleusement !

Surprise, et prise d'une curiosité toute provinciale, mademoiselle Georges ne crut pas devoir repousser cette offre originale. Son grand sentiment musical vainquit tout sot scrupule ; elle répondit :

— Puisque monsieur le passant est amateur de

musique, je vais prévenir ma mère, et nous aurons l'honneur de le recevoir, en attendant le départ de la diligence !

Elle sort ; un domestique introduit l'étranger dans le salon du millionnaire ; pendant qu'il est seul, il saisit le violon et l'accorde ; on revient ; mademoiselle Georges se remet au piano, ouvre les plus importants morceaux de ses cahiers, et le monsieur accompagne...

Arrive un grand solo... celui-ci l'exécute avec un art si magistral et si consommé, une expression si entraînante et un si beau style, que cette fois c'est au tour de la jeune personne à s'émerveiller !

— Quel magnifique talent ! — s'écrie-t-elle, — par quel heureux hasard...

Un affreux, un discordant bruit lui coupe la voix : c'est la fanfare que sonne le conducteur de diligence sur une trompette qui attendait encore les révolutions de Sax, — comme Paris attendait les trottoirs, et la France les chemins de fer.

— Le départ ! — dit l'étranger.

Et il pose le violon sur le piano, laissant ainsi le morceau à moitié exécuté.

— Quel malheur ! — s'écria madame Georges la mère.

L'autre s'apprête déjà à prendre congé.

— Je vous en supplie, monsieur l'inconnu, — dit la brillante pianiste, — ne laissez pas ce morceau

inachevé... que j'aie la gloire de l'avoir exécuté avec
un grand artiste tel que vous... car, si j'ignore qui
vous êtes... je le devine. Oui, vous êtes le plus grand
violon de la France... celui que les rois...

— Il m'est impossible de finir, mademoiselle, —
interrompit le voyageur, — je suis aux vifs regrets
de vous quitter, croyez-le bien... mais je me rends à
Saint-Pétersbourg, et si je manquais le départ ici, je
manquerais toutes les correspondances des autres
villes, ce qui me causerait un énorme retard... Croyez
à tous mes regrets !

Et comme il avait inexorablement repris sa cas-
quette de voyage pour saluer, des voix s'élèvent du
dehors et crient :

— Encore ! encore ! il ne partira pas !

C'est qu'en effet ce merveilleux duo avait retenu
sous la fenêtre tous les passants, avait attiré tous les
dilettantes, et le détestable cornet de la diligence y
ayant trop brusquement mis fin, il s'organisait une
sorte de petite émeute d'honneur, en guise d'ovation,
pour retenir, sinon la diligence, au moins le voyageur
au magique talent. Quand une petite ville, Belfort ou
non, tient une pareille bonne fortune, elle s'efforce
de ne la lâcher que le plus tard possible.

Un barbier, qui se piquait de flageolet le dimanche,
se mit à la tête du mouvement insurrectionnel, et,
escaladant à demi la fenêtre, il s'écria :

— Non, non, il ne partira pas ! Qu'il achève le

morceau! qu'il en joue d'autres! A Belfort, on ne veut pas qu'il s'en aille!

— Oui! qu'il reste! qu'il joue! — crie la foule brandissant en l'air de larges mains prêtes à tout : à retenir le fuyard... à applaudir le virtuose.

— Vous voyez, monsieur! — dit mademoiselle Georges, — le peuple s'insurge... vous n'avez plus le choix : ou le transporter d'admiration, — ou être écharpé! »

L'inconnu, très-ému, — non de crainte, assurément, mais de joie d'être ainsi apprécié, — s'écrie en se tournant vers la fenêtre où s'encadrent les plus impétueux :

— Puisqu'on me barricade...

— Une barricade de cœurs! — interrompit le perruquier flageolet.

— Puisqu'on emploie une force aussi flatteuse... une violence aussi aimable pour me retenir, je consens à rester quelques heures encore... Mademoiselle, reprenons notre duo, s'il vous plaît?

— Avec le plus grand plaisir, monsieur, car ce sera une date précieuse de ma vie que d'avoir joué avec un aussi grand artiste ! (A cette époque-là, on n'appelait pas encore les exécutants *illustres*... cet adjectif restait affecté aux grands génies.) Mais le duo fini : Monsieur, — continua la jeune personne, — vous voudrez bien tenir seul votre magique instrument, et satisfaire ces braves gens qui sont, comme ma mère et moi, avides de vous entendre !

En effet, le duo mené à fin, le virtuose se mit à jouer un concerto de sa composition, celui-là même qu'il allait faire entendre au czar et à toutes les oreilles couronnées qui se trouveraient sur son passage. Le succès fut immense, plein d'acclamations, un délire... car cette ville a gardé de son origine allemande un dilettantisme traditionnel. On avait envahi toute la rue; les amis de la famille Georges, bien vite avisés par la rumeur publique, étaient accourus; le salon s'était rempli : l'artiste donnait ainsi un véritable concert, avec un public d'autant plus ardent et reconnaissant, qu'il écoutait gratis! Le virtuose, de son côté, très-charmé de l'aventure, très-touché de cet enthousiasme, ne ménagea pas son programme, et joua quatre ou cinq morceaux des plus expressifs, des plus brillants...

—Ah! monsieur ! — dit mademoiselle Georges, les yeux pleins des larmes de la plus douce émotion,—je sais votre nom... votre archet nous le dit depuis une heure avec une éloquence irrésistible... vous êtes le roi des violons européens : *Alexandre Boucher!*

———

C'était en effet ce grand archet qu'un curieux hasard faisait entendre à cette petite ville du Haut-Rhin. Alexandre Boucher, dont l'étonnante ressemblance

9.

avec l'empereur Napoléon fut la curiosité de toute une
génération. Son nom, répandu dans la foule, provo-
qua des applaudissements enthousiastes, une ovation
fut sur-le-champ organisée, et un habitant, plus notable encore que le flageolet dominical, ayant pris la
parole au nom du haut dilettantisme des bords de la
Savoureuse, le grand artiste fut prié, sommé d'avoir
à accepter un souper que les ordres étaient déjà donnés d'improviser dans le meilleur hôtel de la ville.

— Et la diligence? direz-vous! Ah! c'est que vous
connaissez peu les artistes! Que deviennent pour eux
les vulgaires détails de la vie devant ces émotions,
ces joies, ces enivrantes récompenses du travail obstiné qui les fait toucher à la perfection? Pour goûter
un moment au fruit presque défendu de la gloire,
quel artiste n'oublie pas tout intérêt gossier tel que
celui que l'argent résume? Alexandre Boucher eût
laissé partir toutes les diligences du Haut et du Bas-
Rhin plutôt que de refuser l'ovation que lui faisaient
si spontanément ces braves gens, que n'avaient exci-
tés ni grande affiche, ni pompeuse réclame! Un peu
de crin frotté sur quelques boyaux avait causé tout
cet enthousiasme. Le grand virtuose voulut boire à la
coupe enivrante qu'on lui présentait. Il resta.

Homme d'esprit autant que de talent, l'artiste réussit de tout point auprès de cette réunion hospitalière

et charmée. Il répondit avec autant de bon goût que
de chaleur aux toasts des notables; mademoiselle
Georges et sa mère traversèrent la salle du festin à la
grande joie de l'assemblée. Et quand l'heure fut venue
du passage d'une autre diligence, quand il fallut partir et quitter ces amis inconnus la veille, mais nullement oubliés le lendemain, quand la discordante
trompette de l'homme à la veste à brandebourgs l'eut
contraint de s'acheminer vers le lent véhicule — qui
va toujours trop vite lorsqu'on quitte un peu de bonheur, — Boucher trouva la rue tout illuminée par la
foule qui portait des torches, et criait *Vivat!...*

Eh bien ! ce virtuose de quatre-vingt-huit ans,
surnommé jadis *l'Alexandre des violons*, — qui fut le
musicien favori du roi Charles IV, — qui joua pour
le concert de madame Catalini à l'Opéra, en 1807, —
qui n'avait plus joué à Paris depuis son propre concert en 1829, — et qui ne désespérait pas avec ses
vieilles mains, de faire répéter le jeu de mots de ses
beaux jours : « Les autres jouent du violon, *il en
chante!* » Eh bien! Alexandre Boucher se faisait encore
entendre à Paris, dans la salle Herz, le 2 mai 1860,
— c'est-à-dire trente ans plus tard, — et il y obte-
nait un succès qu'eussent envié bien des violonistes
de moitié moins âgés que lui !

----

— Quel est l'auteur de *la Marseillaise* ?
— Eh! pardieu, Rouget de l'Isle !

— Les paroles, soit ! mais la musique ?

— La musique aussi. Voyez dans toutes les biographies.

— Eh bien ! toutes les biographies se trompent peut-être... La musique de *la Marseillaise* serait...

— De qui, voyons ? vous hésitez comme un homme qui va dire une énormité !

— C'est qu'en effet je vais renverser toutes les idées reçues. Mais qu'importe, s'il s'agissait de mettre la vérité à la place de l'erreur ?

— Eh bien ! allez !

— Soit : la musique de *la Marseillaise* ne serait pas de Rouget de l'Isle, — mais d'Alexandre Boucher... l'*Alexandre des violons*, comme on l'a surnommé.

— Ah ! par exemple !

— Voulez-vous connaître l'histoire qui essaye de le prouver ?

— Assurément !

— Notez que je tiens le fait d'Alexandre Boucher lui-même...

— Comment cela ?

— Voici l'affaire. Un jour on m'annonce qu'il y a dans l'antichambre un vieillard décoré de la médaille de Sainte-Hélène, qui se déclare *le doyen des musiciens français*. Je dis qu'on l'introduise ; et paraît, avec les allures et la bonne grâce d'un homme qui sait le monde, cet extrême vieillard. Il déclare qu'il vient me remercier de l'histoire de Belfort,

racontée dans un journal à propos de son concert de
la salle Herz, concert donné après un silence absolu
de trente ans.

L'anecdote, qui nous était venue d'un correspondant inconnu, de Belfort même, était de toute vérité.
Boucher l'avait lue par hasard, en avait été surpris,
touché, et faisant une excursion de son petit domaine
d'Orléans à Paris, il avait voulu savoir... comment
nous avions pu l'apprendre...

En ses quatre-vingt-dix ans, le célèbre virtuose,
qui se qualifiait modestement de « violoneux, »
marchait droit et ferme, ne prenait ses lunettes que
pour lire fin, portait fièrement la belle tête qui fut
pour lui un orgueil de ressemblance avec le héros né
en même temps que lui, et causait avec l'aménité, la
grâce et le vif esprit que je souhaiterais à plus d'un
causeur réputé dans les salons. On comprenait à voir,
à entendre cet aristocratique vieillard, nature brillante
et bien douée, on comprenait, disons-nous, que
Boucher fût le favori des rois politiques et l'ami des
rois de l'intelligence. Charles IV et Ferdinand VII
qui, excellents dillettantes, admirèrent le virtuose,
fixèrent à leur cour l'homme qu'ils traitaient en ami,
et lorsque le premier de ces deux sonverains fut
retenu prisonnier à Fontainebleau, le plus fidèle
compagnon de son exil fut celui qui avait été l'hôte
de sa puissance. Mais nous oublions qu'il s'agit de
*la Marseillaise.*

« C'était en 92, — dit Alexandre Boucher.—J'avais alors vingt-deux ans. Mon bon professeur, Navoigille, m'avait enseigné la composition que je cultivais en même temps que mon instrument à cordes. Un soir que je me trouvais au faubourg Saint-Germain, rue de la Chaise, à l'hôtel de Mortaigne, un colonel qui partait le lendemain pour Marseille avec son régiment, vint faire ses adieux à la maitresse du logis. J'assistai à l'entrevue. Comme alors je revenais d'Espagne, et que les bontés du roi Charles IV pour moi étaient connues, madame de Mortaigne me nomma au colonel, qui s'écria :

« — Pardieu, la rencontre est bonne, et j'en profiterai pour demander à M. Boucher une marche pour la musique de mon régiment, le priant même de me l'improviser sur-le-champ, si c'est possible !

« Comme je cherchais à m'excuser, et que sur l'insistance j'objectais que je n'avais pas même de papier réglé, quelqu'un se trouva là qui s'offrit d'en faire à l'aide d'un crayon et du papier ordinaire. J'aurais bien envoyé l'officieux — et l'officier — à tous les diables ! Mais madame de Mortaigne s'étant mêlée à l'affaire, il me fallut bien céder, et, me mettant à l'écart, je composai un pas redoublé auquel je donnai le rhythme le plus vif que je pus... Le voici tel qu'il n'est jamais sorti de ma mémoire... »

En parlant ainsi, Alexandre Boucher se mit à nous chanter d'une voix encore ferme ce pas redoublé, auquel il joignit pittoresquement la mimique de divers instruments, qu'il imita même tour à tour par des intonations variées dans le développement du motif : trompettes, petites flûtes, clarinettes et coups de caisse. C'était fort original et fort expressif ! Nous regrettions bien que cette scène piquante n'eût pas d'autres témoins que nous.

« — Vous voyez, — reprit le célèbre virtuose, — c'est, sauf le mouvement voulu d'un pas redoublé, et un certain nombre de notes en plus qu'on a enlevées pour le rhythme poétique en mettant la mélodie sur quatre temps, c'est, dis-je, *la Marseillaise!* Or, voici comment s'opéra la curieuse transformation de la petite marche, — improvisée un soir rue de la Chaise, pour un colonel très-pressé, — en chant national, révolutionnaire et, dit-on, immortel !

« Le colonel part avec mon air dans sa poche. Je n'avais pu l'instrumenter; arrivé à Marseille, il le donne à son chef de musique pour l'arranger. Dès qu'il est prêt, on le joue, et comme il y a parade publique tous les jours, l'air ne tarde pas à devenir populaire, à se graver dans toutes les mémoires des flâneurs, et à devenir le morceau favori du régiment...

« Un peu plus tard, un officier du génie, âgé d'une trentaine d'années, et ami sincère de la Constitution de 91, ayant refusé, au 10 août, de prêter un nouveau serment qui semblait contraire au premier, fut destitué et jeté au fort Saint-Jean, à Marseille. Un geôlier, qui le voyait sans cesse occupé à écrire des vers, absorption dans laquelle il essayait de distraire une périlleuse captivité, lui dit un jour :

« — Eh ! mon officier, au lieu de passer là votre temps à soupirer avec des mots, pourquoi ne nous faites-vous pas une chanson en l'honneur de nos armées ? On chante partout *la Carmagnole*... ça n'est pas beau ! Si l'on avait autre chose, ça vaudrait mieux ; les Marseillais répugnent à ces paroles, à cet air ignoble ! Tenez, il y en a un que vous entendez tous les jours à la garde montante...... une marche... C'est vif, c'est troussé, c'est dans toutes les bouches ; l'air ferait sur-le-champ adopter les paroles ! »

———

« Rouget de l'Isle, — car c'était lui, — aspirait à la délivrance de sa personne et du pays, que devait bientôt signaler ce 9 thermidor qu'il a plus tard célébré dans ses chants. Le geôlier lui assura que si ses paroles étaient adoptées par la foule qui adorait l'air en question, sa liberté serait demandée, obtenue... L'officier-poëte se mit donc à l'œuvre, et l'admirable chanson fut créée ! Seulement, pour adapter l'air en question aux vers de huit syllabes et lui donner l'allure chantante qu'il fallait; il changea la mesure du 6/8 en quatre temps réguliers, et sacrifia les notes redoublées qui donnaient son entrain à cette marche destinée aux cuivres. Le tout, notes et paroles, se refondit ainsi en un tout saisissant que les événements devaient bientôt faire retenir dans toutes les contrées du pays, dans tous les cœurs!

« Grande fut ma surprise, — continua Alexandre Boucher,—lorsque je reconnus mon air de la rue de la Chaise, mutilé, mais pourtant très-reconnaissable, chanté par la foule sur des paroles de feu, et présidant aux levées des conscrits, ou accompagnant les légions qui allaient combattre. Ainsi venu de Marseille, le chant s'appela tout naturellement *la Marseillaise*. Il n'eût pas reçu ce nom, si, comme l'ont dit des biographes, Rouget de l'Isle l'avait composé à Strasbourg pour le départ des volontaires se rendant au Rhin. Ç'eût alors tout naturellement été *la Strasbourgeoise*.

« Bon nombre d'années plus tard, je me trouvai à dîner côte à côte avec Rouget de l'Isle, à Paris. Je le voyais pour la première fois, et ce n'était pas sans curiosité, vu les faits qui précèdent, et qui faisaient retentir son nom, avec son œuvre, dans toutes les bouches. Je mis quelque malice à le complimenter sur ses *paroles*...

« — Vous ne parlez pas de l'air? — me dit-il. — Vous êtes un célèbre musicien, est-ce qu'il ne vous fait pas?

« — Si, vraiment... — dis-je d'un ton qui n'était pas sans signification...

« — Eh bien ! sachez-le, cet air... il n'est pas de moi ! C'est une marche, venue on ne sait d'où, qui se jouait à Marseille à l'époque où la Terreur m'y tenait prisonnier, et sur quoi j'ai adopté mes paroles...

« — En faisant subir au morceau quelques altérations !» — interrompis-je. Et là-dessus, je chantai mon pas redoublé tel que je l'avais composé chez madame de Mortaigne, ce qui plongea Rouget de l'Isle dans un grand étonnement.

« — C'est cela ! c'est cela !.— dit-il. — Expliquez-moi donc... »

« Ce fut bien facile. Je lui racontai sincèrement l'histoire, et il m'embrassa tout transporté. « — Ah ! quoi qu'on fasse désormais, mon cher Boucher, — s'écria-t-il, — vous resterez à tout jamais dépouillé, car votre air et mes paroles semblent si bien jaillir d'un seul jet, qu'on ne croira point à mon emprunt, même si je le proclame !

« — Gardez-le ! — répondis-je ému de sa franchise. Sans votre génie, ma petite marche de fantassins serait oubliée aujourd'hui dans quelque garnison : vous l'avez ennoblie, élevée jusqu'à vos sublimes paroles, et, devenue votre œuvre par une poétique absorption, *la Marseillaise*, renaissant sans cesse en toute occasion, fera le tour du monde ! »

Tel est, à peu près, le récit que nous fit ce vieillard célèbre, et si nous n'avons pas rendu son piquant récit avec plus de bonheur, c'est qu'en l'écoutant, nous ne songions pas encore à l'écrire. L'idée ne nous en est venue qu'ensuite, et le voilà tel que l'impression nous en est restée. Rouget de l'Isle, oublié par le premier Empire et la Restauration, — mais découvert dans sa retraite, pensionné et décoré par Louis-Philippe, — est mort à Choisy-le-Roi, en 1836.

« — N'avez-vous pas écrit vos mémoires? — demandâmes-nous à Alexandre Boucher après avoir entendu son singulier récit, et tout charmé de trouver une si grande fraîcheur d'esprit dans un si grand âge.

« — J'ai beaucoup de notes, répondit-il, — des autographes à foison... Une plume habile pourra tirer bon parti de tout cela, après moi... dans vingt-cinq ans! » — ajouta-t-il en riant.

Et comme je souriais aussi, il ajouta en s'en allant :

« — Oui, monsieur! car comme dit Frosine à Harpagon dans *l'Avare*, pour en finir avec moi, il faudra m'abattre!... mon tour est passé... on m'a oublié [1]!

Nous avions raconté la piquante visite reçue du doyen des virtuoses, M. Alexandre Boucher, et nous

[1]. Il mourait deux ans plus tard.

avions essayé de reproduire le récit bien imprévu qu'il nous fit au sujet de *la Marseillaise*.

Plus tard, nous recevions une lettre de ce vieillard célèbre, lettre qui confirmait sa visite et venait en appui à notre récit dont il paraissait charmé. Ceci étant de l'histoire, au point de vue de l'art contemporain, nous avons dû imprimer la lettre de l'*Alexandre des violons*, telle qu'il nous l'a adressée.

Cette lettre était accompagnée d'un morceau noté, — le *pas redoublé* dont il a été parlé plus haut.

Du hameau dit Cabinet-Vert, près d'Orléans (Loiret), le 5 juillet 1859.

## DON ALEXANDRE BOUCHER,

### DOYEN DES VIRTUOSES,

*A monsieur Jules Lecomte,*

Monsieur,

Si je ne vous ai pas remercié dès votre article à mon égard, celui sur *la Marseillaise*, c'est que votre bienveillance m'inspira l'idée d'attendre les justes observations que cet article a dû suggérer à Paris et ailleurs. Ici même, on me dit qu'il est extraordinaire que je n'aie jamais réclamé ce chant *primitif*, si important, ayant tant contribué à nos victoires et qui les présage même, car récemment encore, au départ de nos troupes pour l'Italie, on *réentendit* ce chant belliqueux, hymne de succès !

Plusieurs motifs m'imposèrent le silence. Le premier fut *mon père*, car dès qu'il entendit les paroles ter-

ribles faites sur ces mêmes accents qui les ont inspirés,
il *m'ordonna* (dans mon principal intérêt) de n'en parler à *qui que ce soit* jusques à ce que je n'aie plus besoin de mon talent musical dans les cours d'Europe,
où ce chant, confondu avec de foudroyantes paroles,
m'eût privé d'y être jamais admis. Les judicieux conseils de mon père furent toujours religieusement suivis; je n'en parle actuellement que parce que je n'ai
plus rien à espérer d'*aucune cour*. Un nonagénaire ne
compte presque plus en ce *très-bas* monde !

Mon autre motif est que, n'ayant composé cet air
qu'en *pas redoublé*, sans préjuger qu'on le simplifierait
pour y ajuster des paroles si heureusement inspirées,
je devais me taire, puisqu'ainsi il sauva la vie à Rouget de l'Isle sortant de prison, à Marseille, par les motifs
et dans les circonstances que vous avez si curieusement
rapportés.

En vous parlant, lors de ma visite, je ne présumais
pas que vous en feriez aussitôt ce curieux article. Je ne
vous parlais donc que de mon chant *primitif* de *la Marseillaise* que je joins ici, tel que je le composai alors,
pour en venir à mon dernier hymne, bien supérieur
par sa simplicité même à toutes mes autres œuvres
de musique. Oui, mon *Serment musical napoléonien* sui-
vra l'immortalité de *tous* nos Napoléons, l'ayant composé en glorification de la paix et pour tâcher de faire
oublier les faits sanglants que *la Marseillaise* a malheureusement accompagnés !

Si dans quelques journaux on a insinué le moindre
doute sur la véracité de votre article révélateur, veuillez me les envoyer, afin que j'y réponde victorieuse-
ment par des documents irrécusables. Ma copie ci-jointe
est encore une preuve à insérer très-essentiellement
pour les incrédules, et, au besoin, je le ferais certifier
par l'ancien de mes élèves d'alors et d'amis qui ont

10.

respecté un anonyme d'où dépendait mon existence d'artiste voyageur au milieu des cours et à l'étranger.

Cette lettre étant principalement pour corroborer avec votre véridique article, je vous prie instamment, monsieur, d'avoir l'extrême bonté de *la corriger* pour la publier, n'ayant pas l'avantage d'être littérateur, mais seulement un *pauvre compositeur violoneux.*

Puisse cette lettre corroborer, comme je le désire, tout ce que votre plume sait si bien exprimer !

En Diogène moderne, je *cherchais* un homme, depuis la perte de mes immortels amis, Chateaubriand, le grand Carnot, organisateur de nos quatorze armées, qui, à ma seule recommandation, sauva tant de victimes : Lacépède, si digne bonapartiste, le pieux Lanjuinais, Mirabeau (Berryer de son époque), mon général Kellermann, à Valmy (où il me distingua par une arme d'honneur), ainsi que Lafayette, le général Foy, sur la tombe duquel j'improvisai des élans qui évitèrent des malheurs; Excelmans, Carrel, Béranger, Monge, Gouvion Saint-Cyr, Lesueur, Méhul, Girodet et tant d'autres illustres. Mais je trouve en vous celui que je cherchais, ce n'est ni un comte, ni un conte, ni un compte, mais bien Lecomte (Jules!) qu'il me fallait visiter dans son musée-laboratoire. Sur ce :

J'ai l'honneur d'être, monsieur, avec gratitude et toute considération,

Votre très-humble artiste, nonagénaire bientôt,

ALEXANDRE BOUCHER,

Dernier des musiciens connus et premier des novateurs d'actualités, second recteur de musique en cours étrangères, médailles d'honneur d'académicien, etc., etc.

« *P. S.* Je crois essentiel que la copie de mon *pas redoublé,* qui a inspiré les paroles de *la Marseillaise* à

Rouget de l'Isle, je crois nécessaire, dis-je, qu'elle soit insérée exactement, pour faire chacun juge de la vérité. »

A cette lettre était joint le morceau dont elle fait méntion. C'est le *pas redoublé* dont, sur le récit de M. Alexandre Boucher lui-même, récit confirmé par la lettre précédente, nous avons fait l'anecdotique récit. Mais, si nous ne pouvons reproduire les notes, nous pouvons transcrire les paroles. Voici les annotations que le compositeur a tracées sur les marges de sa musique :

PAS REDOUBLÉ (primitif de *la Marseillaise*) composé à l'improviste par le jeune Alexandre Boucher, en 1792, sur la demande du colonel de La Salle, pour son régiment, à Marseille, où Rouget de l'Isle fut alors prisonnier au fort Saint-Jean. Là, le geôlier lui dit : « Au lieu de chantonner inutilement et sans cesse sur votre guitare, vous devriez faire de belles paroles bien patriotiques sur le joli pas redoublé en vogue, que vous entendez tous les jours à la musique de la garde montante et descendante ! Ce délicieux pas redoublé vous inspirera des paroles qui peuvent vous sauver la vie... Je me charge de les faire lire au représentant Fréron, qui, ainsi seulement, vous rendra la liberté.

Aussitôt, Rouget de l'Isle le chante pour s'inspirer, et ne cesse qu'après avoir presque improvisé ses strophes. En les composant, il ralentit naturellement le mouvement de *six-huit* en quatre temps, élaguant les notes qui n'étaient nécessaires qu'au mouvement alors *très-accéléré et tel que je vous l'envoie.*

Suit le morceau noté..

Au bas, on lit :

J'ai écrit la *coda* pour prévoir le cas où quelque chef
de musique de régiment voudrait l'harmoniser selon
son orchestre.

Ce pas redoublé est tel ici que je le composai en 1792,
copié exactement en ma thébaïde du hameau dit *le Cabinet-Vert*, près d'Orléans, le 25 juin 1859.

ALEXANDRE BOUCHER père.

Maintenant, il faut tout dire ! Peu de jours après la
première publication de ce qui précède, nous reçûmes
de M. Noiriel, libraire à Strasbourg, une réclamation
des plus vives contre les assertions de M. Alexandre
Boucher, le doyen des violonistes français. On y
lisait :

« Je m'empresse de protester contre la fable conçue
au profit de son étrange amour-propre par M. Alexandre Boucher ! C'est bien dans les murs de Strasbourg
que ce sublime chant de la liberté a vu le jour, bien
qu'il né porte pas le nom de *Strasbourgeoise !* et cela
à la fin de l'an 1792. Ce chant sublime fut inséré dans
le journal *les Affiches de Strasbourg* du 7 juillet même
année. (Ce journal existe et offre ses preuves. Le titre
était : *Chant de guerre pour l'armée du Rhin, dédié au
maréchal Luckner.*)

« Il fut tiré à part sous le même titre, paroles et
musique, et, pour vous en convaincre, je vous en

adresse ci-joint un exemplaire ; ce tirage *est excessivement rare,* et je crois qu'en outre de mon exemplaire,
il n'existe *qu'un second* dans la précieuse collection
de livres sur l'Alsace de M. Heitz, mon confrère. C'est,
vous dire combien je tiens à mon exemplaire !

« Ce n'est donc pas après le 10 août, après un refus
de serment et en prison, pour racheter sa liberté,
que Rouget de l'Isle s'est mis à l'œuvre, mais bien à
la sortie d'une soirée patriotique. Le lendemain, il
communiqua son chef-d'œuvre à quelques amis, puis
il fut chanté dans les rues et électrisa tous les cœurs.
C'est de Strasbourg qu'il a fait rapidement irruption
dans tous les départements, et qu'il fut chanté pour
la première fois à Paris, *par les volontaires marseillais
qui y faisaient leur entrée.* Ce furent les Parisiens alors
qui baptisèrent ce chant : *la Marseillaise !* »

Au moment où nous corrigions les épreuves de la
première édition ce volume, il nous passa sous les
yeux un catalogue d'autographes dans lequel on lisait :

1057. ROUGET DE LISLE, auteur de *la Marseillaise.*

L. aut. sig. à M. Beuchot. Choisy-le-Roi, 15 janvier
1829, 2 p. pl. in-4. Très-belle lettre.

Il l'entretient de son projet de faire imprimer un recueil, au choix, de ses œuvres ; il ferait son possible
pour le réduire en un beau volume. (Il voudrait de

l'élégance, mais point de faste. Diversité serait sa devise. Ce recueil contiendrait des pièces lyriques ( chants nationaux, chansons, romances, hymnes, etc.) ; des poésies légères (contes, épîtres, etc.) ; quelques autres d'un genre plus sérieux ; trois anecdotes, entre autres Quiberon, et quelques, pièces relatives aux temps et aux hommes qu'ils ont vus : « surtout une longue « lettre à Bonaparte ; prédiction qui ne fut connue que « de lui, et assez *pittoresque,* si l'on considère l'époque « où elle fut faite... » Connaîtrait-il quelque honnête libraire qui voulût se charger de tout ce bagage ? « Mais, entre nous, ma situation est épouvantable, et « s'il est possible de l'adoucir un tantinet par ce moyen, « je ne vois pas d'inconvénient à le tenter. Mon prin- « cipal objet est de laisser après moi et mes amis, « aux amis de la liberté, un petit, bien petit monument « qui atteste ce que j'ai été, ce que fut l'auteur de cet « hymne *dont les notes de feu incendièrent les cœurs,* de « cette terrible *Marseillaise,* cause de tant de haines « et de calomnies. »

« L'auteur de *cet hymne dont les notes de feu,* etc. » ; on voit que Rouget de l'Isle, dans cette lettre dont la publication était bien imprévue pour lui, parlait tout naturellement et fort sincèrement de sa *Marseillaise.*

Les pièces ainsi placées sous les yeux du lecteur, il jugera de quel côté est la vérité et le cas qu'il faut faire des récits de l'*Alexandre des violons.*

# SAINTE-BEUVE

## ET LA REVUE RÉTROSPECTIVE.



Une anecdote littéraire. Elle nous est fournie par
l'avant-propos même de l'ouvrage de M. Sainte-Beuve,
intitulé : *Chateaubriand et son groupe littéraire sous
l'Empire,* deux volumes du plus vif intérêt, qui furent
l'événement littéraire de l'année (1861).

En octobre 1845, M. Sainte-Beuve occupait un logement à l'Institut, en qualité de conservateur de la
bibliothèque Mazarine. Une cheminée de ce logement
fumait, et comme le locataire avait appelé le fumiste
pour parer à cet inconvénient avant l'hiver, l'artisan,
consulté sur le prix de la réparation, parla d'une
centaine de francs pour quelques tuyaux avec capote
à établir sur le toit; mais il fit en même temps ob-

server que la dépense relevait de droit du propriétaire de l'immeuble : soit le gouvernement. La demande fut donc adressée à qui de droit, le dommage réparé, et M. Sainte-Beuve n'ayant plus d'autre incommode fumée que celle du cigare de quelques visites, s'établit paisiblement au coin de son feu, travaillant à ce monument littéraire achevé depuis, et qui porte au front le nom de : *Port-Royal.*

Les années s'écoulent, la révolution de Février éclate. Dans les premières semaines qui suivent, M. Sainte-Beuve rencontre M. Jean Reynaud, alors quasi-ministre à l'instruction publique, et le trouve tout consterné. Il se passait en effet quelque chose de fort imprévu et de fort désagréable pour l'académicien. Des listes contenant le chiffre de sommes distribuées par l'ancien gouvernement, listes que les ministres sortants (MM. Guizot, Duchâtel, etc.) avaient déposées aux Tuileries pour y être revêtues de la signature du roi Louis-Philippe, étaient tombées aux mains de la révolution, et le nom de M. Sainte-Beuve s'y trouvait... plusieurs fois... pour une somme... pour des sommes considérables !

A cette déclaration d'un ami inquiet et affligé des résultats possibles de la découverte, M. Sainte-Beuve commença par rire. Mais M. Jean Reynaud restant sérieux, l'*accusé* chercha à obtenir des explications plus précises. Le haut fonctionnaire ne put que se borner à assurer que le fait lui avait été dénoncé comme extrêmement précis; sur quoi M. Sainte-Beuve, passant aussi au sérieux déclara qu'il allait commencer par adresser au *Journal des Débats* une lettre de dénégation indignée, après quoi il contribuerait de toute son ardeur à l'enquête dont il priait M. Jean Reynaud de prendre la prompte initiative.

Mais vainement M. Sainte-Beuve mit-il tout en œuvre pour trouver les originaux de ces fameuses listes! Il vit M. Landrin, procureur de la République; M. Landrin ne savait rien. Il interrogea M. Carnot, ministre titulaire de l'instruction publique, M. Carnot n'avait rien vu. Il fit demander des explications aux exilés de Londres... et personne ne put l'éclairer. Après quoi, de guerre las, et tout en y songeant toujours, il finit par ne plus s'en occuper.

Pourtant 'on n'en allait pas moins clabaudant et répétant que l'illustre écrivain figurait pour des sommes indéfinies sur les fonds secrets de l'ancien gouvernement alors tout fraîchement abhorré! Fatigué de l'affaire, il donna sa démission de conservateur de la bibliothèque Mazarine. Ainsi rendu à la liberté, et cherchant un usage de ses facultés d'ancien professeur au Collége de France, M. Sainte-Beuve accepta les offres qui lui étaient faites, par le ministère belge, d'aller occuper la chaire de littérature française à l'Université de Liége.

Or, dans ce temps-là, M. Taschereau publiait,

comme on sait, un recueil, devenu une rareté de bibliothèque, qu'on se dispute déjà à prix d'or : *la Revue rétrospective*. Ce livre causait un grand émoi dans les esprits et un grand trouble dans les consciences, par toutes sortes de divulgations concernant une foule de personnages et de personnes mêlés à la politique et aux affaires du dernier règne. L'émotion fut surtout fort vive parmi ceux qui voyaient leurs noms divulgués à propos des *fonds secrets*, tant ce mot porte l'imagination vers une nature de services que certains individus aiment peut-être à rendre... mais non à rendre publics!

Dans une de ces listes, M. Sainte-Beuve, membre de l'Académie française, professeur au Collége de France, l'une des illustrations des lettres françaises, en même temps que l'un des caractères les plus honorables de notre temps, était porté pour... *cent francs*... sur les listes secrètes de M. le ministre comte Duchâtel... Nous disons CENT FRANCS.

Était-ce là enfin la mention et le chiffre de cette fameuse corruption dont M. Jean Reynaud, mal informé, s'était tant alarmé pour son ami! M. Sainte-Beuve n'y comprit rien, non plus qu'à la note que M. Taschereau, incrédule sur le fait, mais consciencieux sur le texte, avait loyalement rédigée (n° 31, page 483), pour rappeler la lettre par laquelle 'M. Sainte-Beuve, dès les premiers bruits de l'affaire jugée d'abord d'une bien autre importance, avait

protesté avec tout l'accent indigné d'une âme honnête. Comme le raconte lui-même l'éminent académicien : « Je n'en étais pas à demander cent francs à
M. Duchâtel, pas plus, j'ose le dire, que lui à me les
demander : l'impossibilité *morale* était la même.
Et personne n'eût osé se permettre une telle demande
auprès de lui en mon nom, il n'y aurait pas cru. »

Sans doute avec la révélation de la *Revue rétrospective* les sommes fabuleuses s'étaient évanouies dans
un chiffre ridicule ! Mais pourtant c'était encore trop
qu'une mention pareille. Aussi M. Sainte-Beuve
cherchait-il par tous les moyens possibles à deviner
son origine. Ce fut alors qu'il arriva enfin à songer à
la malencontreuse et fumeuse cheminée de 1845 —
*cent francs...* en effet, c'était cela ! La dépense ordon-
nancée par le ministre s'était faite trop tard pour être
portée dans le budget courant ; il avait fallu l'inscrire
ailleurs, et ces terribles *cent francs*, c'était le tuyau !
Et c'est à cause de cette fumée et de ce tuyau qu'un
des Quarante de l'Académie française, victime pendant plusieurs semaines de toutes sortes d'accusations
outrageantes, qui ne devaient tomber que devant la
publication tardive du chiffre absurde de la corruption, avait donné sa démission..... s'était en
quelque sorte exilé, et avait souffert tout ce que
l'âme d'un galant homme peut ressentir en de pareilles crises !

Il est vrai que le chagrin de M. Sainte-Beuve eut,

pour le public égoïste, une heureuse compensation.
C'est, en effet, à ce « tuyau » que la littérature contemporaine doit les deux brillants volumes qui sont
précisément la reproduction de ce cours qu'il alla
faire à Liége. Si M. Sainte-Beuve n'était pas plus
impassible à la fumée de la gloire qu'il ne le fut
jadis à celle de cette cheminée, cause de son irrita-
tion et de son départ, nous dirions que les deux
volumes intitulés : *Chateaubriand et son groupe littéraire sous l'Empire*, ont pris une place choisie sur
le rayon consacré à ses nombreux travaux dans
toute bonne bibliothèque. Ce livre, — d'une érudi-
tion si profonde, et marqué au signe original et
attrayant d'une critique qui tient la première place
spéciale dans les lettres françaises, — est en même
temps une très-attachante lecture, par l'art consommé qui a su y fondre les appréciations les plus
variées, les détails biographiques, les anecdotes littéraires ou sociales entremêlés de lettres inédites
et d'extraits de curieux mémoires, et de communications tout à fait nouvelles et imprévues. Certes,
jamais Chateaubriand n'avait été étudié d'aussi près,
même après l'ouvrage de M. Villemain, ni montré
dans un familier si sincère… surtout après les *Mémoires d'outre-tombe*. On en apprend, on en voit presque trop ! Mais les lecteurs ne s'en plaignent pas, et
ce livre cause les plus intelligentes jouissances aux
lecteurs délicats.

# LE DUC DE PERSIGNY



Peut-être surprendrai-je bon nombre de lecteurs en leur disant que l'ancien ministre, membre du conseil privé, ex-ambassadeur de France à Londres, a écrit sur les pyramides d'Égypte... Rien n'est pourtant ni plus vrai, ni plus sérieux! Prisonnier politique en 1845 au fort de Doullens, à la suite d'événements bien connus, M. de Persigny trompait les ennuis de sa captivité par des études scientifiques et historiques. Un détail de ses études appela son attention sur les ravages causés par le flot mobile des sables du désert. Villes ensevelies, rivières comblées, cultures englouties, tels étaient les désastres que l'exemple du passé offrait à l'avenir....

Dès ses premières recherches, l'ex-prisonnier de

Doullens, plus tard ambassadeur de son ancienne geôlière, la France, fut amené à réfléchir sur les hautes murailles que les villes du littoral occidental de l'Afrique avaient tenté d'opposer à l'invasion du Sahel, sans y réussir complétement, car l'irruption sablonneuse finissait toujours par déborder l'obstacle. De là vint chez M. de Persigny l'idée que ces murailles n'offraient qu'un abri proportionné au temps que le fluide mettait à les franchir. Un autre genre de digue semblait donc préférable, par exemple des corps isolés, d'une forme particulière, disposés, distribués selon certaines données expérimentales.... C'en était assez pour soupçonner la destination *possible* des pyramides !

M. de Persigny s'attacha à examiner la valeur morale de son hypothèse avant d'en faire l'objet d'une étude matérielle scientifique. C'est qu'en effet le mystère où tant de recherches ont laissé la destination de ces monuments colossaux semblait une présomption même en faveur de l'idée nouvelle qu'il entrevoyait. On pouvait tout d'abord comprendre qu'un fléau si extraordinaire eût appelé de grands remèdes. Cette première présomption portait à en rechercher d'autres. M. de Persigny s'y appliqua avec l'ardeur d'un esprit sagace et entreprenant, qui se croit sur les traces d'un grand secret : celui que depuis quatre mille ans le grand sphinx du désert pose en énigme aux âges modernes !

La présomption dans laquelle l'auteur trouvait la science pour ainsi dire arrêtée ou résignée, était que les pyramides servirent de tombeaux, que ces montagnes factices—qui exigèrent autant de matériaux, de travail et de dépenses que la construction des plus grandes cités modernes.— s'amoncelaient pour défendre une momie royale contre la destruction. On disait : « Les pyramides renferment des sépultures, — donc ce sont des tombeaux ! » A la vérité, cette opinion ne fut jamais admise qu'en désespoir de cause, et faute de trouver une lumière plus vive pour pénétrer un secret enveloppé dans quarante siècles de silence et d'ombre ! Mais des savants illustres, médiocrement satisfaits d'une pareille compétence, et ne voyant dans l'usage funéraire des vides intérieurs des pyramides qu'une destination tout à fait accessoire, sont restés dans un doute inassouvi sur la destination réelle de ces colosses, persuadés qu'ils renferment un mystère plus scientifique que religieux. Diderot, Bailly, Jomard, et presque tous les membres de l'Institut d'Égypte, sont dans ce soupçon, ou plutôt même dans cette conviction, — mais sans issue, comme les pyramides elles-mêmes !

Cette situation des idées porta donc M. de Persigny à se retourner complétement vers le côté scientifique du mystère, et il s'y mit avec cette passion qui anime et éblouit tous les Christophe Colomb de l'ordre moral et matériel.

Un premier obstacle était pourtant de nature à décourager le prisonnier. Il ignorait la situation géographique ou plutôt topographique exacte des pyramides, et cette connaissance était la base de toutes ses recherches; car il est de fait que si les pyramides étaient destinées à protéger la vallée du Nil des irruptions sablonneuses, elles devaient satisfaire à de rigoureuses conditions de position, d'orientation. Ainsi, par exemple :

L'Égypte étant située entre deux chaînes de montagnes (Libyque et Arabique) qui la séparent, l'une de la mer Rouge, l'autre des sables africains, les pyramides devaient se trouver dans la solution de continuité que laissent les montagnes servant de rempart partiel et naturel au fléau, et compléter ainsi la ligne de défense, précisément à l'entrée des gorges qui débouchent du désert sur la vaste plaine du Nil.

Une foule d'hypothèses naissent de cette condition capitale. Mais dans la solitude de la prison, loin des documents nécessaires, il était impossible d'aller plus avant, car un mot, un coup d'œil sur la carte, pouvaient ruiner tout un système, annuler toutes les présomptions. Mais une circonstance particulière vint fournir à M. de Persigny le moyen de les vérifier. A la suite d'une maladie, le comte Duchâtel autorisa le transfèrement du prisonnier politique dans une maison de santé de Versailles. Cette nouvelle résidence favorisait naturellement des recher-

ches que le penseur s'empressa d'effectuer. S'étant
procuré les matériaux nécessaires, il découvrit avec
joie que la position géographique des pyramides répondait pleinement aux données conjecturales de son
hypothèse!

En effet, ces mystérieux monuments étaient bien
situés sur le bord du désert Libyque, à l'entrée des
divers débouchés des gorges de la chaîne des montagnes, continuant artificiellement sur le point dangereux le système naturel de défense. Une foule
d'autres hypothèses secondaires se trouvaient du
même coup justifiées, et l'auteur pouvait raisonna-
blement se croire sur la voie d'une grande découverte
scientifique et historique.

Il résolut de poursuivre ses études jusqu'au bout,
en recherchant quelle était l'efficacité de ces montagnes artificielles pour arrêter le mouvement des
sables. Le voile de cet antique mystère, qui semblait
déjà soulevé, pouvait se déchirer entièrement devant
le triple examen topographique, archéologique et
météorologique... C'était le dernier mot de l'énigme
du vieux sphinx !

Assises sur des bases énormes, et élevées jusqu'aux
cieux, ou plutôt jusqu'aux nuages, les pyramides
n'étaient évidemment pas de simples *barrages*, dans
le sens absolument matériel du mot. Leur masse
répondait à leur besoin d'éternité... relative, et sup-
pléant à l'ignorance des Égyptiens dans l'art de con-

struire les voûtes. Un grand problème mécanique
devait s'attacher, en outre, à leur volume. Ces immenses surfaces, présentées au vent du désert,
devaient avoir pour objet d'opposer une résistance
égale à l'excès de vitesse du fluide atmosphérique
entraînant les sables : c'était enfin, dans les prévisions de. M. de Persigny, « de grandes machines
aérostatiques, de puissants agents modificateurs des
causes météorologiques du fléau. »

Ainsi, les présomptions s'enchaînent, le mystère
des pyramides se liait à d'autres mystères. En effet,
on ne connaît complétement ni les mouvements du
désert, ni les lois du choc et de la résistance des mi-
lieux, surtout des fluides élastiques. Le chercheur
trouvait dans ces obscurités une sorte de corrélation
à celle du secret général des pyramides. La question
historique, la question du désert, et celle des fluides
élastiques — trois inconnues d'un même problème
— se prêtaient un appui réciproque pour égarer
les recherches et dérouter les efforts de la raison
investigatrice.

Le 14 juillet 1845, M. de Persigny ayant fait de
ces laborieuses et ingénieuses études l'objet d'un
*Mémoire*, où était développé tout son système de la
destination probable des pyramides, il l'adressa à
l'illustre F. Arago, avec prière de le soumettre à
l'Académie des sciences. Dans la séance du 5 août,
communication sommaire de ce mémoire fut faite aux

savants qui formaient ce corps célèbre, et une commission nommée, séance tenante, pour faire un examen approfondi du *Mémoire*, et en rendre compte à l'Académie, au pays. Cette commission était formée de MM. Arago, secrétaire pérpétuel, Cordier et Babinet. Arrivée à ce point, l'affaire fit un certain bruit, et émut bien des gens : savants, curieux, rêveurs; les lettres, les communications affluèrent chez M. de Persigny, — et parmi celles-ci, une du prince Louis-Napoléon, lui aussi captif, et occupé de problèmes à la fois sociaux et scientifiques. L'auteur reçut aussi diverses utiles communications de M. Jomard, l'illustre historien des pyramides,—de M. Peltier, le célèbre météorologiste, — de M. Huot, le savant continuateur de Malte-Brun, — de M. Guet, professeur de physique à Versailles, — de M. Bataille, ancien élève de l'École polytechnique, ingénieur érudit (et depuis conseiller d'État),— de divers membres, enfin, de l'Institut d'Égypte, qui tous apportèrent de sympathiques adhésions à un système du premier coup considéré comme une des idées ingénieuses — et peut-être une des probabilités de la science moderne.

Armé de ces encouragements, de ces lumières, d'aperçus nouveau-nés de ces communications, M. de Persigny pria M. Arago de suspendre l'examen de la commission, à laquelle il désirait soumettre un travail plus développé. Il passa un an à le faire, et ce fut l'objet de tout un volume de 300 pages avec planches, intitulé : *De la destination et de l'utilité permanente des Pyramides d'Égypte et de Nubie contre les irruptions sablonneuses du désert*. Mais lorsque l'auteur, et on peut désormais dire le savant, revint pour ainsi dire armé de toutes pièces, pour se présenter devant le docte corps, les événements politiques, qui avaient rapidement marché, détournaient l'attention des questions de science pure, et la commission posa le volume sur les rayons des choses à enquérir. Deux ans plus tard, la France, et même les savants, avaient d'autres préoccupations que celle de juger si Chéops et Chephrem ont reposé sous les pyramides, et ils songeaient fort peu au vent du désert ! Un autre vent avait passé sur la France, et M. de Persigny allait être député, puis ministre, puis ambassadeur ( et duc ! ).

Sans doute la question pourrait être reprise, aujourd'hui que l'Égypte se trouve à la veille de voir un si grand mouvement d'idées et de faits s'accomplir sur son vieux sol par le percement du fameux canal de Suez !

# MAXIME D'AZEGLIO

DÉTAILS PEU CONNUS.

On s'est beaucoup occupé, et en plusieurs fois, dans les chroniques politiques, du littérateur-peintre-colonel-homme d'État Massimo d'Azeglio, qu'on s'obstine à qualifier *marquis*. M. Maxime d'Azeglio est *dei marchesi* d'Azeglio ( comme on dit en Italie ), c'est-à-dire qu'il appartient à la famille *des marquis* sans qu'il ait personnellement aucun titre, ce qui ne l'empêche nullement d'être un excellent gentilhomme. .

Mais si la chronique politique avait tout droit sur ce personnage, la chronique littéraire pouvait aussi revendiquer les siens, qui résultent des diverses qualifications ci-dessus alignées.

Son nom est Maxime Taparelli d'Azeglio ; il est né

en 1801 ; son père était général piémontais. Entraîné
par le goût des arts, il passa une partie de sa jeunesse à Rome, y' étudiant à la fois les lettres, la
musique et la peinture. C'est dans ces conditions
qu'il prit plaisir à réaliser un de ces tours de force
qui sont bien de la nature italienne. Ayant écrit un
*libretto*, il en composa la musique, en peignit les
décorations, dirigea l'orchestre pendant l'ouverture,
— dit un *cronista*, — et monta ensuite sur la scène,
où il fut applaudi pour sa belle voix de ténor, se
montrant ainsi tout à la fois poëte, compositeur,
peintre et chanteur ! Assurément, le fait est unique
en son genre, — même pour l'œuvre d'art la plus
faible, — et l'anecdote méritait d'être relevée, à
propos d'un personnage auquel les circonstances
ont prêté un rôle si différént de celui de ténor,
dans le drame de la politique italienne en 1848 et
depuis !

M. Maxime d'Azeglio s'était, vers 1830, fixé à Milan
comme peintre paysagiste, lorsqu'il se lia avec l'illustre auteur des *Promessi sposi* (les Fiancés) dont
bientôt il épousa la fille. Ce lien le ramena à la littérature, et il écrivit, en 1833, un premier roman, *Ettor
Fieramosca*, qui fut suivi, en 1841, de *Niccolo de Lappi*, autre roman inspiré par un haut sentiment de patriotisme historique. N'ayant que peu de fortune, il
continuait à peindre assidûment. Ses tableaux, qui ont
leur place dans bon nombre de galeries italiennes,

étaient des paysages dans le goût sévère de Salvator
Rosa, au milieu des sites rocheux ou sauvages desquels il se plaisait à placer des scènes de chevalerie,
inspirées des récits de l'Arioste. Plusieurs de ces
tableaux ont passé la frontière; quelques Anglais de
distinction, admirateurs de Manzoni, ont voulu placer le nom du gendre sur leurs catalogues. *Ettor
Fieramosca* fut traduit chez nous lors de son apparition, et édité par Hippolyte Souverain. Une traduction du second roman du peintre de *Roland furieux*
avait été commencée en 1841 par un écrivain français qui voyageait alors en Italie ; mais l'affaire ne
put être menée à fin, — l'écrivain en question ayant
dû s'absorber entièrement dans la composition d'un
ouvrage descriptif sur Venise. Nous ignorons si,
depuis, la spéculation française s'est appropriée *Niccolo de Lappi*.

A dater de 1845, la vie du peintre-littérateur se
modifie pour relever plus particulièrement des appréciations politiques. Il publie ses premières bro-
chures, et se trouve peu à peu désigné à remplir un
rôle lorsqu'éclate 1848. Nous le rencontrâmes au
milieu des événements d'alors, à Bologne, où il s'était
réfugié pour se faire traiter d'une blessure dont il
avait été atteint au siége de Vicence, siége auquel il
prit part en qualité de colonel vénitien. A partir de
ce jour, M. Maxime d'Azeglio revint à son origine
piémontaise, et c'est à Turin qu'il joua le grand rôle

politique qui le fit un moment président du conseil.
Cette existence est curieuse, et ses particularités imprévues l'imposaient à notre petite galerie.

# CHEVET



Il y avait, au moment où éclata la Révolution française, dans le village de Bagnolet, arrondissement de Saint-Denis, un jardinier-fleuriste nommé Chevet : c'était le père de tous les Chevet du Palais-Royal, et le fondateur d'une célèbre dynastie culinaire. Il s'occupait exclusivement de la culture des roses, et avait découvert quelques-unes de ces ingénieuses combisons de semis qui, d'une simple pentapétale, font cette fleur vermeille et profondément odorante dont les variétés se comptent désormais par milliers. Mais sous Louis XVI, la fleur de Vénus était loin d'être aussi tourmentée par la spéculation ou le dillettantisme floral, et on n'en comptait que quelques espèces. Chevet y figurait par la découverte de la *rose du roi*,

12.

qu'il était allé offrir à Versailles, par l'intermédiaire
de madame de Lamballe qui lui voulait du bien.
Aussi, à dater de cette découverte et de ce baptême,
Chevet était-il devenu le fournissenr en titre de toutes
ces belles et jeunes femmes, reine en tête, dont il
ornait et parfumait les mains, la coiffure, le corsage
et les boudoirs. La petite rose vive, d'une odeur si
vague, qu'à Versailles on appelle encore aujourd'hui,
la *chevette*, avait été tout spécialement cherchée et
obtenue pour la coiffure de madame de Lamballe, que
les parfums plongeaient dans des crises nerveuses.
C'était l'hommage de la reconnaissance d'un honnête
fleuriste, qui ne soupçonnait guère que ses charmantes fleurs seraient bientôt teintes du sang de sa
chère protectrice! Cette réalité épouvantable, — des
roses tombées dans le sang! — noie d'une façon terrible l'origine délicate de cette tendre pourpre, née
du doigt de Vénus, piqué par l'épine en cueillant la
fleur. De l'épine des Cyclades au couteau du citoyen
Guillotin... quel abime!

Un jour, le bonhomme Chevet arrive avec toute
une charretée de roses pour orner et parfumer une
fête que Marie-Antoinette devait offrir à quelques
jeunes princes autrichiens de passage en France. Mais
le roi et la reine sont en fuite... On les arrête à Varennes, et, ramenés à Paris, ils sont enfermés au
Temple. Chevet trouve par là un ancien jardinier de
ses amis, le persuade, le corrompt moyennant bou-

teillé, et réussit à faire arriver aux prisonniers ces roses qu'il offrait aux dames de la cour en des temps de fatale sécurité. Marie-Antoinette reçoit chaque matin le bouquet un peu ravagé par la main des geoliers défiants. Cela dure plusieurs mois; mais un matin plus de roses! La reine, attristée s'informe : Chevet est arrêté! Un des nombreux comités de surveillance chargés d'exécuter la loi des suspects avait fait comparaître à sa terrible barre le sentimental desservant de Flore, et, sur le simple aveu de son industrie, l'avait envoyé au dépôt de la section; de là on était presque généralement requis pour l'Abbaye... et l'Abbaye, on sait ce que cela voulait dire !

Un matin on l'appelle ; il croit que c'est fait de lui! Un commissaire de section le fait comparaître :

— C'est toi qui cultives des roses à Bagnolet, et dans une succursale auprès de Trianon ?

— Oui, citoyen...

— Tu as inventé une rose qui porte ton nom, la *Chevette*... pour parfumer les ci-devant?

— Pour les vendre à ceux qui les payent, citoyen!

— C'est bien! je te nomme *exécuteur des hautes œuvres*... à Bagnolet et à Trianon! Tu vas aller *guillotiner*... toutes tes roses, les abattre, les faucher, en purger la terre! C'est une honte et un scandale que le sol soit profané par ces aristocrates de la végétation. C'est du pain qu'il faut au peuple, et non des roses!

Va-t'en, et plante des pommes de terre. Si dans vingt-quatre heures il reste un seul rosier sur pied, je te renvoie chercher, et... tu m'entends !... A un autre !

Chevet n'hésita pas : il arracha ses roses, et planta des pommes de terre et divers autres légumes. Comme ses habitudes en firent bientôt un rare horticulteur, il obtint d'excellents produits et prit, dans les masures du Palais-Royal, une échoppe pour les vendre. Un marchand de farine, nommé Rat, se trouvant son voisin, cette farine lui donna l'idée d'ajouter à son commerce de légumes celui de petits pâtés, qu'il combina d'une façon particulière et on peut dire fort goûtée. Mais autre crise ! Son commissaire de section est informé du fait qui est presqu'un méfait ; le pauvre Chevet est mandé de nouveau ; il arrive tout tremblant :

— Ah çà ! tu as donc juré de te vouer insolemment au service des aristocrates ?

— Comment cela, citoyen commissaire ?

— Jadis, c'étaient des roses inutiles et corruptrices des mœurs que tu cultivais pour les sybarites et les sensuels... Aujourd'hui, ce sont des pâtés que tu fabriques pour les gourmands ? Le peuple a besoin de bon pain et non de petits pâtés ! Emploie mieux ta farine, comme déjà tu emploies mieux ton champ ! Si

l'on retrouve chez toi une rose ou un petit pâté, je
t'enverrai rejoindre ceux qui les aiment... tu com-
prends?... A un autre!

Chevet crut inutile de déclarer qu'il avait dix-sept
enfants à nourrir du produit de son industrie ; il se
résigna. Cet homme avait déjà l'instinct des choses
délicates et recherchées. Les temps changèrent, et ce
négoce de comestibles que vous venez de voir poindre
se développa, et fonda une des maisons célèbres de
l'Europe, sous une enseigne qui ne doit pas périr, car
les Chevet sont une sorte d'heureuse dynastie.

Le père des jeunes Chevet actuels, mort il y a
quelques années d'un coup d'apoplexie, avait fait son
éducation à Sainte-Barbe. Il était du banquet annuel
des anciens élèves, et sa place de *notable commerçant*
y était fort bien tenue entre quelque employé supérieur et quelque avocat célèbre. Un jour, au dessert,
comme on buvait d'un certain vin de Constance qu'il
avait pompeusement apporté, il raconta que ce vin
était pour lui la cause d'un remords sans pareil,
et qui empoisonnait ses souvenirs de rigide probité.
On voulut connaître l'histoire... et, par contrition,
par pénitence, Chevet la raconta.

—« C'était à la vente des caves du marquis d'Aligre,
— dit-il, — une vente qui a fait époque dans les fastes
de la gastronomie. Je savais que l'opulent marquis

avait obtenu ce vin précieux par une occasion unique,
et qu'aucune cave d'Angleterre, pas même celle du
fameux duc de Sommerset, ne contenait son pareil!
Il me fallait ce vin ; mais comment faire? Les crus
précieux, les *retours de l'Inde* bordelais, tous les châteaux dorés, ambrés, paillés, avaient été payés le prix
des élixirs. Je craignais pour ce rubis liquéfié... et,
je le répète, il me le fallait pour mes grands dîners
diplomatiques, et surtout pour le dîner que je fais
annuellement ici avec mes honorables condisciples
d'autrefois! Comment faire?

« J'eus soudain une inspiration... inspiration coupable, je l'avoue ! et cet aveu doit contribuer au ra-
chat de ma faute, que pardonneront peut-être ceux
qui, à cette heure, goûtent autour de cette table au
corps du délit. L'expert de la vente était près de moi,
dominant le groupe des dégustateurs. J'obtiens le premier verre ; aussitôt je le porte à mes lèvres... et tout
aussitôt aussi, je rejette le liquide en faisant une hor_
rible grimace et m'écriant : — Pouah! que diable est
cela ?

« A cette vue, personne n'ose goûter au breuvage
gâté, corrompu, infernal... chacun affecte de le dédai-
gner ; car qui eût osé trouver bon ce que Chevet
déclarait mauvais? Les deux cents bouteilles du nectar
cent fois précieux sont donc adjugées, pour une
somme insignifiante, à un ami qui en opère promptement l'enlèvement. On sait que le marquis d'Aligre

a laissé vingt millions...; or le préjudice n'était pas grand pour ses héritiers. Et cet affreux breuvage, le voici, messieurs... c'est l'ambroisie! Que je trouve dans mon verre, honoré du choc des vôtres, l'apaisement de ce seul remords de ma carrière commerciale! »

On devine que nul ne prit la parole pour condamner Chevet, et que tous les ans ses anciens condisciples de Sainte-Barbe renouvelaient l'absolution en présence d'une nouvelle bouteille de ce fameux vin de Constance, unique en Europe, et dont l'année fameuse n'est plus qu'une illustre tradition chez les plus fins gourmets du cap de Bonne-Espérance.

Nous empruntons à la carrière de ce cuisinier fameux quelques anecdotes qu'il se plaisait à raconter avec une bonhomie maligne.

Il s'agit d'abord d'un grand dîner donné par la femme d'un ministre...; nous supprimons la date, afin de rester dans le vague voulu. Les invités étaient au nombre de *vingt-six*, tous gens officiels et de haute volée. Une singularité luxueuse de cet hôtel, c'est que tous les siéges d'hiver de la salle à manger étaient recouverts de peau de tigre. Rien d'éblouissant comme la table, où l'argenterie et les cristaux échangeaient des milliers d'éclairs. Le service était de vieux Sèvres, le linge de Hollande, les cristaux de Bohême, les aciers d'Angleterre, et le surtout de Froment Meurice. Les convives assis, le potage à la reine circule.... mais ce potage manque dès le dix-huitième convive.... bien que les trois précédents n'en aient eu qu'une couche si mince, qu'on eût dit qu'il s'agissait d'un alchimiste servant de l'or, non potage... mais potable.

— C'est drôle! — se disent les derniers convives. Et ils se passent la langue sur les lèvres en buvant un xérès consolateur.

Alors arrive, sur un superbe plat d'argent, du homard à la broche, mets nouveau, exquis, inventé par Chevet. Le homard est d'abord présenté aux personnes qui n'avaient eu du potage que la cuiller et l'assiette. A moitié route, le plat est vide... si exiguës que les derniers servis aient pris leurs portions! Au convive où il expire en offrant sa dernière patte, ce homard, réduit à la simple carapace, rencontre le filet de bœuf aux champignons farcis, qui, de son côté, rend sa dernière tranche... Si bien qu'un membre du corps diplomatique, qui se trouvait fatalement posté sur la double frontière d'épuisement, n'eut qu'un peu de l'une et l'autre sauce, pour tremper son pain et tromper sa faim!

On ne poursuivra pas plus loin le navrant récit des défaillances d'un menu véritablement trop menu! Il suffira de dire que, bien qu'on l'eût haché en portions de malade, le faisan n'offrait plus que bec et ongles à un académicien connu... pour aimer la bonne chère, et qui avoua que, ce jour-là, il se serait volontiers contenté de la mauvaise. Un ancien ministre dîna d'un artichaut; trois comtesses ne purent mordre à la compote de grenades, et le riche banquier X*** n'eut qu'un cure-dent pour tout dessert! Vous attendez le mot de cette énigme.... et le voici; rien de plus simple.

Le ministre donnait à sa femme une somme mensuelle déterminée pour mener la maison. Madame était folle de toilette, et sa liste civile personnelle ne lui suffisait pas. Elle rognait donc tant qu'elle pouvait sur le ménage, depuis le potage jusqu'au fromage! Le jour en question, elle avait commandé à Chevet un dîner de *quatorze* couverts pour *vingt-six,* ce qui explique que tout expirât au *dix-huitième.* Chevet, ayant appris la crise par les maîtres d'hôtel, attendit une prochaine commande, s'informa exactement du nombre de convives réels plutôt que déclarés, servit en conséquence, présenta carrément sa note... et fut payé. Deux dîners pareils au précédent, et il était déshonoré!

Autre histoire plus navrante :

Il y avait quatorze invités. C'étaient des hommes politiques, des journalistes, des savants; un dîner ingénieusement varié par les noms; plus un cardinal, un général et un coadjuteur du Midi. Mais le menu!

La dame était allée deux jours de suite, de sa propre personne de grande dame, chez Chevet, pour le combiner et le parfaire. C'était de part et d'autre un amour-propre inouï pour n'y faire figurer que des choses rares et exquises. A peine s'était-on contenté, pour rôt, de deux poules de bruyère farcies d'ortolans ! La dame dépensait 700 francs pour ses quatorze convives, et l'on peut croire que c'était bien.

Mais alors, pourquoi vouloir faire de ridicules économies de détail? La table, par exemple? Chevet en offrait une proportionnée au nombre précis des convives ayant chez lui toutes ces choses prêtes et réglées. C'était 6 francs à ajouter à la note. La dame se dit :

— Économisons ! La table de ma salle à manger est trop petite, mais pour 40 sous le menuisier du coin arrangera cela avec des tréteaux... Tout ira bien et c'est autant d'épargné !

Vers sept heures, tous les convives sont réunis au salon ; le premier maître d'hôtel ouvre la porte et s'écrie avec un beau timbre barytonal :

— Madame la comtesse est servie !

Le dîner était dressé à la française, c'est-à-dire tout sur table. Quatre candélabres d'argent, en forme de palmiers, portant chacun douze bougies, jettent sur les cristaux et les métaux un prismatique éclat. Chevet s'était surpassé ! On eût dit que quelque Véronèse, habile metteur en scène des festins d'apparat, avait groupé et distribué ces mets odorants et superbes, au milieu de tous ces ustensiles brillants. La maîtresse de la maison ayant choisi ses deux voisins d'honneur, les convives s'avancent au hasard, selon l'usage nouveau qui l'emporte désormais sur l'ancien système des places préalablement désignées. Chacun, avant de s'asseoir, s'extasie sur la magnificence de cette table éblouissante et appétissante; les invités sont dans cette position agréablement nerveuse, insensiblement fiévreuse et concupiscente, qui naît en présence d'un plaisir qu'on croit infailliblement saisir.

Tout à coup, et au moment où la maîtresse de la maison va s'asseoir auprès du cardinal, la porte d'une office s'ouvre... et un immense chien de Terre-Neuve, qui flairait ardemment tant de mets odorants en agitant la queue derrière cette porte, se précipite dans la salle à manger, et s'élance impétueusement à travers les convives, jusque sous la table où il espère se retrancher...

— Le chien! le chien! — s'écrie la comtesse épouvantée. Les domestiques s'élancent pour le chasser; mais celui-ci, éperdu, se réfugie derrière un des tréteaux... l'ébranle... le culbute... la table du menuisier du coin (ajustée pour 40 sous!) craque au centre... une planche cède, les autres fléchissent, l'abîme s'ouvre... s'élargit... et des deux bouts tout y croule comme dans un entonnoir!

Quel spectacle! Imaginez-vous l'affreuse olla-po-

drida, le grotesque arlequin, le mic-mac, le gâchis
causé par un semblable éboulement! Potage à la
tortue, purée de marrons, glace à rafraîchir, hors-
d'œuvre, gibier, sauces, rôts, moutarde, crèmes,
poivre et sel, fruits et poisson, cure-dents et compotes,
huîtres et sucreries, salades, pâtés, piment, confitu-
res... et vingt autres ingrédients disparates, disparus,
arrosés du contenu varié de toutes les carafes et de
tous les flacons rouges et blancs, et mêlés de tous les
débris de cristaux, des porcelaines, des bouteilles,
des bougies brisées s'éteignant en grésillant, dans les
sauces! Sept cents francs de choses exquises, et on ne
saurait dire pour quelle somme de porcelaines et de
cristaux enfouis dans ce gouffre... au milieu des
tessons, des plats brisés, des couverts tordus, des
verres pilés, des débris de sardines et des tranches
d'ananas! Ce fut navrant... à en pouffer de rire!

Comment peindre l'attitude de la maîtresse de la
maison en face d'un pareil cataclysme! On chercha
bien à en tirer pied ou aile, mais une des poules de
bruyère truffée, que le coadjuteur repêcha, avait le
goulot d'une bouteille à madère dans le flanc gauche,
la panse crevée par le bras d'un candélabre, et une
bougie dans le gosier. Ainsi du reste! L'odeur qui
s'exhalait de ce charnier était incroyable! la comtesse
parla d'aller dîner au Palais-Royal. Mais Chevet, qui
savait ce dont sa maison était capable, demanda trois
quarts d'heure pour recommencer; mais à condition,

cette fois, d'apporter une table! Ce fut fait. Le dîner fut bissé. Mais il en coûta près de 1,200 francs, — le tout pour une tentative d'économie de 40 sous!

———

C'est Chevet (le père) qui, un jour, donna un si haut relief au service du prince de Talleyrand. Il avait réussi à se procurer deux dorades, poisson de mer exquis, des plus rares alors sur nos côtes, et qui valait son pesant d'or. Il sert un dîner chez le ministre des affaires étrangères. Au relevé de potage, on enlève la lourde dorade et son plat d'argent. Le maître d'hôtel, qui a reçu le mot, glisse... et fait tomber à terre le magnifique poisson, qui se brise, s'effondre. Cri d'horreur et de navrante déception chez tous les convives!

— Ce n'est rien, Monseigneur! — s'écrie le majordome; — on va prendre *une autre dorade* à l'office!

Une autre dorade!... On fut stupéfait, on n'osait espérer... croire. Bientôt on dut se rendre à l'évidence; une dorade plus grosse que la première apparut.

———

Chevet, fier des immenses relations qui approvisionnaient sa maison de toutes les raretés exquises, aimait ces coups de théâtre et ces surprises. Parfois, le hasard lui rendait les émotions, et les plus vives. Mais là où l'illustre Vatel, se croyant déshonoré par

13.

le retard de la marée, se passa son épée au travers
du ventre, Chevet, lui, se fût consolé en ouvrant une
boîte de ses merveilleuses conserves ; car chez Chevet, on fait plus que de la cuisine, on fait de la
chimie ! Son gendre et lui ont inventé un mode de
miraculeuse conservation, qui met tout un dîner
dans quelques boîtes en fer-blanc soudées brûlan-
tes. On emporte ainsi dans sa malle un dîner de
campagne de vingt couverts, jusqu'au café ! c'est
incroyable.

Un jour, un Anglais vient, en baragouinant une
langue impossible, commander un déjeuner, pour
dix-huit personnes, à servir dans son hôtel garni. Il
s'exprime si grotesquement, qu'il confond les jours,
il articule l'un pour l'autre, et c'est l'autre qui arrive.
C'était pour midi : vingt plats et le service, linge,
cristaux, argenterie, vaisselle, les vins, tout ! Les
convives s'accumulent au salon... et pas d'apprêts
dans la salle à manger ! A midi et demi, l'Anglais,
inquiet, distribue des *Times* à ses invités, monte en
cabriolet, accourt. Les Chevet ne pensaient pas plus
à l'Anglais qu'au dey d'Alger. Explosion ! On consulte
le livre des commandes... c'est bien l'insulaire qui
est dans son tort. Mais plus il a tort et plus il est
furieux ! Dès les premiers mots de l'affaire, madame
Chevet a tout compris, et elle a dit un mot à l'oreille
d'un de ses fils. On retient l'Anglais, on discute sur
les *Monday*, *Tuesday*, *Wednesday*... un quart d'heure

se passe ; il s'en va, décidé à emmener tout son monde
au restaurant, malgré le peu d'élégance qu'il trouve
à cette ressource extrême. Il monte chez lui...la table
est mise !

En quelques minutes, un fourgon avait tout apporté...

— Milord est servi, crie un maître d'hôtel.

Stupéfaction profonde... mais appétit dévorant ! A
peine s'est-on amusé cinq minutes aux bagatelles
des hors-d'œuvre, que les vingt réchauds sont couverts de plats fumants. Les merveilleuses *conserves*
de toutes les raretés culinaires ont réparé l'erreur !
Un déjeuner exquis remédie si bien aux choses, que
l'aventure peut être racontée. Elle ajoute son piquant
à tous les condiments. Les convives, menacés de
famine, ont déclaré n'avoir jamais fait déjeuner aussi
exquis !

# BEAUMARCHAIS



Les journaux quotidiens avaient annoncé que la maison où Beaumarchais écrivit *le Mariage de Figaro* venait d'être expropriée pour faire place aux percements nouveaux résultant du boulevard du Prince-Eugéne. A ce propos, quelques explications et rectifications semblèrent n'être pas sans intérêt.

La résidence de Beaumarchais, celle où, en 1784, il a écrit *le Mariage de Figaro*, a été démolie sous la Restauration. C'était une maison d'une architecture alors sans modèle à Paris, d'un goût tout à fait italien, qu'il avait fait bâtir lui-même sur cette partie du boulevard portant aujourd'hui son nom, et qui se terminait à la place de la porte Saint-Antoine. Sa démolition eut lieu en 1818, pour faciliter l'ouverture du canal

Saint-Martin. Sur le terrain qui ne fut pas absorbé
par le canal, on construisit un grenier à sel, démoli
lui-même en 1841. Un vaste jardin, qui s'étendait
jusqu'au boulevard actuel, était terminé par un pavillon, où Beaumarchais se plaisait à travailler, et qui
a disparu en 1826. L'épaisse et solide construction de
l'hôtel et des murs du jardin de celui qui disait plaisamment : « Qui sait si le monde durera encore six
semaines ! » nécessita le jeu de la mine pour être
renversée. La porte d'entrée de toute l'habitation s'ouvrait sur le boulevard actuel. Elle porta longtemps
cette inscription :

> Ce petit jardin fut planté
> L'an premier de la liberté.

Si l'on ne suivait pas le jardin, on trouvait, pour arriver à la maison, un vaste souterrain qui aboutissait
à une cour dans le goùt italien, au milieu de laquelle
se dressait une statue du *Gladiateur combattant*. Une
reproduction de la statue de Houdon au péristyle
du Théâtre-Français décorait le vestibule. Il y avait
une salle de concerts et une foule d'autres aménage-
ments somptueux. Le jardin était tout parsemé de
grottes, de ponts chinois, de rocailles, de bassins, de
petites naumachies. Sur l'imposte de l'entrée princi-
pale, on lisait encore (c'était alors la mode que ces
continuelles inscriptions renouvelées du *Parva sed
apta* antique) :

> Erexi templum à Bacchus
> Amicisque gourmandibus !

Nous croyons parfaitement inutile de traduire, même pour les dames, ce latin véritablement de cuisine.

Autre inscription! Sur la porte d'un pavillon qui faisait l'angle de la rue Amelot actuelle, on lisait :

**VOLTAIRE**
Il ôte aux nations le bandeau de l'erreur!

Tout, ce pavillon était orné de vues de Ferney peintes à fresque. Sur le faîte du toit s'élevait une boule qui surmontait une grande plume dorée (*Indè fortuna*, disait Scribe, dont on vendit aussi l'hôtel, soigneusement bâti… à coups de plume!). Cette plume formait girouette, et notre génération l'a vue. Certes, l'idée eût pu prêter à la plaisanterie avec tout autre que le ferme et inamovible esprit de Voltaire! En effet, quelle belle girouette que leur plume pour… Mais laissons là les contemporains, et revenons à celui dont le véritable successeur manque encore parmi nous.

Nous n'en avons pas fini avec les inscriptions ; il faut relever les plus curieuses :

Sur le socle d'une statue de l'Amour était gravé ce distique paternel :

O toi, qui mets le trouble en plus d'une famille,
Je te demande, Amour, le bonheur de ma fille!

Plus loin, sous un groupe offrant Platon et l'*Esclave cymbalier*, on lisait :

L'homme en sa dignité se maintient : il pense ;
L'esclave dégradé ne pense point : il danse!

Voici l'origine de cette curieuse habitation, qui eut le *pire destin* :

« La journée du 14 juillet 1789, — dit M. Louis de Loménie dans le remarquable et curieux ouvrage qu'il à publié sous ce titre : *Beaumarchais et son temps*, — trouva l'écrivain occupé à faire construire, juste en face et tout près de la Bastille, comme pour narguer ce château fort, une superbe et charmante habitation. Il avait acheté de la ville (qui le rachète en partie aujourd'hui), par une curieuse fluctuation de causes et d'intérêt!), en 1787, toute là portion de terrain formant aujourd'hui la ligne gauche du boulevard qui porte son nom, prenant cette ligne en face de la rue du Pas-de-la-Mule, presque à la Bastille. Il y voulait faire une maison qui ne ressemblât pas plus aux autres maisons que le *Mariage de Figaro* ne ressemblait aux autres comédies. Il y parvint, mais en dépensant beaucoup d'argent. »

En effet, si les devis étaient de 300,000 fr., la dépense définitive s'éleva à 1,663,000 fr.! Or, pour continuer à larder encore ceci d'un peu de latin, nous dirons que, dans cette maison, d'où Beaumarchais vit tomber la Bastille,—*materiam superabat opus*, — c'est faire comprendre que la municipalité de 1818, décrétant l'expropriation, paya l'immeuble, sans tenir nul compte de la valeur artistique, cinq cent mille francs seulement.

On va voir que déjà, sous l'Empire, il avait été

question de démolir la célèbre habitation, car madame de Beaumarchais nous a conservé, dans une lettre adressée à une de ses amies, cette conversation entre le vainqueur d'Austerlitz et la fille de l'auteur du *Barbier de Séville*, conversation recueillie par M. de Loménie :

« — Comment vous nommez-vous ?— dit l'Empereur.

« — Je suis la fille de Beaumarchais.

« — Êtes-vous mariée ?

« — A M. de Larue, un des administrateurs des droits réunis, et beau-frère du général Mathieu Dumas.

« — Votre père vous a-t-il laissé sa grande fortune ?

« — Non, Sire, la Révolution nous a ruinés à peu de chose près ! »

Ici la fille de Beaumarchais exposa à Sa Majesté qu'elle et sa famille étaient lésées outre mesure par le projet de l'exproprier, etc. A quoi l'Empereur répondit :

« —Eh bien ! on évaluera votre maison, et on vous la payera ; mais elle a coûté une somme immense ! on ne paye pas les folies, etc. »

———

Le fait est que cette maison était visitée, du vivant de son propriétaire, comme une des curiosités de

Paris, et que l'envie qu'elle excita lui fut fatale ; car, au milieu des crises sociales, cette envie ne pardonne pas à la richesse, même lorsqu'elle est le prix du travail. Comme pour ce Romain que Sylla proscrivait à cause de sa *maison d'Albe*, celle de Beaumarchais ne devait être pour lui qu'un titre de plus à la proscription, une source intarissable de dénonciations, de persécutions et d'inquiétudes : il était destiné à ne l'habiter qu'un instant,—dit notre auteur,—pour y mourir au milieu des soucis d'une fortune détruite, et, comme l'a très-bien dit un de ses amis, « il ne devait trouver quelque tranquillité dans cet asile que pendant le peu d'années que ses cendres y ont reposé. » Tout cela n'a pas duré trente ans ! — La moindre feuille de papier griffonnée par l'auteur du *Mariage de Figaro* a été plus durable que son monument !

Beaumarchais, dont la vie active embrasse toute la fin du xviii° siècle, et dont les ouvrages représentent l'esprit de cette époque, mourut subitement, le 17 mai 1799, dans cette maison du boulevard, que sa veuve et sa fille ont habitée jusqu'à l'époque de l'expropriation, qui, ainsi que nous l'avons dit au début, eut lieu en 1818. Or, comment comprendre la nouvelle qui suit, répétée avec émulation par tous les journaux, de l'année dernière :

« Le jury d'expropriation de Paris vient de payer 940,000 fr. la maison de Beaumarchais, où fut écrit *le*

*Mariage de Figaro*, et dont les jardins, s'étendant autrefois jusqu'à la Bastille, bordaient le boulevard qui porte le nom de l'écrivain dramatique. »

L'immeuble exproprié pour un chiffre si haut, par erreur, était une maison de location, ancienne dépendance de l'hôtel de Beaumarchais, et faisait face à la place de la Bastille.

Voici une lettre de Beaumarchais. Elle porte la vive et nette empreinte de ce créateur du type incisif et charmant de *Figaro* :

*Au citoyen* BOSSANGE, *libraire au bâtiment des Mathurins, quartier Saint-Jacques.*

Ce 1ᵉʳ ventôse an VI.

Je vous écris en abrégé sur plusieurs objets :

1º Didot l'aîné a fait sa provocation sur le Voltaire ; je l'ai. Cela doit être répondu chaud ; si réponse y a. Je vous attends pour en causer.

2º Gudin a passé chez le relieur du Directoire. C'est à vous qu'il s'adressera pour l'estampe aux œufs, et celle au buste en piédestal.

3º Votre fromage augmente en bonté, en qualité, à mesure qu'il diminue en quantité. Ne le laissez pas devenir à rien, sans avoir eu dessus le droit d'aubaine du donateur !

4º Où en est l'infamie du scélé sur vos magazins?

5º Comment se portent vos petites ?

Je vous aime et je vous salue,

BEAUMARCHAIS.

Comme on sent que cet esprit-là, dans les faits les plus simples de la vie, aussi bien que dans les occasions les plus solennelles, ne perdait ni son temps ni sa pensée dans des périphrases!

# AUGUSTE MAQUET



Le succès d'une comédie excellente a été compromis, il y a quelques années, de l'aveu de tous les gens
spéciaux, par l'embonpoint imprévu de·l'acteur
chargé du rôle principal, qui devait représenter un
jeune homme poétique et un peu poitrinaire.

..·. Et pourquoi diable, me dis-je en écrivant ceci,
—ne pas avouer qu'il s'agit des *Dettes de cœur*, à la fois
comédie ingénieuse et drame profond, représenté au
Vaudeville, sous la direction du pauvre Louis Lurine,
mort à la peine. L'écrivain célèbre et l'homme si
universellement estimé qui présida pendant plusieurs
années la commission des auteurs dramatiques :
M. Auguste Maquet, enfin, était l'auteur de cette
pièce émouvante. Elle réapparaîtra infailliblement

un jour avec toutes ses chances, ou plutôt avec ses droits, — mais avec un amoureux maigre !

Lorsqu'il la livra à notre cher Louis Lurine, M. Aug. Maquet exprima le désir d'avoir M. Fechter pour le rôle de l'amoureux. M. Fechter était alors à Londres ; Lurine écrivit au célèbre acteur pour l'engager à grand prix. Quelques semaines s'écoulent, le directeur du Vaudeville, en rentrant un soir — dans le bien modeste logement qu'il avait obstinément gardé de ses mauvais jours jusqu'à ceux qu'on devait espérer meilleurs,—rencontre sur le boulevard un monsieur qui lui tend la main... un monsieur bien portant, replet, avec des favoris en côtelette... C'était Fechter, le méconnaissable Armand Duval de *la Dame aux Camellias*, que six mois d'Angleterre, — bière et roastbeef, — avaient fait passer du diaphane à l'obèse. Louis Lurine comptait sur un amoureux élégiaque, intéressant et pâle... il lui arrivait un père noble !

Que faire? rompre l'engagement pour cause de trop bonne santé ? c'eût été plus ridicule encore qu'impossible ! Il fallut en prendre son parti. On avait affaire à un comédien d'un grand talent, très-sympathique au public ; on se l'imaginerait maigre, puisqu'il est convenu que le sentiment se loge mal dans l'embonpoint, et que la première condition pour intéresser, dans la passion théâtrale, c'est d'être pulmonique, languissant, exténué...

Par malheur, la carrure passagère de M. Fechter

réalisa les inquiétudes conçues ; elle nuisit à l'illusion :
le public ne voulut pas croire qu'un homme si bien
nourri fût si épris ! La pièce souffrit de ce désaccord ;
on ne s'intéressa point, comme il l'eût fallu, à un
homme qui semblait avoir plutôt à payer des *dettes*
de restaurant que des *dettes de cœur*... La pièce, après
un certain nombre de belles recettes, fut emportée
dans la malchance du pauvre Louis Lurine — qui joua
pourtant tour à tour E. Scribe, Alphonse Karr, A. Dumas, Ponsard, Uchard, Octave Feuillet, et qui encore ?
sans trouver un succès d'argent. Depuis, M. Fechter a
prudemment maigri en défiance contre les roatsbeefs
anglais si perfides aux jeunes premiers. Il est rede-
venu élégiaque et vraisemblable à la phthisie... mais
le pauvre directeur du Vaudeville,—notre ami Louis
Lurine, digne cœur et noble esprit, — est dans son
humide trou de Montmartre... Un autre *impresario*
d'une âme moins éprouvée, moins sensible, recueil-
lera les avantages de la fructueuse reprise de l'œuvre
d'Auguste Maquet, peut-être avec le même Fechter—
maigri.

# ÉMILE DE GIRARDIN



Deux messieurs montaient au second étage d'une maison de la rue Miromesnil, où il y avait un grand dîner. Un troisième suivant isolé entendit l'un dire à l'autre :

— N'oublie pas... profite d'un silence général... et dis, comme si nous finissions une conversation :

« Ma foi... c'était montrer autant de loyauté que d'habileté... »

— De loyauté que d'habileté... c'est convenu !

— Tu ne te tromperas pas ?

— Non... sois tranquille !

On entre, on salue, on cause. On annonce que la

comtesse est servie; on passe dans la salle à manger,
où l'on s'assied au hasard, — suivant l'usage nouveau
déjà constaté et qui ne fixe de places que pour les
personnes dont le maître et la maîtresse de la maison
prennent le bras.

On venait de servir un magnifique faisan en salmis
truffé; il y eut un silence de sensualité. Le jeune
homme s'écrie, comme s'il répondait à son ami :

—... *C'était montrer autant d'habileté que de loyauté!*
Chacun regarde... écoute...

— Mon Dieu! — répond l'autre à son compère :
*L'une est la moitié de l'autre! La loyauté sans l'habileté,
c'est le volé! L'habileté sans la loyauté, c'est le voleur!*

— Bravo! bravo! — reprend le premier.

— Voilà, — dit une vieille dame, — un monsieur
bien spirituel !

Et chacun de faire chorus et d'admirer le trait,
l'aphorisme si net et si incisif.

Un seul convive se tint à part du *tutti :* c'était celui
qui avait saisi, dans l'escalier, *la préparation du tour*
entre les deux compères. M. D.... avait lu la phrase,
mot pour mot, dans le premier acte de *la Fille du millionnaire*, comédie très-ingénieuse et très-vive de
M. Émile de Girardin. Que de ces gens dont on s'écrie
ainsi :

— Mon Dieu! qu'il a d'esprit!

Le gaillard ne l'a pas, cet esprit,— il le retient.

Au dessert, le même monsieur D... raconta trois

piquantes anecdotes sur des voleurs. Il avait dit tout
bas à son ami :

—Amène donc la conversation sur la gendarmerie !
La chose faite, il s'écria :

— A propos de gendarmerie... savez-vous ce qui
est arrivé ? etc., etc. — Je crois que la vieille dame
va lui donner sa fille en mariage, il a tant d'esprit !
Et, en fin de compte, c'est encore de l'esprit que de
savoir se bien servir de celui des autres.

———

Dans l'avenue des Champs-Élysées, à l'angle de
la rue de Chaillot, dans l'emplacement même où
l'on a bâti une sorte d'archevêché de province ou
d'hôtel préfectoral massif et lourd, s'élevait l'hôtel
grec que pendant quinze ans habita M. Émile de
Girardin. Le salon de cette résidence, qui devint
célèbre, et qui fut une sorte de continuation du salon
de madame Sophie Gay, rue de la Chaussée-d'Antin,
—comme si la mère eût légué ses hôtes à son illustre
fille, — ce salon, disons-nous, avait été à peu près
fermé pour les lettres et les artistes, si ce n'est pour
quelques intimes, à dater de la mort de la femme
éminente qui a donné à la poésie, au roman, au
théâtre et au journalisme des œuvres si distinguées :
depuis le poëme de *Madeleine* jusqu'à la *Joie fait peur*.
Musset, Hugo, de Vigny, Balzac, Sainte-Beuve et
Lamartine en furent longtemps les hôtes assidus,

entourés de toute la littérature militante. On fit dans
ce vaste salon, tout simplement peint en gris et meu-
blé de perse à fleurages multicolores sur fond brun,
plus d'un député, plus d'un académicien ; — on en
défit également, et c'était bien jugé !

Ce serait une curieuse et piquante histoire à écrire
que celle de ce salon aujourd'hui matériellement
et moralement anéanti. Ce fut, pendant douze ans,
l'endroit de Paris où l'on eut le plus d'esprit. Les
anecdotes abonderaient pour cette piquante histoire.
Nous voyons encore l'angle droit de la grande cheminée où eut lieu un soir cet amusant quiproquo. On
était aux plus mauvais jours de 1848 ; une de ses
amies, fort inquiète, causait avec madame Émile de
Girardin.

— Ah ! ma chère, qui donc nous tirera de là ? —
dit la dame.

— Il n'y a que celui qui est là-haut qui puisse le
faire !

— Oui... le bon Dieu, vous avez raison !

— Je parlais d'Émile...

Le cabinet de M. de Girardin était précisément au-
dessus du salon de sa femme.

Le célèbre publiciste avait, il y a quelques années
déjà, cédé une partie de son jardin pour agrandir
celui de l'hôtel d'Albe, contigu. Aujourd'hui, terrain
et matériaux de démolition sont en vente (1859). J'ai
vu hier, dans la cour, les débris des hauts pilastres

de stuc jaune de la salle à manger, contre lesquels
on traînait, pendant les derniers jours de sa maladie,
la chaise longue de la pauvre et vaillante agonisante.
Cette salle à manger donnait sur une petite pelouse
au centre de laquelle s'élevait une fontaine, formée
du groupe de Grâces de Germain Pilon. Cette fraîcheur, cette verdure, le murmure de cette eau limpide charmaient l'esprit si poétique et pourtant si
pratique qui s'efforçait de dompter les cruelles souffrances du corps.

Madame de Girardin ressentait la plus grande affection pour son mari, la plus grande foi dans ses hautes
capacités ; elle avait courageusement pris part à ses
luttes. Un mal affreux, un des maux de son sexe, l'a
terrassée au lendemain de la victoire, au jour des
réparations et de l'opulence. Que de femmes tremblent
d'effroi pour elles, pour les êtres aimés, en voyant
arriver ce qu'on appelle la prospérité ! Ce sont ce
qu'on pourrait appeler les *sensitives du bonheur*...
Elles frémissent à son premier contact. Elles ont
comme le pressentiment qu'elles n'en jouiront
pas...

Tel fut le sort de cette femme éminente, qui sut
vivre et mourir avec un admirable courage. Partie,
c'est aujourd'hui sa maison qui s'en va... et, à l'heure
où j'écris, tombe cette colonnade, ce portique grec,
où si souvent se promena, toute drapée de blanc, un
livre, un journal à la main, ou causant avec un visi-

teur matinal, cette noble personne que Chateaubriand avait appelée la *Muse de la patrie*.

---

M. Émile de Girardin ayant ainsi abandonné, pour faire place aux constructions nouvelles, la célèbre tragédie de pierre qu'il habita pendant plus de quinze ans, attendait, à Enghien ou à Bade, l'achèvement de l'hôtel qu'il faisait construire dans un des rayons de la place de l'Étoile, appelé boulevard du roi de Rome. Depuis, l'illustre publiciste a pu prendre possession de cette résidence, — qui est une des originalités élégantes ou somptueuses de la capitale.

Cette originalité consiste particulièrement en un immense salon, véritable galerie de fêtes, qui rappelle, forme et décoration, la fameuse galerie d'Apollon du Louvre. A côté, une autre pièce d'un aspect original et tout à part, sert de bibliothèque. Étroite et longue, abondamment éclairée par en haut, de droite et de gauche de cette pièce s'étendent des rayons qui ne s'élèvent pas au-dessus de la portée de la main. Une belle statue en marbre de Pradier, grande comme nature,— *Pandore* ou *Phryné,*— est dressée sur un piédestal mobile, se découpant en demi-teinte dans le cadre lumineux d'une fenêtre du boulevard. Entre cette bibliothèque et ce salon, se trouve le cabinet de travail de M. Emile de Girar-

din. La salle à manger, d'un haut style, dans le goût
du grand siècle, trouve son accès sous le vestibule,
et est reliée à tous les services situés en sous-sol.

Au premier étage est l'appartement de famille,
genre Louis XV, blanc sur gris, riche de lignes, simple de tons. A l'extrémité qui domine la cour de l'hôtel se trouvent les deux petites pièces où se réfugie le
maître de cette belle résidence, que la propriété a
laissé aussi simple de goûts qu'il l'était à l'époque de
ses premiers combats pour la fortune et pour la célébrité. L'architecte avait préparé là une chambre à
coucher avec son cabinet de toilette, le tout ayant
accès sur le vaste couloir qui relie toutes les cham-
bres. M. de Girardin a tout bonnement mis son lit
dans le cabinet, et son bureau dans la chambre. Le
lit est en fer, le bureau est en acajou... rien de plus
modeste. Un immense cartonnier, de ce même acajou bourgeois, contient les papiers de toute espèce
d'un homme qui a, pendant trente ans, joué un des
rôles actifs et retentissants de la société moderne, —
comme publiciste, polémiste, économiste, duelliste...
comme député et industriel, comme maître aussi
d'un des plus prestigieux salons de Paris, et époux
d'une femme illustre, dans le rayonnement de laquelle il sut n'être jamais effacé, au contraire! l'hôte
enfin (actif ou passif) de toutes les illustrations du
jour.

Ce cartonnier... quel trésor! Je sais des gens qui en

donneraient bien cent mille francs ! On dit que M. de
Girardin n'a ni déchiré ni brûlé une seule lettre, depuis qu'il est mêlé à la vie politique, littéraire ou in-
dustrielle : la vie des intérêts en lutte, des passions
de tout genre, des ambitions et des déceptions. Tout
est à sa place alphabétique, à sa chronologie ; les co-
pies des lettres répondues sont annexées. Combien de
mains voudraient reprendre ou pouvoir racheter ce
qui est fixé là, au milieu de particularités, de documents de toutes sortes sur trois gouvernements, sur
des milliers de gens, sur une succession d'événements
la plupart si imprévus ! Et il est quelqu'un, que nous
connaissons, dans la littérature, qui s'imagine être en
situation d'écrire les *Mémoires du temps !* Ce serait à
M. de Girardin de dicter ce livre si vif : annales éclec-
tiques des trente années qui forment le tiers de ce puissant dix-neuvième siècle, si rempli de bizarreries, de
choses étranges, d'éclatantes personnalités, de faits imprévus, de coups de foudre, de changements à vue,
de merveilleuses invraisemblances,—et de stupeurs !
Ce fameux cartonnier, qui envahit tout un côté de la
chambre à coucher, transformée en cabinet de travail, et tendue d'un simple papier gris de lin, est,
avec ce bureau, le seul meuble qui y soit. D'objets
d'art, pas l'ombre..... C'est stoïque, austère, nu ! Si
fait, pourtant : il y a deux cadres qui se font vis-à-vis,
curieuse oasis où se complaît le regard, au milieu
des steppes de ces grands murs vides en leur gris

mélancolique. L'un est un dessin d'après une tête de Greuze; la peinture représentait une belle jeune femme : la mère de M. Émile de Girardin, une tendre lettre de la morte à son tout jeune fils est placée sous l'image.—L'autre cadre offre un portrait grand comme nature : celui d'un des plus chers amis de l'écrivain éminent, le docteur (et comte !) Cabarrus. Ce dessin est l'œuvre du fameux anglo-français Alfred Dorsay, si regrettablement, si brusquement mort, il y a quelques années. — Certes, il y a des gens qui ne s'attendaient pas à trouver ces deux images sentimentales chez ce réformateur social, ce philosophe stoïque, chez cet esprit d'une si indépendante vigueur ! On s'imagine assez communément que la lutte au milieu des passions politiques et des intérêts matériels, que les illusions qui s'y envolent et les déceptions qui s'y soulèvent, *bronzent* le cœur qu'elles ont *brisé*. C'est un peu la règle. Ici s'offre pourtant une exception, imprévue de ceux qui ne savent pas tout ce qu'il peut y avoir de simplicité et de grâce obstinément juvénile dans ce grand esprit assouvi, mais non blasé.

# MADAME ÉMILE DE GIRARDIN

SA VIE PRIVÉE. — SA CARRIÈRE LITTÉRAIRE.
PARTICULARITÉ SUR SA MORT.

Madame Émile de Girardin occupait une place considérable dans la société parisienne comme dans les lettres françaises. Aussi sa mort, brusquement survenue le 29 juin 1855, causa-t-elle une vive et douloureuse sensation dans une capitale qui voyait en elle une de ses illustrations. On a, dès le lendemain de cette mort, jeté sur la tombe entr'ouverte de cette femme éminente toutes les fleurs de la rhétorique amie ; on a beaucoup parlé de sa rare beauté, de son vif esprit, de ses talents multiples ; on a rappelé ses derniers succès, et déploré l'anéantissement de ceux qui l'attendaient encore. Un rapide coup d'œil sur la vie de madame Émile de Girardin nous a

seul paru manquer à ces élégiaques explosions ; nous
remplirons cette lacune laissée au côté précis des
oraisons funèbres.

Elle était née en 1804, à Aix-la-Chapelle, et elle fut
baptisée sur le tombeau de Charlemagne, sous cette
fameuse lampe dont M. Victor Hugo, dans son ouvrage sur le Rhin, a donné une description si déce-
vante. Sa mère, née de La Valette, une des célébrités
des salons de l'Empire et femme de lettres sous la
Restauration, avait épousé en secondes noces M. Gay,
plus tard receveur général. De ces deux mariages,
madame Sophie Gay avait eu cinq enfants : un fils,
tué à Constantine ; — quatre filles dont les deux
aînées furent mariées aux comtes O'Donnell et de
Canclaux. Des deux plus jeunes, l'une se voua à
l'éducation, tandis que l'autre se créait une célébrité
littéraire. La comtesse O'Donnell, dont le fils est
maître des requêtes au conseil d'État, avait précédé
de quelques années dans la tombe madame Émile de
Girardin.

Mademoiselle Delphine Gay fut élevée dans un des
salons les plus prestigieux de la Restauration. Jouy,
Étienne, Soumet, Baour-Lormian, Delatouche, Béranger, Talma, Gros, Carle et Horace Vernet,
Chateaubriand, Gérard, et une foule d'autres illustrations du temps, applaudirent au développement
de son intelligence. Toute jeune, elle fut admise
à l'Abbaye-aux-Bois, chez madame Récamier, et elle

y contracta des amitiés qui devinrent la base du
cercle que plus tard elle se forma elle-même, avec la
génération des illustrations nouvelles. Ses débuts
poétiques datent de 1822, époque où elle concourut
pour le prix proposé par l'Académie française ; et si
elle n'obtint qu'une mention honorable, c'est qu'elle
ne se renferma pas assez strictement dans le programme. A dater de cette époque, son jeune nom
mûrit dans maints succès provoqués par toutes les
circonstances de nature à faire naître son facile
enthousiasme.

En 1827, comme elle accompagnait sa mère en
Italie, elle assista à un dîner donné par un ambassadeur de France, M. de Laval-Montmorency, aux
officiers du bâtiment qui avait ramené d'Alger des
Romains captifs. Au dessert, elle récita des vers
inspirés par cet événement, et elle causa une si grande
émotion, qu'elle fut reçue au Capitole membre de
l'Académie du Tibre, honneur insigne qui lui donna
la vogue au retour. Charles X lui accorda une pension
à propos de son *Chant du Sacre*, mais elle perdit bientôt cette pension par un autre chant, où le chef
de l'expédition d'Alger était traité avec une licence
que le ministère ne qualifia point de poétique. Elle
chanta bientôt ou plutôt elle pleura la mort de Charles X, celle de Mathieu de Montmorency, celle du
général Foy, et de cette dernière ode on a retenu ces
deux vers :

> Hélas, au cri plaintif jeté par la patrie,
> C'est la première fois qu'il h'a pas répondu?

En 1831, mademoiselle Delphine Gay, dont la beauté, comme le talent poétique, était dans tout son éclat, recherchée en mariage, malgré son peu de fortune, par une foule d'hommes distingués, choisit celui vers lequel la portait non pas son ambition, mais son cœur. Elle épousa M. Émile de Girardin, et partagea courageusement les bons et les mauvais jours d'un homme que ses talents mêmes désignaient à l'envie et à toutes les passions hostiles que fait naître l'envie. La politique amena dans cette maison des crises durant lesquelles la femme de l'éminent publiciste révéla une force d'âme et une résolution qui triomphèrent de bien des difficultés. Elle eut toujours une foi extrême en celui qu'elle avait choisi, et elle ne cessa jamais de lui apporter sa part de force et de courage dans des épreuves qui ont dépassé le niveau de celles qui assaillent communément les esprits ardents, les hommes d'initiative et d'action. Un seul fait, si petit qu'il semble, prouvera cette solidarité au-devant de laquelle elle courait. C'était le soir de la première représentation, sur notre première scène, de *Lady Tartuffe*. Le succès avait accueilli cette œuvre hardie, dans laquelle mademoiselle Rachel avait répandu un charme singulier et fatal. On demandait à grands cris le nom de l'auteur. « Je vais, dit M. Régnier, excellent artiste de la pièce

— lequel, disait-on tout bas, n'avait pas été étranger à la mise au théâtre de l'idée du poëte, — je vais leur nommer madame de Girardin !

« *Émile! Émile!* dites madame *Émile* de Girardin ! » s'écria-t-elle impérieusement. Pour apprécier les motifs de l'insistance, il faut se rappeler qu'à cette époque son mari subissait encore les rigueurs du coup d'État. Dans un de ses poëmes elle a, si l'on peut dire, chanté les luttes de toutes sortes dont a fini par triompher M. Émile de Girardin, et ces vers, éloquemment frappés au coin de l'indignation et de l'affection conjugale, sont des meilleurs et des plus vigoureux qui soient sortis de sa facile inspiration. Ils répondraient à bien des violentes biographies !

La carrière littéraire de madame de Girardin comprend chronologiquement les œuvres suivantes, précédées de poésies fugitives qui ont plus tard été réunies en volumes. — 1828, *la Pèlerine,* complainte écrite pour la reine Hortense et qui semblait prédire à cette princesse les futures agitations de sa vie ; — 1831, *le Lorgnon,* roman ; — 1832, *Contes d'une vieille fille à ses neveux ;* — 1833, *Napoline,* poëme ; — 1835, *M. le marquis de Fontanges ;* — 1836, *la Canne de M. de Balzac ;* — 1840, *l'École des Journalistes,* comédie en cinq actes et en vers ; — 1842, *Poésies complètes ;* —

1843, *Lettres parisiennes* et *le Vicomte de Launay* (réunion de *Courriers de Paris* qui avaient paru de 1836 à 1848 dans le journal *la Presse*); — 1843, *Judith*, tragédie en trois actes et en vers; — 1846, *la Croix de Berny* (en collaboration avec MM. Méry, Sandeau et Gautier); — 1847, *Cléopâtre*, tragédie en cinq actes et en vers; — 1850, *Marguerite* ou *Deux amours*, roman; *Lady Tartuffe*, comédie en cinq actes et en prose; — 1854, *la Joie fait peur*, comédie en un acte; — *le Chapeau d'un horloger*, vaudeville en un acte. Cette dernière pièce n'avait pas été conçue pour le théâtre; madame de Girardin l'avait écrite sans grande prétention pour qu'elle fût jouée au château de la marquise de Lagrange par une société d'amateurs. Un deuil de famille empêcha l'affaire d'avoir lieu. Une lecture de salon fit envoyer cette pochade au Gymnase. Elle dut en grande partie le succès que lui fit la critique à la piquante opposition de genre qu'elle offrait avec ce petit drame intime que la Comédie-Française avait joué peu de semaines auparavant sous le titre de *la Joie fait peur*.

Le Gymnase avait aussi reçu de madame de Girardin une autre pièce : *Une femme qui déteste son mari*, basée sur une anecdote arrivée à madame Lanjuinais sous la Terreur. Son mari, qu'elle adorait, était caché dans un château, et pour le sauver la femme feignit de désirer le divorce, afin d'épouser le fonctionnaire républicain duquel dépendait le sort du proscrit.—Au

moment de sa mort, elle travaillait à une grande
comédie en vers : *Les Ridicules pernicieux*, dont une
faible partie était écrite ; le reste était dans son cerveau... et s'y est éteint avec la vie.

————

Ce qui distingue au suprême degré l'œuvre, —
prose et vers, roman et théâtre, — de madame de
Girardin, c'est l'esprit et l'observation. Son talent
avait quelque chose de sa beauté : il cachait la
force sous la grâce. Elle eut surtout un bien
grand mérite aux yeux des hommes qui veulent
que chaque flacon ait son essence : sa plume était
restée celle d'une femme. — C'est en quoi cette
éminente figure littéraire l'emporte sur un autre
grand nom, qui n'a rien gagné en gloire à glisser
des *bulletins* parmi ses contes vénitiens et berrichons.
— Madame de Girardin était restée une femme du
meilleur monde, parlant au besoin toilette plutôt
que radicalisme, et laissant deviner toujours la man-
chette de dentelle au poignet qui tenait la plume. En
cela, comme sur d'autres points encore, elle se créa,
dans la société parisienne, une place qu'elle n'eût pas
si brillamment occupée et si regrettablement laissée
vide si, au lieu d'être douée d'un des plus vifs esprits,
de facultés d'observation les plus exquises et d'un
suprême bon sens littéraire, elle s'était égarée dans

les zones troubles où règne la politique. Entourée
des plus brillants esprits et du meilleur monde, son
talent est resté celui d'une Muse.

———

Madame de Girardin fut atteinte pendant plusieurs
mois du mal dont elle devait mourir. C'était un triple
cancer, la mort s'attaquant ainsi trois fois à elle. Cou-
rageuse ou indifférente, elle n'avait pas la conscience
de son danger, et elle causa bien des chagrins à son
médecin, à son ami, le docteur Cabarrus, par son
obstination à repousser, non pas seulement tous les
soins (inutiles, hélas !), mais même tous les conseils.
Les derniers jours de sa vie furent un affreux martyre ; elle ne recouvra de repos qu'à la veille d'en
goûter un plus grand, éternel ! Comme tous ceux qui
doivent incessamment mourir et qui s'accrochent à
de dernières fantaisies, elle avait mis une impatience
extrême à voir réparer l'hôtel dont le jardin venait
d'être largement entamé par les agrandissements
concédés à la demeure voisine, vendue par les Lau-
riston à l'Impératrice. On sait ce que cet hôtel est
devenu plus tard ; une rue l'a remplacé.

En perspective aux portes d'enfilade des salons de
madame de Girardin devait s'élever la fontaine dont
nous avons parlé plus haut ; cette fontaine n'arrivait
pas assez vite de chez le fondeur, ce qui causait son

désespoir. C'étaient, on l'a dit, les *Trois Grâces* de Germain Pilon ajustées sous une vasque de bronze, et qui devaient faire bruire dans le calme de sa retraite un clapotement d'eau qu'elle désirait jusqu'à l'enfantillage. On dut, pendant le dernier mois, aller vingt fois chez ce fondeur pour presser le monument, ou plutôt ce jouet... caprice extrême d'une malade qui ne devait plus quitter la chambre que refroidie dans le linceul.—Ses funérailles furent magnifiques, et de tout Paris, des campagnes, de quelques départements voisins, accoururent, frappés de surprise et de douleur, ses nombreux amis, ceux de son mari, et un flot de gens sympathiques à tous deux. On ne vit jamais une réunion aussi illustre et aussi compacte unie dans une même affliction ! Çà et là apparaissaient, voilées de deuil, des femmes célèbres dans l'art ou aristocratiquement nommées. Un interminable cortége trouva trop étroite la modeste église de Chaillot. Sur la fosse ouverte, et tandis qu'une Altesse Impériale prodiguait à l'époux, éperdu de douleur, les bienfaisantes expressions de l'amitié, M. Jules Janin prononçait quelques paroles profondes et éplorées. Un prêtre parla du ciel après cette louange terrestre, et les journaux apprirent longuement à la ville émue que le pays avait perdu une de ses illustrations.

# LE PRINCE EUGÈNE

SON APPRENTISSAGE DE MENUISIER.

Les lettres niaises, absurdes ou ridicules abondent dans les bureaux d'un journal, et leur *capital* ne produit certes pas cinq pour cent... d'intérêt !

Pourtant hier nous recevions de Versailles, signée E. Cochard, une grande feuille de l'antique papier Bath, laquelle offre quelques détails intéressants sur un homme illustre, resté historiquement sympathique à tous, — celui dont on a depuis inauguré la statue au centre d'un des quartiers nouveaux du Paris de l'Est : le prince Eugène enfin.

Voici la particularité historique sur laquelle notre correspondant de la rue Hoche porte une lumière qui a tout son à-propos. Les biographes en feront leur profit après nous.

16

... Vous avez peut-être entendu dire qu'Eugène de Beauharnais avait été mis en apprentissage chez un *menuisier,* pendant la première révolution. Mais où? chez qui? On l'ignore. Le fait même est-il vrai?

Il l'est, monsieur. Il s'est passé en 1793 et 1794 chez mon grand-père, menuisier à Croissy, petit village à peu près inconnu alors, et situé entre Chatou et Saint-Germain-en-Laye. Voici dans quelles circonstances eut lieu ce singulier apprentissage.

Madame de Beauharnais obligée, après la mort du général, son mari, de chercher un refuge hors de Paris, alla habiter Croissy avec sa jeune fille Hortense, mère de l'empereur Napoléon III, et, le 26 septembre 1793, elle se présentait à la municipalité de Croissy pour y faire recevoir la déclaration suivante :

« Le 26 septembre 1793, la citoyenne Alexandre « Beauharnais s'est présentée au greffe de cette muni- « cipalité pour se faire reconnaître comme habitante « de cette commune par la cession que la citoyenne « d'Hosten vient de lui faire de la jouissance d'une « maison qu'elle occupe depuis deux ans, comme « locataire du citoyen Beaudry ; et a signé : Beauhar- « nais. »

Le 29 du même mois, Eugène de Beauharnais faisait consigner à la même municipalité cette déclaration : « Le citoyen Eugène Beauharnais, âgé de douze ans, « est arrivé de Strasbourg le 28 septembre chez la ci- « toyenne Beauharnais, sa mère, pour y faire sa rési- « dence, et a signé : Eugène Beauharnais. »

Mais ces déclarations ne donnaient pas encore aux malheureux que poursuivaient les haines de parti de suffisantes garanties de sécurité. Il fallait encore sacrifier les affections maternelles aux nécessités du moment, se séparer et faire acte de civisme! Madame de Beaunais n'hésita pas ; dans l'intérêt du salut de ses enfants, elle alla trouver mon grand-père qu'on lui avait dit être un honnête homme, lui confia tout ce qu'il y avait de pénible dans sa position, et lui proposa de prendre son fils Eugène en apprentissage. Cette proposition, toute dangereuse qu'elle fût à pareille époque, fut acceptée... et celui qui devait être un jour prince de l'Empire, vice-roi d'Italie, fils adoptif et successeur désigné de Napoléon Ier, le héros enfin de l'admirable retraite de Magdebourg... poussa le rabot et fit des copeaux en compagnie des enfants du modeste artisan, s'asseyant à la table commune, et partageant la soupe de l'ouvrier, se faisant aimer déjà par sa simplicité et son zèle, comme plus tard quand il s'est fait admirer de toute l'Europe par sa bravoure, son patriotisme, et l'élévation de son caractère dans la bonne comme dans la mauvaise fortune. Si cette particularité, assurément inconnue, vous semble offrir quelque intérêt, monsieur, je serai heureux..., etc.

# GIOVANNI



La Comédie-Française a, de tout temps, possédé, dans son nombreux personnel, quelque original puisant son amusant travers, ou son orgueil excessif, dans la grandeur traditionnelle de cette maison illustre. Nous avons ailleurs recueilli quelques anecdotes sur Mignolet, son horloger, et sur Périer, l'un de ses sociétaires. Aujourd'hui, il convient de dire quelque chose de Giovanni, le célèbre *perruquier* de la maison.

Giovanni est fils d'un barbier de Brescia, dont le père fut ami de Rubini, de Bergame. Le roi des ténors, qui se rappela toujours avec simplicité les misères et les épreuves de sa jeunesse, ne s'enorgueillit jamais de ses millions, et tendit toujours la main aux

faibles et aux malheureux. Son ancien Figaro lombard
avait un fils qui désirait voyager ; Rubini emmena le
jeune Giovanni en France , et comme il voulait ce
qu'on appelle vulgairement voir du pays, ce garçon
se trouvait coiffeur au grand théâtre de Bordeaux,
vers 1838, lorsque Ligier, qui donnait des représentations par là, frappé de son habileté, lui offrit de
le conduire à Paris, et de l'attacher au Théâtre-Français, ce qui eut lieu. Depuis vingt-cinq ans Giovanni,
qui est devenu fameux aux yeux de tous ceux qui
l'entendent et qui voient ses travaux, Giovanni est un
des types de la maison de Molière,—un type de *perruquier*,—comme Vestris fut un type de danseur,—car
il ne pousse pas moins loin que ce *diou* de la danse
l'amour effréné et l'orgueil de son art. Et si nous
maintenons au célèbre Giovanni le titre de *perruquier*,
titre rococo et d'allures dédaigneuses, c'est que le
Brescianais est par-dessus tout un habilissime ouvrier
de *perruques*, et que coiffer n'est pour lui qu'un art
secondaire qu'il exerce de la main gauche, et en
rêvant à ses *œuvres*... que son vif désespoir est de ne
pouvoir signer !

Les habitués du foyer des artistes au Théâtre-
Français, les amis des sociétaires admis dans les loges
où ceux-ci se transforment pour les rôles du soir,
rencontrent à tout moment ce Figaro demi-vénète et
demi-lombard, avec sa veste de flanelle grise, d'où
sort une grosse tête abondamment chevelue et barbue,

aux traits accentués, à la physionomie un peu rude, et dont l'ensemble rappelle assez particulièrement les traits de Michel-Ange. Giovanni n'a rien perdu de son accent brescianais ou italien, et cet accent donne à ses paroles un cachet, une originalité qui sont pour beaucoup dans la valeur de ce type amusant, mais nullement ridicule. Un homme qui met une vraie passion dans quelque chose,—métier ou art,—est-il jamais ridicule ?

Et Giovanni est passionné pour son... art ! Aussi faut-il dire qu'il y excelle, et que si, au lieu d'être attaché à la vieille Comédie-Française, ce qui est un honneur qu'il apprécie (sans parler de l'assurance d'une pension de retraite, honneur qu'il n'apprécie pas moins),—si, dis-je, au lieu d'être l'employé d'une société, Giovanni avait exercé sa libre profession pour le public, son nom eût joui par la ville du retentissement qui reste étouffé entre les coulisses de la noble maison.

Il le sait bien, et son orgueil perce en toute occasion, et hors d'occasion, pour se manifester sur le trop étroit domaine où il règne sur les têtes. Cet accent inimitable (il prononce *assan* pour *accent*) qui donne une allure si originale à ses boutades, à ses bouffées, manque ici, et enlève naturellement une forte partie de leur valeur aux mots divertissants de Giovanni. Nous essayerons néanmoins d'en citer quelques-uns.

Un jour Provost, une des illustrations de la maison,
fin connaisseur en toutes choses, et la tradition vivante
de la Comédie, lui reproche d'être resté au-dessous
de lui-même dans la confection d'une perruque pour
le presque centenaire aïeul du comédien Poisson,
personnage de la comédie de M. Samson :

*—Qué voulez-vous, monsu Provost. Molière lui-même...
il n'a pas fait que des cé-d'œuvre !*

Delaunay, ce vrai continuateur de Firmin, le premier *amoureux* du théâtre moderne, venait d'être reçu
dans le sociétariat. Giovanni lui fait sa première
perruque pour *la Migraine*, de M. Viennet :

*— Voilà, monsu Delaunay, oune véritable parruque di
sociétaire. Zouez à présent, vous êtes sour de votre affaire !*

Un jour, Paul Leroux, l'élégant marquis de Rupiera
du *Luxe*, le brillant interprète de Molière, de Regnard
et de Marivaux, le trouve arrêté devant l'étalage musical de Brandus, rue Richelieu. Il était penché sur
une photographie, et absorbé dans la contemplation.

—Que faites-vous donc là, Giovanni? — dit l'honorable sociétaire.

*—Ah ! monsu Leroux :—exclama Giovanni,—ze regarde
ce portrait del maëstro Giovanni Rossini... et ze souis
indigné de l'abominable parruque qu'il ose mettre... oun
gazon, monsu Leroux! oun vrai gazon! Ze pensais che
l'illoustrissime maëstro s'appelle Giovanni comme moi...
et que, entre deux Giovanni, on peut bien s'entendre ! Ze veux
lui faire oune parruque... mais oune parruque à s'en lesser*

*les doigts... ça lui ôtera vingt ans, monsu Leroux! Ma, en voyant cette abominable parruque, ze souis honteux per le maëstro qu'il n'a pas sonzé à moi! car il est de Pezaro, ma moi'ze souis de Brescia... et entre Italiens et entre Giovanni, on doit s'aider, per Bacco!*

Giovanni parle souvent de Molière, et il en fait pour ainsi dire son inspirateur. On le complimente un jour sur une perruque à la Louis XIV parfaitement réussie, il s'écrie :

*Ça, ce n'est rien! ça!... vous verrez plous tard, car ze n'ai pas encore fait mon* MISANTHROPE!

Paul Leroux, l'habile comédien déjà nommé, lui commande une perruque brune pour jouer un rôle foncé. Giovanni tarde à la livrer; Leroux se plaint.

*— Patience, monsu Leroux, car ze vous fais quelque sose qui vous flattera! Eh! tenez, hier ze l'avais posé dans mon magasin sour ma tête à parruque... voilà monsu Derval qu'il entre çé moi; il regarde... et il crie : Diou! c'est Leroux!*

Il existe à Paris un personnage... un assez grand personnage, qui va trembler en lisant ces lignes, dans la bien vive crainte que son secret n'y soit trahi! Un jour, il y a environ quinze ans de cela, il assistait à la première représentation d'*Oscar*, au Théâtre-Français, et il fut frappé de la perfection d'une perruque grise et léonienne que portait Périer dans le personnage de l'oncle *Gédéon*. Il s'informa, apprit le nom de l'*artiste*, le fit appeler, lui manifesta ses craintes au sujet d'une prochaine calvitie, et de ce

que les poëtes appellent la *neige des ans*, qui allait
couvrir ce qui ne serait pas tombé. Giovanni examina,
médita et dit :

— *Si l'illoustrissime signore veut mé laisser fare, il
aura touzours cinquante ans zousqu'à la fin de son esis-
tence !*

— Diable ! mais alors je veux bien ! exclama le
personnage, enchanté de cette perspective.

Giovanni prit ses mesures et demanda un mois.
C'était au printemps. Lorsqu'il revint, il rasa totale-
ment la tête du personnage, à l'exception de quelques mèches des tempes. Puis il posa et ajusta sur ce
chef nu une perruque?... non, un chef-d'œuvre ! qui,
dissimulé par le rabattage des cheveux conservés et
destinés à être progressivement teints, devait immo-
biliser et figer le porteur dans son âge actuel. Six
mois de voyage d'été, et notre dignitaire reparut sans
que la mémoire des salons eût tenu un compte assez
exact du point où en était sa tombante et grisonnante
chevelure, pour se scandaliser du nouvel état. Depuis
quinze ans, le personnage est resté chevelu et à peine
gris, Giovanni lui faisant, tous les six mois, une nouvelle perruque où l'art est en progrès constants, dé-
sespérants ! Tous les deux ou trois ans, il ajoute quelques cheveux blancs à la masse, par une concession
bienveillante à la vraisemblance, et le quinquagénaire, véritablement inamovible, n'est soupçonné de

personne au monde, tant il est coiffé, accommodé à la perfection ! Giovanni se fait là mille livres de rentes pour fournir chaque six mois la perruque progressive et tous les matins quatre coups de peigne... ·

Lorsque l'excellent Régnier dut créer, dans *la Joie fait peur* de madame Émile de Girardin, ce rôle du vieux domestique Noël, — dont il a fait une création inimitable de vérité, de sensibilité et de comique tout à la fois, — il fallut une perruque *à front* digne du rôle, digne du comédien, du type enfin qui allait sortir du néant sous la parole et la pantomime de l'éminent artiste qui doua de tant de mots exquis le frappant personnage. Giovanni tomba un jour comme une trombe dans la loge de M. Régnier, et s'écria :

— *Z'ai oune inspiration ! monsu Régnier il verra !*

Huit jours après il apportait la perruque, celle qui fait tant rire le public lorsque l'acteur, revenant de ses angoisses, s'écrie avec un comique si attendrissant :

« Jésus Maria !... tous mes pauvres cheveux en sont presque blancs ! »

Et le triomphe de cette merveilleuse perruque, c'est précisément qu'elle n'a pas de cheveux ! Quant à être blancs, si clair-semés qu'ils se trouvent, ils l'étaient il y a quinze ans, bon Noël !

Lorsque Giovanni eut ajusté son œuvre sur la tête de Régnier, lisant dans son bon et spirituel sourire la satisfaction du comédien, il s'écria :

— *Ah ! monsu Régnier ! ze ne sais pas où ze m'arrê-*
*terai !*

Plus tard enfin, il eut à refaire, pour le même artiste, cette plantureuse perruque de l'oncle Gédéon,
dans la reprise d'*Oscar*, où Régnier, quittant le rôle
d'Oscar Bonnivet, prend celui que créa jadis Périer.
Lorsqu'il vit l'artiste descendre au foyer, et que tous
les yeux se portèrent sur la bonne tête de vieux
viveur que se fait notre grand comédien, Giovanni,
qui l'avait suivi pour juger de l'effet produit, s'écria :

— *Z'ai fait bien des cé-d'œuvres…. mais cette parruque*
*ici,*—C'EST UN RAYON ! !

Il faut finir par un dernier mot, qui n'est pas du
perruquier fameux, mais du patriote inquiet.

Apprenant, il y a quelques années, les premières
agitations lombardes et le rôle que certaines prévisions semblaient un moment présager à Victor-Em-
manuel :

—*Ah ! monsu Bressant,*—s'écria-t-il d'un ton désolé,
— *si le roi dou Piémont et di Savoie il devient zamais roi*
*d'Italie, moi que ze souis Lombard, ze deviendrai donc Za-*
*voyard ?*

Aujourd'hui, Giovanni vit dans la retraite, pensionné par la Comédie-Française.

# LE MARÉCHAL DE RAGUSE

SOUVENIRS PERSONNELS.

Le hasard des voyages nous permet d'ajouter notre page d'impression à tout ce qui s'est écrit sur le duc de Raguse, qui habita longtemps Vienne et Venise, au milieu d'une haute société toujours fort occupée de lui.

De 1835 à 1845, passant tous ses hivers dans la seconde de ces capitales, on le rencontrait chaque soir chez le gouverneur, cet aimable comte de Thurn qui, de profil, ressemblait tant à Charles X, et dont la fille, une merveille de beauté et d'élégance, fut aimée d'un jeune général qui était plus qu'un duc! Marmont trônait dans ce salon par l'esprit, la mâle distinction, l'étonnante mémoire, le souvenir de ses malheurs encore obscurs pour beaucoup de gens, et l'irrésistible prestige de tout ce colossal passé dont il fut l'un des acteurs déjà clair-semés. Il venait d'accomplir ces longs et curieux voyages au Danube et ailleurs, voyages dont il avait publié une très-captivante relation, et on passait des heures ardentes à l'écouter, dans un cercle assez difficile à satisfaire. Le maréchal était encore superbe d'aspect, haut et souple de taille, l'œil vif et impérieux, les plus grands airs. D'amples sourcils d'un noir résistant à l'âge donnaient, par leur contraste avec ses amples cheveux blancs, un aspect presque singulier, mais fort distingué, à cette tête puissante et fatale. A soixante-cinq ans, c'était encore le lion de Venise et de Vienne, ou plutôt c'en était l'aigle! On voulait son avis, son approbation à propos de tout. Les femmes en raffolaient, et il n'est pas hors de propos de constater ici qu'à Trieste une jeune et brillante personne s'en éprit au point qu'il fit bon de la faire voyager; on la maria à Rome.

Paris posséda pendant quelques hivers une brillante dame polonaise, la comtesse S. de R..., qui vengea la Triestine de l'indifférence sexagénaire du maréchal. Il s'en éprit passionnément, et nous croyons que cette toujours belle personne pourrait montrer de bien charmants et curieux autographes d'un grand orgueil vaincu ailleurs que sur le champ de bataille des Arapiles...

17

Ce lieutenant de l'Empereur, parti du siége de
Toulon simple officier d'artillerie, comme son futur
maître, s'était toujours occupé de science. Il avait à
Venise un laboratoire et même un observatoire. Si le
*sirocco* soufflait trop longtemps sur les lagunes tièdes,
les belles Vénitiennes alanguies couraient à lui afin
de savoir pourquoi... et elles s'en prenaient presque
à lui si un ciel trop rigoureusement nuageux empêchait leurs sentimentales promenades en *gondola*, sur
la *laguna*, au clair de la *luna !* Lorsque Ruolz découvrit son procédé de galvanoplastie, sur une simple
mention lue dans un journal, Marmont devina, com-
pléta tout le système et se fabriqua des appareils.
Alors les Vénitiennes lui envoyèrent une foule de
choses à dorer et argenter, soit de leur boudoir, soit
de leur ménage, allant même jusqu'à la cuisine
chercher pelles et pincettes ! Il riait et dorait tout
cela, aidé d'un jeune officier de l'arsenal, un descendant du doge Dandolo, le héros aveugle du siége de
Constantinople. Le maréchal fut aussi le premier,
après la lecture du rapport d'Arago sur la découverte
de Niepce et Daguerre, à fixer les images à l'aide
de l'iode et de la chambre obscure. Ses premiers
essais, apportés au fameux café Florian, place Saint-
Marc, y firent littéralement émeute. Il dorait la bat-
terie de cuisine des patriciennes ; il fixa leurs images
plus solidement que dans les cœurs ; et nous avions
ces jours-ci sous les yeux plusieurs de ces plaques,

préparées et empreintes par lui, qui ont conservé
ses propres traits. L'une d'elles pourrait prêter à la
gravure un intéressant modèle à placer en tête de
la prochaine édition des trop fameux *Mémoires* que
le maréchal terminait à Venise en 1842, et qui ont,
depuis, soulevé tant de surprise et de passion.

A dater de 1840, le duc de Raguse commença à
devenir sourd. Cela ne l'empêchait pas de suivre très-
exactement les représentations de la *Fenice* et d'y
donner prise aux espiègleries des jeunes Vénitiennes, qui, le voyant feindre d'écouter, ou plutôt d'entendre, lui adressaient malicieusement la parole
sans le regarder, et riaient comme des folles de son
impassibilité. En sortant du théâtre, après vingt visites faites de loge en loge, selon cette mode italienne qui s'importe peu à peu chez nous, il allait
prendre le thé chez le comte de Thurn, et rentrait
travailler à ses *Mémoires* tout le reste de la nuit.
Au jour, il se couchait, et ne se levait d'une chambre
hermétiquement close que lorsque le soleil était au
zénith. Il habitait, sur le grand canal, un des trois
palais contigus de la famille Mocenigo, celui-là même
où lord Byron eut une si étrange série d'aventures,
avant le séjour de Ravennes signalé par le grand,
le seul amour de sa vie, cette jeune et belle comtesse
Guiccioli, devenue depuis marquise et pairesse en

France. Lorsque le comte de Chambord vint à Venise
en 1841, ce fut le maréchal qui lui fit les honneurs
de la cité lagunienne. C'est lui qui présentait au prince
tous les Français de distinction qui aspiraient à un
honneur facilement accordé, car le comte de Chambord semblait avoir pour système de se montrer très-
accessible à tout voyageur qu'il rencontrait, cédant
ainsi à une préoccupation fort naturelle de popularité.

Nous avons oublié un détail, à propos des travaux
galvanoplastiques de Marmont. Vers 1842, mourut au
couvent arménien des mékitaristes, situé sur un îlot
de la lagune, un père célèbre par sa science et sa
piété. Marmont fit déposer le corps dans les profondeurs d'une cave rocheuse, où il se conserva tout le
temps nécessaire à la fabrication d'un appareil assez
grand pour donner au cadavre le bain métallique.
Après quoi il le revêtit d'une couche de cuivre et
le momifia ainsi pour l'éternité. Une foule de curieux... et de curieuses assistèrent à l'opération. Le
moine arménien se repose, ainsi métallisé, comme
une simple statuette de plâtre, sous le rétable d'une
chapelle du couvent. Le cachet du maréchal-duc est
empreint dans le métal, comme une *marque de fabri-
que*. Puisse cette note se retrouver le jour où les
générations surprises découvriront ce corps, ainsi
étrangement surmoulé dans le cuivre!

# PAUL DE KOCK



Il est, dans les lettres françaises, un homme qui a beaucoup écrit depuis trente-cinq ans, et sur lequel il a été fort peu écrit; car, celui-là, les critiques le laissaient faire, sans daigner s'occuper de ses travaux: nous voulons parler de M. Paul de Kock. Quelques mots sur ce digne homme seront, croyons-nous, lus avec intérêt.

M. Paul de Kock, l'auteur chéri des lecteurs bourgeois, est un homme d'environ soixante-cinq ans, petit, grassouillet, d'une figure ouverte, riante, sympathique, et d'un abord franc et aimable. Tel on peut se le figurer par ses romans, tel il est.

Il y a quarante ans, depuis qu'il écrit, je pense, qu'il habite le même entre-sol situé au boulevard Saint-

Martin, au numéro 12, à deux pas du théâtre. C'est
de la fenêtre de ce presque modeste logis que le peintre du peuple et des petits bourgeois a pu facilement
étudier ses modèles, dont ce quartier est un des cen-
tres les plus actifs. Enveloppé dans une robe de
chambre en flanelle bleue, sa tête opulente coiffée
d'une calotte de velours coquettement brodée par la
main de quelque jeune fille de sa famille, son lorgnon
à la main, cet excellent peintre de mœurs a passé là
bien des heures, appuyé sur cette fenêtre ouverte,
comme une première loge, sur l'éternel spectacle des
agitations d'une grande ville.

L'appartement de Paul de Kock est fort simple,
assez étroit même, et s'il ne l'a pas depuis longtemps
quitté, c'est qu'il a cru difficile de trouver, dans des
conditions plus spacieuses et plus confortables, un
observatoire pareil. Il n'a, sur le devant, que deux
pièces : un salon et une petite chambre à coucher,
qui sert aussi de cabinet de travail à l'illustre romancier. Le salon n'offre aucune particularité digne
d'être relevée : c'est l'ameublement bourgeois par
excellence : fauteuils rouges, gravures encadrées,
quelques tableaux, quelques porcelaines, le fameux
guéridon central portant un cabaret; on voit l'ensemble sans qu'on y insiste davantage.

La seconde pièce, sanctuaire du travailleur, a plus
d'intérêt. La fenêtre donnant sur le boulevard est
dégagée, accessible; on voit que l'écrivain s'y appuie

souvent. Tout à côté est placé son bureau, un simple petit bureau d'acajou qui pourrait figurer chez un marchand de bas ou de casquettes. Là, aucun accessoire de luxe ou d'originalité. Paul de Kock écrit ses romans comme un boutiquier écrirait des lettres de commerce : une écritoire de porcelaine blanche, des plumes de fer, le sable dans une sébile de bois... Nous sommes loin des somptuosités de certains écrivains mieux logés, — moins célèbres !

Le principal ornement de cette pièce, étroite et longue, c'est une bibliothèque construite sur place avec de simples planches de sapin coloré par le temps, et qui supporte environ cinq cents volumes. Le rayon le plus accessible à la main offre la collection des œuvres du célèbre romancier. Là sont toutes ses éditions : depuis le volume in-octavo plein de blancs, jusqu'à la contrefaçon belge pleine de fautes. Paul de Kock a été l'objet d'une superbe édition dans le genre de celles de Walter Scott et de Cooper, grands volumes compactes contenant un roman complet, et ornés de belles gravures sur acier. Il est très-fier de cette édition que n'ont pas obtenue le plus grand nombre de nos romanciers les plus littéraires. Mais en même temps que cette édition faisait son orgueil, elle faisait aussi son malheur, car elle était l'exploitation d'un éditeur qui avait su, dans des temps où l'auteur ne prévoyait sans doute pas toute sa future célébrité, obtenir de son inexpérience ou

de sa modestie un contrat englobant par avance *tout
ce qu'il composerait* pendant un nombre d'années
déterminé. Paul de Kock expliquait un jour qu'il perdait à cela plus de soixante mille francs.

Tous ces volumes sont reliés avec un soin particulier, et à peine un volume a-t-il paru, qu'il est rangé
à sa place, habillé de vert et convenablement doré.
Ce soin de ses œuvres est comme une sorte de dignité
qui ne déplaît pas chez l'écrivain.

Une modeste couchette en bois de noyer, basse
comme un lit de camp et simplement ornée d'un ri-
deau de perse, une petite toilette, un bout de canapé
et un fauteuil en maroquin vert complètent le mobilier de cette chambre, où s'écoule la laborieuse vie
d'un honnête homme et d'un écrivain que l'étranger
apprécie plus que la France. Sans doute Paul de Kock
ne possède pas de très-grandes qualités littéraires;
mais sa simplicité, son naturel, sa franche gaieté, sa
teinte sentimentale et son immense don d'observation,
lui méritent, dans la littérature de ce siècle, une
place que n'obtiendront pas bon nombre d'auteurs
qu'on a plus vantés que lui, et qui affectent de parler
de cet habile et ingénieux peintre de mœurs avec un
dédaigneux sourire.

Au reste, notre auteur se connaît bien! nous en
trouvons la preuve dans l'extrait suivant d'un autographe que nous avons sous les yeux :

Tous mes romans ont un but moral, écrivait-il. Ceux qui les dénigrent sont ces amateurs de poignard, de poison et autres horreurs ! qui trouvent fort convenable le mot : adultère, et s'irritent contre celui de cocu, qui signifie absolument la même chose !... Ceux-là, à coup sûr, doivent détester Molière !

Paul de Kock s'est créé une sorte d'aisance. Il possède à Romainville, site champêtre où il a placé mainte scène de ses romans, une jolie campagne où il passe chaque année le plus de temps possible. Il y a fait construire un petit théâtre, et là, le dimanche, on joue en famille et entre amis de petites pièces qu'il compose, et qui sont souvent envoyées ensuite aux théâtres secondaires. Mais la vérité est de dire que Paul de Kock est moins heureux au théâtre que dans le roman ; car, chose singulière, il y est triste et languissant. Son fils, Henri de Kock, s'est adonné spécialement à la scène ; il y réussit aussi bien que dans le roman.

Résumons-nous en disant que Paul de Kock est un très-brave et très-honnête homme, sympathique et aimable, qui s'est fait un nom qui restera dans l'étude des mœurs du dix-neuvième siècle.

# LE COMTE DE MARCELLUS

COMMENT IL DÉCOUVRIT LA VÉNUS DE MILO.

Le comte de Marcellus (Lodoïs du Pyrac), à l'âge de soixante et un ans, était célèbre parmi les artistes plus que parmi les écrivains, bien qu'il eût suffisamment de titres littéraires pour justifier son long désir d'entrer à l'Institut, se trompant peut-être de direction, et devant plutôt frapper à l'Académie des beaux-arts qu'aux portes de l'Académie française. Le grand fait auquel nous faisons allusion mérite d'être repris, à propos de la mort de celui qu'il concerne. Le voici :

Au mois de février 1820, un paysan grec de l'île de Milo, — l'ancienne *Mélos*, dans le groupe des Cyclades, — travaillait à son champ, à cinq cents pas d'un amphithéâtre en marbre découvert en 1844, et acheté par le prince de Bavière , amateur passionné de l'art antique, et possesseur de dix-sept belles statues grecques découvertes dans l'île d'Égine. Notre paysan, voulant aplanir le terrain, trouva, en creusant, quelques fragments de marbre, qui lui parurent appartenir à une construction enfouie. Comme les marbres et même les pierres sont de bonne défaite pour les constructions du pays, il se mit à creuser dans l'espoir d'en découvrir un lot, et rencontra une sorte de niche qui n'était guère qu'à sept ou huit pieds au-dessous du sol. Cette niche avait jadis contenu une statue que le Grec trouva enfouie et brisée dans l'éboulement voisin : c'était la célèbre *Vénus de Milo* que possède aujourd'hui notre musée du Louvre !

Trois petits hermès et divers fragments se trouvaient au fond de la niche.

Bien que le paysan n'appréciât point la valeur du trésor qui lui échéait si miraculeusement, il comprit pourtant bien qu'il s'agissait là de quelque chose de plus précieux que des matériaux de construction, et s'étant fait aider par ses fils, il transporta chez lui, et cacha au fond d'une étable, la partie supérieure de la statue.

Il y avait alors à Milo un Grec du nom de Brest, qui était agent consulaire pour la France. Le paysan lui révéla sa trouvaille, en lui offrant de la lui céder pour un prix modique. M. Brest ne se fiant pas à ses

propres connaissances en fait d'art, s'en fut consulter
M. Duval d'Ailly, commandant de la gabare du roi
*l'Émulation*, qui se trouvait de passage dans l'île.

M. Duval d'Ailly conseilla à notre agent consulaire
d'acheter la statue sur-le-champ. Si ce conseil avait
été suivi, la statue, transportée à bord du navire par
les marins de l'État, nous arrivait tout droit sans
nouvelles mutilations ni tribulations. Mais il n'en
fut pas ainsi, et on va voir comment elle faillit même
nous échapper !

M. Brest crut devoir écrire à l'ambassadeur du roi
près du sultan, M. le marquis de Rivière, pour
prendre ses ordres. La lettre s'égara en route et
n'arriva à destination qu'assez longtemps après sa
date. Sur ces entrefaites, M. le commandant Gauthier,
chargé d'une expédition hydrographique dans la
Méditerranée, passa à Milo. Un de ses officiers, M. Dumont d'Urville, étant descendu à terre, fut informé
des faits, et s'empressa d'aller voir les deux fragments
de la statue : le haut, dans l'étable du paysan,
le bas resté dans le voisinage de la niche. Celui qui
devait être un jour un amiral illustre vit bien aux
trous d'un tenon, et à la disposition des draperies,
que ces deux morceaux formaient une seule figure.
Il s'empressa d'en faire l'objet d'un rapport à l'ambassadeur de France à Constantinople, rapport dont
l'arrivée précéda encore la lettre de l'agent, M. Brest.
En apprenant ces faits, M. le marquis de Rivière

s'empressa de donner ordre à un de ses secrétaires, qu'il envoyait visiter les échelles du Levant, de passer promptement par l'île de Milo et d'acheter la statue : ce secrétaire, c'était M. le vicomte, depuis comte de Marcellus.

Mais, au moment où le diplomate français descendait dans l'île, il eut la douleur de voir la statue qu'un canot transportait à bord d'un brick raïa couvert du pavillon turc ! Voici ce qui s'était passé.

Les primats de l'île avaient fini par apprendre la découverte, et le marché préparé avec M. d'Urville. Mais comme ils savaient qu'un prince grec tombé de très-haut depuis, et grand amateur, ou grand spéculateur d'antiquités, ne manquerait pas de convoiter celle-ci, ils avaient cru bon d'aller au-devant de ses reproches en s'emparant du trésor. Un prêtre grec s'était trouvé là à point, qui avait traité avec le paysan poussé par les primats, et Vénus partait pour Constantinople au moment où M. de Marcellus arrivait pour ratifier et achever tout ce qui avait été préparé au nom de la France.

La statue étant embarquée sur le brick raïa, notre diplomate voulut empêcher son appareillage ; le vent contraire rendit cette vive mesure inutile. Il courut chez les primats ; il leur reprocha leur déloyale intervention dans une affaire conclue au nom du roi de France, et les menaça de recourir à la force pour maintenir un marché qu'on voulait rompre par la

18

force. La discussion dura trois jours, pendant lesquels M. de Marcellus crut bon de faire promener sur la plage les cinquante hommes d'équipage de *l'Estafette*, l'aviso qu'il montait.

Il ne fallait rien moins que cette attitude vigoureuse pour maintenir ce qui, avouons-le, n'était pas précisément un droit, le prêtre grec, courtisan du prince destinataire, s'étant même opposé à ce que les Français montassent sur le brick pour voir la statue. Enfin M. de Marcellus fut si ardent, si menaçant, il fit si habilement intervenir son pays, le roi, la paix et la guerre dans ses arguments, que le prêtre grec intimidé, et les primats épuisés, finirent par réduire la possession du chef-d'œuvre à une question d'enchère. C'était la victoire certaine pour nous! On donna au Christophe Colomb de la Vénus (est-ce bien une Vénus?) quelques centaines de piastres turques de plus que ne le portait le premier accord, et la statue fut transbordée sous la protection du drapeau blanc.

M. de Marcellus, craignant quelque nouvel incident, s'empressa d'appareiller. En prenant le large, *l'Estafette* rencontra la corvette *l'Espérance*, montée par le baron Desrotours, commandant de la division du Levant, qui venait pour prêter au besoin main-forte au marché. Au même moment entrait aussi en rade le fameux *prince grec*, qui, informé des faits, venait défendre son bien. Il était trop tard... la *Vénus de Milo* voguait escortée du canon français! Le prince,

furieux accabla d'injures les primats, et les condamna
à une amende de 7,000 piastres. Plus tard, informé des
faits, M. de Marcellus obtint du grand-vizir, non-seulement la restitution de cette exaction envers les habitants de Milo, mais de plus une réprimande contre le
prince. Le divan crut bon, comme corollaire, d'y
ajouter une contre-amende de 80,000 piastres, que
notre amateur d'antiquités paya bel et bien, — en
monnaie moderne.

Il est bon de dire que, sur le bruit qu'avait déjà
fait la découverte dans tout l'archipel, des Anglais
et des Hollandais étaient partis de Malte, et jusque
des îles Ioniennes et même de Venise, pour essayer
de s'emparer du trésor...

M. de Marcellus eut la légitime gloire d'accompagner sa conquête jusque sur le sol qui devenait sa
nouvelle et éternelle patrie. Tous deux, *Elle* et lui,
débarquèrent ensemble à Marseille, nous ne dirons
pas bras dessus bras dessous... et pour cause. La
déesse avait reçu, pendant son voyage et ses escales,
les hommages et les admirations de tous les amants
de l'art. Celui qu'on appelait alors le Nestor des
antiquaires français, M. Fauvel, la vit et l'ad-
mira à Athènes, et déclara qu'elle valait son pesant
d'or.

Le marquis de Rivière, notre ambassadeur à Constantinople, au nom duquel s'était poursuivie l'acquisition, fit hommage de la statue au roi, qui la donna

à la France. La Vénus de Milo entra au Louvre, d'où elle n'a plus bougé.

---

Nous dirons, pour finir, dans quel état cette admirable statue fut prise à Milo, état dans lequel elle arriva en France.

Elle était en deux morceaux, ajustés au point où finit le nu pour s'enfouir dans la draperie qui voile toute la partie inférieure, à partir de la hanche gauche.

Le nez était cassé ; les narines existaient suffisamment pour permettre la restauration non apparente, et d'autant plus facile, que tous les nez grecs sont jetés dans le même moule.

Quelques égratignures au menton et à la lèvre inférieure. Les lobes des oreilles brisés, sans doute pour en arracher jadis les pierres précieuses qui y étaient vraisemblablement pendues.

Çà et là, sur la poitrine et le ventre, quelques lésions opérées par les coups de pioche donnés dans la fouille. Le bout du sein gauche enlevé.

Les épaules offrant les regrettables traces des cordages qui avaient servi à lier la statue pour la traîner vers le bâtiment grec.

Mais il faut surtout parler du dommage le plus grand : l'absence d'une partie des bras, mutilation qui a mis et mettra à une éternelle torture les anti-

quaires et les artistes, au sujet du véritable titre de
la statue : Vénus, nymphe, muse, Némésis ou Sapho,
et surtout de l'acte dans lequel le maître grec, que
M. de Clarac croit être Praxitèle, l'a représentée. Le
marquis de Rivière fit, dans le temps, pratiquer de
soigneuses recherches sur le point de la découverte,
dans l'espoir de retrouver ces fameux, ces précieux
bras... On ne trouva que quelques débris informes
qui laissent croire que, dans un autre temps, un essai
de restauration avait été tenté sur la divine figure,
déjà mutilée.

Revenons au comte de Marcellus, dont la mort ré-
cente justifiait, croyons-nous, l'exposé des faits qui
se rattachent à un des chefs-d'œuvre devenus les plus
populaires qui soient, et que chacun a journellement
sous les yeux, par d'innombrables réductions en
toutes matières.

Cette conquête est assurément le titre le plus considérable dont un voyageur, un diplomate, pût s'en-
orgueillir ; car, sans sa fermeté, et l'on peut dire son
audace, le chef-d'œuvre échappait très-formellement
à la France ! C'est pourquoi nous constations, au
début de ces lignes, que la place de ce personnage
devenu un écrivain estimable, était de droit à l'Académie des beaux-arts. C'était pourtant à l'Académie
française qu'il aspirait... se fondant sur ses travaux,
qui sont tous relatifs à l'Orient et à l'antiquité. Nous

18.

citerons entre autres les *Chants populaires de la Grèce*, les *Souvenirs et épisodes orientaux*, et enfin une traduction estimée des *Dionysiaques* de Nonnos (1855). M. de Marcellus refusa, en 1830, le poste de sous-secrétaire d'État que lui offrait le prince de Polignac. Il rentra à cette date dans la vie privée et littéraire. C'était un homme bienveillant, courtois, simple de goûts, digne de mœurs, et dont le caractère se révèle assez dans ces mots, que M. le général Oudinot, duc de Reggio, a cités dans la note qu'il lui consacra au moment de sa mort :

« Comme mon vénérable père de pieuse mémoire, moi qui lui suis inférieur en tout point, je ne veux aucun honneur funèbre. Un seul prêtre suffira à ma sépulture. »

Lettre adressée à un publiciste qui devait en faire publiquement usage. — Le noble écrivain désirait qu'on fît mention, dans le *courrier de Paris* d'un grand journal, de sa candidature académique, et il avait pris soin de rédiger *lui-même*, — et dans quel beau style académique ! — la petite réclame que devait endosser le chroniqueur. La lettre qui l'accompagne est datée du 6 février 1856.

« Parmi les nombreux aspirants à l'Académie qui assiégent les deux fauteuils vacants, nous n'avions pas vu, cette année, figurer le nom de M. le comte de Marcellus, et comme nous en cherchions la raison en nous-même, *les Débats* nous l'ont fait deviner. Ce journal annonce que M. de Marcellus publie un grand poëme grec, *dernier effort de l'épopée antique*, formant le quarante-cinquième tome de la *Bibliothèque des auteurs classiques* de MM. Didot, et dont il a rétabli, traduit et commenté le texte, qu'aucune langue vivante ne nous avait encore donné. C'est *Bacchus*, ou les *Dionysiaques*, œuvre en quarante-huit chants, de Nonnos de Panopolis. M. de Marcellus nous semble ainsi bien plus préoccupé de multiplier ses titres littéraires auprès de l'Académie, que d'en briguer les faveurs; et par de tels travaux, il mérite de plus en plus le brevet d'*immortel* que nous avons plus d'une fois, on le sait, réclamé pour lui. Bacchus, sans doute, ne peut qu'ajouter à la renommée de son interprète, mais nous persistons à penser que la sœur du dieu de la vendange, Vénus, devait suffire auprès de l'Académie pour en ouvrir les portes, et que, des bras qu'elle n'a pas, elle finira par les enfoncer pour celui qui sut la conquérir à Milo. »

Avions-nous raison de parler de beau style académique? Qui eût pu si bien prêcher la cause du traducteur de Nonnos de Panopolis? « On n'est jamais mieux servi que par soi-même... » Et l'honorable comte de Marcellus savait pratiquer cet aphorisme auquel il ne manqua pas même un complice, pour imprimer...

Ce complice, nous ne le nommerons pas!

# LE DOCTEUR VÉRON

s   LIBÉRALITÉS ENVERS LA SOCIÉTÉ DES GENS DE LETTRES.
LA SOLENNITÉ DU CONSERVATOIRE.
QUELQUES ANECDOTES ET APPRÉCIATIONS RELATIVES
AU CÉLÈBRE DOCTEUR.

Ceci se passait le 17 avril 1856 :

Un personnage,—qui se prétendait anonyme, avait chargé M. le docteur Véron, — qui se prétendait son mandataire, — de remettre au Comité de la Société des gens de lettres de France une somme de *dix mille* francs, pour être employée à ouvrir un concours littéraire sur quatre sujets de genre différent, et à délivrer des prix parmi plus de cinq cents pièces envoyées. Nous allons retrouver tout à l'heure la plupart des célébrités du jury spécial dans le coup d'œil donné à l'aspect de la réunion.

Des loges avaient été envoyées par nos soins, —

en qualité de questeur de la Société, chargé de la cé-
monie, — à tous les ministres spéciaux, aux chefs des
grands corps de l'État, à LL. EExc. les ministres d'État,
de l'intérieur, de l'instruction publique, à MM. Ba-
roche, Troplong et de Morny ; plus à divers hauts
fonctionnaires. Le reste de la salle avait été divisé
entre tous les membres du jury, dans lequel se
trouvait fondu le Comité. Sans doute il aurait fallu
la salle du grand Opéra pour contenter tout le
monde ! Et encore l'Opéra a-t-il plusieurs étages
incompatibles avec la distinction d'un tel auditoire.

M. Fortoul, ministre de l'instruction publique, accompagné de M. Désiré Nisard, membre de l'Académie
française, et de ses secrétaires, occupait sa loge. Pas
une de celles adressées aux hauts fonctionnaires
susindiqués n'était restée vide. Des femmes en élégantes toilettes se montraient sur le devant de toutes
les loges, et répandues aux stalles d'orchestre. Les
femmes aiment ces solennités des lettres et des arts ;
leur empressement est une consolation à l'espèce
d'ostracisme dont les frappent les réunions politiques.

A deux heures précises, le bureau prit place à la
longue table recouverte d'un tapis de velours rouge
frangé d'or, qui occupait le second plan de la scène.
M. P. Mérimée, sénateur, membre de l'Académie
française et ami particulier du donateur, était placé
au fauteuil de la présidence. Il avait à ses côtés,

M. X.-B. Saintine, président de la Société des gens de
lettres de France, et M. Ernest Legouvé, vice-président
du jury. On remarquait encore au bureau : MM. de
Pongerville, Sainte-Beuve et Ponsard, membres de
l'Académie française : M. le baron Taylor et M. Francis
Wey, vice-présidents honoraires de la Société, et
M. Émile Deschamps.

Derrière le bureau, sur les siéges de velours rouge
envoyés par le garde-meuble de la couronne, se trouvaient amicalement confondus des membres de l'Institut et du Comité de la Société, des représentants
des principaux journaux, et divers personnages que
leur notoriété avait fait appeler dans le jury du concours.

C'étaient : MM. Cuvillier-Fleury, qu'attend l'Académie ; — M. Adolphe Adam, qui déclarait par un serment d'ivrogne qu'il sera deux ans sans faire d'opéra ;
— M. Boilay, un éminent publiciste devenu secrétaire
général du conseil d'État ; — M. Louis Reybaud,
membre de l'Institut, auteur de tant d'ouvrages populaires ; — Paul Lacroix, un bénédictin d'imagination,
qu'on vient de mettre à l'Arsenal, mais qui devrait
être au palais de Mazarin ; — Théophile Gautier, qui
a trop de titres académiques pour avoir jamais obtenu assez de voix ; — Léon Gozlan, poëte, romancier,
dramaturge, critique, qui a tant d'esprit dans tant
d'imagination ; — Joseph Cohen, l'un des secrétaires
généraux du jury, qui devait prendre place au bureau

et s'était trop modestement confondu dans cette
foule célèbre ; — Achille Jubinal, que la politique
n'a pu complétement enlever aux lettres et aux arts ;
— Jules Lacroix, l'auteur du *Testament de César* et de
*Valéria ;* — Édouard Thierry, un critique de premier
ordre, depuis administrateur général de notre première
scène ; — Émile de Girardin, si dévoué à tout ce qui
sert et honore les lettres ; — Paul Juillerat, un poëte
dans un fonctionnaire ; — Arthur Ponroy, le futur
rapporteur de cette brillante année de la Société des
gens de lettres ; — L. Havin, le directeur du *Siècle ;* —
Altaroche, qui jouissait, dans des *Folies nouvelles*, de
ses vacances littéraires et politiques ; — Ch. Asse-
lineau, un des meilleurs critiques de l'*Athenæum ;* —
Arsène Houssaye, qui pouvait faire l'histoire de la
quarante et unième chaise de velours de ce jury ; —
Lubis, un publiciste plus avancé que son parti ; —
Jules de Prémaray, un critique qui descendit souvent
de la tribune du juge dans l'arène du combat ; —
Halévy, un maestro illustre, un homme excellent ; —
Achille Denis, excellent critique théâtral ; — Henri
Celliez, le savant auteur des *Annales du Parlement
français ;* — Et. Enault, l'une des plumes ingénieuses
et fines de la jeune littérature ; — Emm. Gonzalès,
qu'on pouvait trouver modeste de ne s'avouer célèbre... que par sa paresse ; — Al. de Calonne, un critique plein de goût et d'imagination ; — Albéric
Second, esprit à la fois sérieux et charmant, dont

la République fit un sous-préfet, mais qui est sympathiquement revenu aux lettres, en attendant de plus hautes fonctions ; — Xavier Eyma, le peintre et le poëte créole ; — Pierre Zaccone, romancier plein d'une heureuse fécondité ; — Ch. Monselet, poëte, romancier, journaliste, archiviste de la Société ; — de Varennes, marquis, millionnaire et fabuliste ; — et enfin, le docteur L. Véron, le *Deus ex machina* de la fête, trop modestement retranché sur le dernier rang !

Tel était le personnel du jury, auquel il ne manquait qu'une dizaine de ses membres, retenus ailleurs par les excuses les plus valables.

La séance commença par la cantate d'Halévy, paroles de Émile Deschamps, morceau plein d'éclat chanté avec élan par Roger, du grand Opéra. Un refrain, entonné par quarante choristes des deux sexes fournis par M. Auber, l'illustre directeur du Conservatoire, donnait à ce morceau une allure imposante et solennelle.

Immédiatement après, M. Louis Lurine, vice-président de la Société des gens de lettres, choisi par le Comité pour parler en son nom, s'avança et lut son discours, débutant par un exposé clair et précis de l'historique des prix. Puis, déplorant l'absence de concurrents sérieux pour celui qui concernait Balzac, M. Louis Lurine entreprit de parler du célèbre auteur de la *Comédie humaine,* et le fit avec tant d'éclat,

d'une façon si complète et si ingénieuse, avec des
aperçus si heureux et si nouveaux, que tout l'auditoire se trouva d'accord à reconnaître que si l'orateur n'avait pas *obtenu* le prix relatif à Balzac, certes,
il l'avait mérité! En effet, après ce remarquable travail, on ne comprenait pas que le sujet fût de nouveau
proposé pour l'année suivante. Aussi ne le fut-il pas,
à l'honneur du Comité qui vengea Balzac, l'un des
fondateurs de la Société, de l'impuissance ou de
l'indifférence des concurrents, en déléguant à un de
ses dignitaires le soin de répondre à l'appel du programme. Le discours de M. Louis Lurine, énormément
applaudi, souvent interrompu, fut dignement couronné par une allusion à M. de Lamartine chaleureu-
sement relevée par la salle entière. M^me de Surville,
sœur de Balzac, qui avait demandé et obtenu une
loge pour cette séance, applaudit ce beau discours
autant que pouvait le lui permettre son émotion,
partagée par tous ceux qui l'entouraient.

La seconde cantate placée entre ce morceau de
prose et celui qu'allait prononcer M. Sainte-Beuve
avait offert à M. Auber une occasion nouvelle et charmante de prouver l'éternelle jeunesse de son inspiration! Ce morceau, d'une mélodie véritablement
inspirée, fut chanté avec charme par M^me Marie
Cabel, de l'Opéra-Comique.

Après quoi, M. Sainte-Beuve prit la parole et fit
le compte rendu critique du concours. Rarement

l'illustre académicien fut plus élégamment, plus éloquemment inspiré. Son rapport, publié le soir même
par *la Presse*, fut recherché avec empressement par
tous ceux qui n'avaient pas joui de la faveur de l'entendre prononcer dans cette solennité littéraire dont
le souvenir devait être recueilli.

La séance se termina par la lecture de l'excellente
pièce de vers qui avait obtenu le premier prix. L'auteur était M. Karl Daclin, employé au ministère d'État.
Cette lecture, fort obligeamment et gracieusement
faite par M^me Arnould-Plessy, de la Comédie-Française,
obtint le plus vif succès.

Le concours ouvert par la Société des gens de
lettres n'eût-il servi qu'à produire avec éclat ce
jeune homme, et à remettre en lumière M. Eugène
Villemin, poëte d'un ton plus magistral et plus passionné, que c'eût été un des résultats des plus heureux.

M. Véron déclara le lendemain qu'il était de nouveau chargé *par son anonyme* de déposer dix mille
francs sur le bureau du Comité, pour maintenir le
concours l'année suivante.

---

Une anecdote : C'était, l'an dernier, à la salle de
vente des commissaires-priseurs. On vendait le
mobilier d'un jeune peintre, qui n'avait pu payer à
échéance un billet de 300 fr.,— ce qui rendait exigi-
bles trois autres effets non échus, et formant ensem-

ble 1,200 fr., le tout au profit d'un fournisseur de toiles et de couleurs, et d'un doreur de cadres. La veille, un homme politique qui tenait au haut journalisme, ayant par hasard appris la détresse du peintre, qu'il avait rencontré l'été précédent à Enghien, la veille, disons-nous, ce personnage avait fait offrir à l'artiste la somme nécessaire à sauver son mobilier, et celui-ci avait refusé un pareil service d'une personne qu'il ne croyait pas connaître suffisamment.

Notre inconnu envoie quelqu'un de confiance à la salle Drouot. La vente commence par un vieux tabouret recouvert en velours d'Utrecht jadis vert, devenu bleuâtre.

— A trois francs! — dit le commissaire-priseur.

— Trois *cents* francs! — dit l'agent du Mécène.

On se regarde étonné.

— A douze cents francs! — reprend-il en voyant que son enchère n'est pas couverte...

On lui adjuge l'objet comme vous pensez bien, et il paye comptant. L'artiste, qui était caché dans une salle attenante, arrête la vente à ce premier objet, pénétré de reconnaissance pour un service forcément et si délicatement rendu.

Quant au nom de l'acheteur mystérieux du tabouret de trois francs, payé douze cents, c'était — on l'a deviné — celui dont le nom figure en tête de cette page.

Dans l'intéressant volume qu'il intitula *Paris en 1860*, M. le docteur Véron, une incontestable autorité en la matière, expose un projet de concentration des quatre théâtres lyriques de Paris : *Grand-Opéra*, — *Opéra-Comique*, — *Théâtre-Italien*, — *Théâtre-Lyrique*. Quatre directeurs, quatre subventions, et une seule impulsion centrale relevant directement du ministère d'État, telle est, en bloc, l'idée dont le célèbre docteur énumère les avantages moraux et matériels. M. Véron voit dans sa combinaison la source de diverses applications heureuses pour l'accaparement des meilleurs artistes européens, et un grand élément d'économies par une sorte de mise en commun des dépenses, comme en un phalanstère. Il y voit surtout, par le surcroît des recettes qu'il présage, le moyen de venir en aide aux petits appointements des orchestres et des chœurs, et toutes sortes d'autres avantages qu'on trouvera énumérés, avec la clarté de la conviction, aux dernières pages du livre, au curieux chapitre des théâtres depuis 1806 jusqu'à nos jours.

L'ouvrage dans lequel l'auteur des *Mémoires* si populaires a donné jour à ces idées avait en partie déjà reçu l'épreuve et le baptême du journal officiel, M. Véron avait publié dans *le Moniteur* ses pittoresques et lucides études sur l'Asile Impérial de

Vincennes et la maison Eugène-Napoléon, où « des diamants (offerts par la ville de Paris lors du mariage de Leurs Majestés) se sont, dit le député de la Seine, convertis en moellons. » Un coup d'œil sur les récentes transformations de Paris précède le travail, et les piquants aperçus n'y manquent pas plus que les amusantes anecdotes dont M. Véron a toujours eu le secret... secret d'autant plus certain, que je ne répondrais pas qu'il ne soit l'inventeur de quelques-unes des plus piquantes...

On sait que, dans un roman de l'auteur des *Mémoires d'un bourgeois de Paris*, roman intitulé *Cinq cent mille livres de rentes*, se trouve un menu extraordinaire, tout rempli de mets peu connus, nouveaux, succulents, à croire impossibles! Cela se lisait l'eau à la bouche. Or, une réunion de Russes arrivant de l'Exposition de Londres voulut faire réaliser ce fameux menu à la *Maison Dorée*; le prix, sans les vins, était de cent francs par tête. — Une députation fut envoyée au célèbre docteur pour le prier de présider ce rare repas. Mais, bien que les souscripteurs fussent gens de la plus haute compagnie, l'auteur déclina l'épreuve, croyant devoir s'en tenir à sa théorie.

En avril 1863, on lisait dans *le Monde illustré* :

19.

A propos de **M.** Véron, député et membre du conseil général de la Seine, nous dirons qu'on parle beaucoup en librairie d'un nouveau volume ajouté aux curieux *Mémoires d'un Bourgeois de Paris*, lesquels, comme on sait, s'arrêtent avec leur sixième tome, (grande édition) peu après le coup d'État. Ce nouveau volume comprendrait une dizaine d'années de faits de tout ordre : politique, administration, littérature, art, salons, autographes, etc., etc. Trois éditeurs l'ont demandé ; mais on dit que le célèbre docteur ne s'est pas encore décidé dans son choix. Cet empressement des spéculateurs se comprend bien, car le livre a fait fortune. La seconde édition in-12 a été répandue à plus de 30,000 exemplaires ! La vérité est de dire que c'est là un livre très-curieux, très-varié, rempli de faits, de saines appréciations, de révélations charmantes, écrit avec un éclectisme de bon goût, et un vif esprit. Il sera un jour impossible de s'occuper de la société française de cette moitié du xixe siècle, sans puiser dans les *mémoires* du docteur Véron.

# G. MEYERBEER

UNE CURIEUSE LETTRE AU DOCTEUR VÉRON.
LA PREMIÈRE DISTRIBUTION DE *Robert-le-Diable.*
UN CANARD MEYERBEERIEN.
L'AGE CERTAIN DE L'ILLUSTRE MAESTRO.
ANECDOTE DE TABLE.—UN P. S.

Cette fois encore, à propos de *Robert-le-Diable*, nous avons eu la main heureuse, car nous trouvons, dans un lot d'autographes récemment acquis, une lettre de M. Meyerbeer qui offre une particularité peu connue. C'est la distribution première de son œuvre, que le maître adressait aux membres de la commission.

—Quelle commission? dira-t-on. Voici le fait.

M. Véron, en prénant, le 1er mars 1831, la direction du grand Opéra, y succédait à une commission administrant pour le compte de l'État, et qui était formée des personnes suivantes :

M. le duc de Choiseul, président;

MM. Edmond Blanc, — Hipp. Royer-Collard, — Armand Bertin, — d'Henneville — et Cavé, secrétaire. Tous sont morts.

Or, en recevant du ministre, à ses risques et périls, le privilége de l'Opéra, sur les ruines de cette commission, M. Véron devait, par suite de complications financières qui ne se pouvaient dénouer d'un jour à l'autre, gérer pendant un premier trimestre pour compte de l'État, sous la surveillance de cette commission. La lettre dont il s'agit étant du 9 avril, elle fut officiellement adressée à la commission, exerçant non plus une action administrative, mais un contrôle *in extremis*.

Voici ce document que nous tirons de l'inconnu, et qui mérite de prendre sa place dans l'histoire lyrique actuelle :

Messieurs,

J'ai l'honneur de vous soumettre la distribution suivante des rôles musicaux de *Robert-le-Diable* :

| | | |
|---|---|---|
| Robert, duc de Normandie........ | MM. | Nourrit. |
| Bertram, son ami................. | | *Dabadie.* |
| Raimbaud, jongleur, fiancé d'Alice. | | Lafont. |
| Alberti, majordome............... | | Hurteau. |
| Un héraut d'armes................ | | Massol. |
| Un officier de la princesse........ | | Alexis Dupont. |
| Deux joueurs.................... | | Wartel. |
| | | Ferdinan. Prevost |
| Deux chevaliers................. | | Pouilley. |
| | | Trévaux. |
| Un ermite...................... | | Prevost aîné. |
| Isabelle, princesse de Messine.... | Mme | Damoreau. |
| Alice, sœur de lait de Robert..... | | *** |

Le rôle d'Alice, le plus important de la pièce et de la partition, appartient, quant à la musique, aux premiers emplois de la tragédie lyrique (tel que Desdémone dans *Othello* ou la *Vestale,* etc.), demandant de la force et du pathétique, en même temps qu'il requiert, comme rôle de pièce, de la jeunesse et un physique agréable.— Cet emploi des grands rôles dramatiques n'est malheureusement pas (quant à présent) rempli à l'Opéra, quoique dans un temps plus reculé, M. le directeur de l'Opéra m'avait fait concevoir quelques espérances d'y voir appeler madame *Devrient,* qui aurait été *inimitable* dans le rôle d'Alice. Dans l'état actuel des choses, je ne vois à proposer que madame *Dabadie,* en exprimant, toutefois, le vif désir de voir bientôt appelé à l'Opéra un talent de femme pour les rôles *dramatiques,* sans laquelle il sera impossible de faire des opéras où l'intérêt repose autrement que sur les hommes.

*Léa.* Ce rôle, quoique très-important dans la bacchanale du troisième acte, n'étant pas de chant, il appartient à MM. Scribe et Delavigne d'en indiquer la distribution.

Agréez, messieurs, l'expression de la plus haute considération et du dévouement de

Votre très-humble et très-dévoué serviteur,

MEYERBEER.

Paris, ce 9 avril 1831.


Si, par la lettre charmante et sincère que l'illustre compositeur a adressée au docteur Véron, à l'époque où ce dernier publiait les piquants *Mémoires d'un bourgeois de Paris,* tout ce qui peut conclure définitivement et avec autorité sur ce fait ridiculement

imputé au nouveau directeur « qu'il ne monta *Robert*
qu'à son corps défendant » n'était pas dit et sanc-
tionné, la lettre ci-dessus viendrait suffisamment
disculper M. Véron de cette accusation jetée à son
bon goût et à son expérience ! Mais cette question
est désormais vidée dans le sens d'une vérité dont
l'ancien directeur de l'Opéra n'a pas à se prévaloir,
tant le fait qu'elle consacre était naturel, — et ce qui
reste de véritablement curieux à noter dans cette
lettre, c'est cette distribution des rôles qui ne men-
tionne pas les deux artistes qui ont jeté tant d'éclat
sur les personnages profondément dramatiques et
originaux de *Bertram* et d'*Alice*... Or, ces deux artistes
furent :

Levasseur,
Mademoiselle Dorus.

En effet, qui trouve-t-on ici, sous la plume de
M. Meyerbeer ?

*Bertram* . . . . . . . . . . Dabadie.
*Alice* . . . . . . . . . . . .       ***

La lettre établit bientôt ceci :

« Que le personnel du grand Opéra ne présente
pas l'artiste que le maestro croit propre à interpréter
ce personnage, qu'il déclare : le plus important de
la pièce et de la partition. » Il constate que l'emploi
n'est malheureusement pas rempli à l'Opéra, — et

faute d'y voir figurer madame Devrient, il se résigne
à voir proposer madame Dabadie...

Or, il n'y eut de Dabadie d'aucun sexe dans *Robert-
le-Diable !* M. Véron put bientôt offrir Levasseur
— et mademoiselle Dorus ! M. Meyerbeer n'eut
pas plutôt entendu ces deux artistes, qu'il se
sentit maître de son succès. Il les entoura de ses
conseils, et l'on sait quelle saisissante influence ils
eurent,— ce diable et cet ange, ces deux admirables
personnifications du mal et du bien,—sur le succès
sans pareil de cet opéra-événement ! Quant au personnage désigné par M. Meyerbeer, dans sa lettre,
sous le nom de *Léa,* ce fut bientôt la *nonne* si
merveilleusement représentée — par mademoiselle
Taglioni.

En 1862, une nouvelle palpitante faillit être
expédiée par le télégraphe de Heidelberg à tous
les journaux de Paris. Déjà la dépêche était formu-
lée, le fil magique allait la transmettre à travers
le Rhin en France.... On y lisait :

« Un accident épouvantable vient d'arriver à la
station de Heidelberg. Un pan de mur de la partie
sud-ouest du fameux château, sans doute ébranlé
dans ses fondations par les pluies du printemps, s'est
brusquement écroulé, il y a une heure, et a écrasé
M. Meyerbeer, qui errait dans les ruines du monument !! A l'heure où nous écrivons, trente ouvriers,

appelés en grande hâte, n'ont pas encore réussi à dégager le corps de l'illustre maestro, pour lequel, à la vue de la masse sous laquelle il est enseveli, il est difficile de garder le moindre espoir! Toute l'Europe sera émue de la mort d'un si grand génie, et surtout de la catastrophe qui a occasionné cette déplorable mort! »

Telle est la copie qui nous fut remise de la dépêche même. Mais voici les heureuses raisons qui, au dernier moment, en annulèrent la fatale expédition :

Deux touristes italiens avaient vû M. Meyerbeer dans le train du soir, et avaient raconté le fait à la table de l'hôtel du *Prince-Charles*. Le lendemain, vers deux heures, les mêmes Italiens se promenant dans les ruines du fameux château de Frédéric V, ravagé en 1689 par les dévastations du Palatinat, se trouvant dans les parages de la tour octogone, avaient aperçu le personnage qu'ils croyaient fermement être M. Meyerbeer, disparaissant derrière un grand mur qui... quelques instants après, s'écroula avec un fracas épouvantable... répandant à vingt mètres des flots de poussière. Et aussitôt de s'écrier :

—Meyerbeer est écrasé! *Il maestro è ammazzato!*

La double nouvelle, et de la chute du mur, et de l'horrible événement causé par cette chute, se répandit sur-le-champ dans la ville, et d'hôtel en hôtel, du pont du Neckar jusqu'à la station du railway. Un Français, un journaliste, se trouvait là. C'est lui qui nous raconta la chose, et comme il nous fit cadeau de l'anecdote, il demanda, pour prix, de n'être pas nommé, attendu qu'il faillit se rendre involontairement coupable d'une très-forte mystification à l'adresse de ses confrères parisiens, et on peut dire européens ! Il rédigea donc la dépêche qu'on a vue plus haut, et déjà elle était aux mains de l'employé du télégraphe,—lorsqu'accourut un ami du journaliste, qui lui cria :

—N'expédiez rien ! Meyerbeer n'est pas mort... et ce n'est pas lui que n'a pas écrasé le mur !

En effet, les Italiens s'étaient trompés, ils avaient pris un autre vieillard à lunettes pour l'illustre maître, et si, en effet, ce voyageur sosie, flânant dans le château, avait disparu derrière le mur quelques instants avant l'écroulement, il avait eu le temps de s'éloigner par l'extrémité opposée avant le sinistre. De sorte que ni Meyerbeer ni personne lui ressemblant n'avait été victime de l'éboulement.

On raconte que l'empereur Charles-Quint eut la bizarre idée de vouloir assister à ses propres obsèques, et qu'il s'étendit dans un cercueil autour duquel on récita les prières des morts. La cérémonie terminée, l'empereur sortit de son cercueil... mais ce fut pour entrer au lit, où une fièvre violente le saisit, dont il ne fut délivré que par la mort même, suivie, cette fois, de véritables funérailles !—De nos jours, quelques gens célèbres ont, moins volontairement, assisté

aux oraisons funèbres prononcées sur leur trépas :
M. Auber, entre autres, qu'on commençait à biographier partout, il y a dix ans, lorsqu'il eut la bonne idée de tout enrayer en s'écriant : *Adsum!* C'était peu de temps après l'apparition de *Marco Spada*, écrit pour les débuts de mademoiselle Caroline Duprez. On sut alors que M. Auber, qui, comme Méry, n'a de prénom pour personne, s'appelait *Esprit*... O la prophétique marraine !

La *Gazette de la Croix*, de Berlin, avait annoncé (en 1861), par une grossière erreur, que M. Meyerbeer, directeur général de musique en Prusse, venait de célébrer le *soixante-dixième* anniversaire de sa naissance. La même feuille locale annonçait en même temps que l'illustre compositeur s'occupait d'une marche et d'un hymne destinés aux fêtes du couronnement de Kœnigsberg, où il devait diriger en personne le concert de la cour.

Soixante-dix ans, c'est un bel âge,—ajoutait la *Gazette*,—et M. Meyerbeer lui semblait entré dans la classe des monuments humains, des exceptions, dés difficultés vaincues ! Béni soit le temps qui exceptionnellement respecte ces exceptions du génie ! Mozart est mort à trente-cinq ans,—Weber à quarante ans,—Hérold à quarante et un ans,—Boiëldieu à cinquante ans,—Beethoven à cinquante-cinq ans.

Si M. Meyerbeer ne les a pas tous complétement dépassés dans la gloire, il les a déjà distancés dans l'âge. Puisse-t-il vivre comme Gluck jusqu'à soixante-quinze ans, , — ou plutôt comme Haydn jusqu'à soixante-dix-sept ans, — ou plutôt encore comme Auber, le doyen de tous les compositeurs, passés et présents, jusqu'à quatre-vingt-deux ans (1863) !

Il semble y compter, car, comme il n'y a pas long-temps, quelqu'un l'interrogeait indiscrètement sur l'époque où il se déciderait enfin à produire sa fameuse *Africaine*, l'illustre maître parla d'une *élève* sur laquelle il comptait pour représenter son principal rôle.

— Mais elle est bien jeune encore ! — lui objecta-t-on.

— Bah ! — répondit M. Meyerbeer, — cinq ou six ans sont si vite passés !

L'auteur de *Robert* oubliait sans doute qu'il n'est immortel que dans la fiction, en qualité de membre de l'Institut.

----

Le nom de M. Meyerbeer nous rappelle une petite anecdote assurément inédite, puisqu'il n'y avait guère que nous qui puissions la raconter, ainsi qu'on va le voir.

C'était il y a cinq ou six ans, dans un grand dîner panaché de littérature et de musique. M. Meyerbeer y tenait une des places d'honneur, avec Halévy,

Auber, Mérimée, Sainte-Beuve, Nisard, etc. L'illustre maître semblait mélancolique, distrait, taciturne.

— Qu'a donc Meyerbeer, aujourd'hui ? — nous dit Nestor Roqueplan, alors directeur de l'Opéra-Comique, — il ne mange, ni ne boit, ni ne parle...; assurément sa pensée est loin de son corps !

— Attendez, je vais le réveiller; je vais ramener parmi nous le sublime distrait !

Et nous adressant à M. de Saint-Georges, placé en face de nous :

— Avez-vous entendu dire que le baron Vigier avait perdu toute sa fortune à la Bourse?

— HEIN !!! — fit Meyerbeer en bondissant sur sa chaise, comme au contact d'une pile voltaïque violemment chargée. C'est que, placé loin de nous, il avait néanmoins senti chaque syllabe de l'interrogation tomber avec fracas dans sa distraction, sa rêverie...

C'est qu'instantanément, avec la rapidité électrique, les associations d'idées s'étaient formulées dans son esprit avec leurs conséquences :

M. Vigier ruiné; — c'était :

Sophie Cruvelli rendue au théâtre; — c'était :

Son *Africaine* enfin trouvée !

On rit beaucoup, et l'illustre maestro, qui est homme du monde et d'esprit autant que personne, prit franchement sa part de la scène... lorsqu'il connut le secret de la plaisanterie.

P. S. (de 1861). — M. Meyerbeer ne parut point accepter philosophiquement les *soixante-dix ans* dont l'avait gratifié avec une libéralité sans bornes un journal de *Berlin*, sa patrie. Les feuilles françaises avaient répété le chiffre, autorisées qu'elles s'y croyaient par la dénonciation berlinoise. Nous savons aujourd'hui que l'illustre auteur de *Robert* n'a que soixante-cinq ans. Il les porte avec une verdeur corporelle et une fraîcheur d'imagination et d'esprit qui nous promettent de le voir imiter son émule, Auber, ou l'ancêtre Fontenelle!

# EDOUARD DUBUFE



Madame Adeline de M... est très-jolie... dans le
souvenir de ses amis. Jusqu'à quarante ans et plus,
elle se défendit fort bien, et, à quarante-cinq, elle
attirait encore beaucoup de lorgnettes à l'Opéra,
grâce à ses yeux d'un noir brillant, et à ses cheveux
d'un châtain sombre, au milieu desquels elle plaçait
habilement quelque fleur d'un rouge vif qui s'y en-
levait comme un falot dans la nuit. Grâce enfin aux
belles lignes de ses épaules, à l'élégance de sa taille,
à la beauté de sa main de cire blanche et au grand air
qui est dans tous ses mouvements, madame de M...
justifierait encore bien (même aujourd'hui qu'elle a
doublé *le cap* voisin *des résignations :* la cinquantaine !) ce mot d'un jeune lycéen, à peine majeur,

épris d'une femme qui eût copieusement pu être sa mère, et qui, plaisanté sur ce choix disproportionné, répondit : « Ah ! c'est qu'on me dit *qu'elle a été* si jolie ! »

Donc, à cinquante ans, madame de M... fait encore beaucoup d'effet, bien qu'il y ait à cela de jour en jour moins de causes. Il s'agit surtout des théâtres, où l'optique aide au mensonge, et qui permettent l'illusion des *bâtons flottants*.

La comtesse est-elle résignée à subir le sort commun à tous, et même à toutes ? Je me garderais d'en lever la main. Sa défense contre l'âge impitoyable est héroïque, sans être pourtant ridicule. Elle lutte en cédant pas à pas, peu à peu. Elle cède... mais armée de toutes pièces dans son cabinet de toilette. Lorsqu'elle porte une voilette blanche au bois, un étranger se retournera toujours pour la regarder étendue dans sa calèche doublée gros-bleu, s'écriera : *Tiens, tiens !* et demandera : *Qui est-ce ?*

Ses amies les plus sincères disaient encore cet hiver en rentrant du bal où madame de M... avait eu des moments d'animation et des combinaisons d'éclairage galvanisant sa beauté en pleine déclinaison : « Cette Adeline, il y a des moments *où elle bat* encore les femmes de trente-cinq, et même celles de trente ! »

Mais c'étaient là des lueurs, des éclairs à la suite de quoi revenait le crépuscule de cette beauté de la veille. Or, à l'époque où elle était dans tout son éclat, un éclat persistant jusqu'à l'année quarantième, la comtesse de M... s'était fait peindre par Éd. D..., le *Lawrence français*, D..., le peintre des duchesses, soit du rang, soit de cette autre aristocratie de la nature, la première de toutes : la beauté. Or, chose étrange, l'habile artiste n'avait pas absolument contenté son modèle, — ni lui-même. Le portrait était matérielle-ment ressemblant... mais il lui manquait cet artifice, ce correctif, cette tricherie, cette espèce de falsifica-tion de la nature enfin, que son pinceau, flatteur sans être menteur, sait apporter aux traits qu'il idéalise à la grande joie des femmes, — en faisant impercepti-blement sourire leurs amis, lesquels ne peuvent pourtant pas refuser d'avouer que l'image est fort ressemblante.

Le peintre, dont le tact est égal au talent, comprit bien qu'il n'avait pas complétement satisfait son modèle. Il en prit son parti en homme désintéressé autant que soigneux de sa légitime renommée. Il déclara donc à la comtesse qu'il n'était pas précisé-ment content du portrait, qu'il y avait épuisé ses efforts sans toucher le but désiré, et qu'il la sup-pliait de laisser l'œuvre en l'état pendant quelques semaines... quelques mois... après quoi il pourrait la reprendre, la modifier, sous l'empire d'une meil-leure inspiration. Cette déclaration combla de joie madame de M..., dont l'artiste avait si bien deviné la pensée, la prétention, l'amour-propre! Elle se borna à objecter quelques lieux communs de convenances, et céda aisément à la première insistance. L'artiste s'était dit : C'est un portrait perdu... je n'y retoucherai jamais!

En effet, les mois s'écoulent et forment des années qui s'accumulent sans qu'on revienne sur l'affaire. D... apercevait de loin en loin la comtesse dans le monde, où, par un sentiment de délicatesse digne de son premier mouvement, il l'évitait. Le portrait, daté de 1851, était retourné, le nez contre le mur, derrière une accumulation, une superposition de toiles, d'études, de cadres qui le barricadaient. Un jour ou l'autre, et, le fournisseur de toiles se trouvant en retard, ce portrait était destiné à recevoir la superposition d'une nouvelle image, d'un monsieur, peut-être! bien que l'éminent artiste ne perde guère son temps à *portraicter* ou *portraicturer* le sexe qui se dit fort et ne se trouve pas laid.

Plus de dix ans se sont écoulés... Madame de M... est, de par l'impitoyable autorité de son état civil (civil... par antiphrase!) entrée dans le chiffre 5 aux dizaines. Son fils, Paul, est marié à mademoiselle de Ch...., et on va baptiser leur petit second. Or, Paul.... qui adore sa femme, l'a fait peindre à l'insu de sa famille; et à qui voulez-vous qu'il ait demandé ce portrait charmant d'une des femmes les plus élégantes de Paris, une des *ravageuses* des bals costumés ministériels, si ce n'est au peintre auquel on doit les délicieux portraits de madame la baronne Gaston d'Hauteserve, de madame la comtesse Walewska, de S. A. I. la princesse Mathilde, de madame la duchesse de Médina-Cœli, de madame la marquise de Galiffet, et autres chefs-d'œuvre d'élégance et de goût?

Un jour Paul dit à sa mère :

— J'ai fait peindre Henriette ; voulez-vous, chère maman, venir voir comment vous trouvez ce portrait avant qu'il ne quitte l'atelier de l'artiste?

Madame de M..., qui pensait à une robe que sa couturière lui avait proposée la veille (une heureuse combinaison de volants noirs sur du rose de Chine, voisin du saumon), accepta sans plus ample information. Comme on partait plus tard pour le Bois, Paul et sa femme amenèrent la mère rue d'Aumale. Arrivée à la porte du petit hôtel, elle se rappelle que D... demeure là... interroge... et se dit : « Il y a dix ans qu'il devait retoucher mon portrait... Aujourd'hui, c'est une affaire enterrée, montons ! »

Or, l'artiste savait que la comtesse devait venir voir le portrait de sa vraiment belle-fille. Peu de jours auparavant, il avait vu la dame aux Italiens, et l'avait attentivement lorgnée sans qu'elle s'en aperçût. Il avait aisément reconnu les ravages, les débris de beauté laissés sur leur passage par les dix ans inexorablement passés. Le lendemain il avait

fait désencombrer le coin où était enfoui le portrait,
l'avait épongé, s'était amusé à le revoir... puis une
pensée spirituelle lui était venue. Aussitôt l'image
avait été vernie, placée dans un cadre de mesure
qui se trouvait là pour un autre, et posée sur un
chevalet, dans un demi-jour très-favorable. Le fait est
que ce portrait ainsi réapparu était superbe. Le
temps, qui offense et détruit les modèles de la fragile
nature, avait donné à l'œuvre d'art une harmonie,
un glacé, une *patine* d'or fauve véritablement admirables. Sir Thomas Lawrence ou Josuah Reynolds,
son maître, n'avaient jamais rien produit de plus
vivant ni de plus idéal à la fois ! L'artiste fut tout
étonné et tout charmé de voir ce que l'espèce de
cuisson des années avait fait de ses couleurs, et la
précieuse et aimable harmonie qui régnait désormais
dans cet ensemble moelleux, chaud, nacré, où le
travail du pinceau avait absolument disparu sous
le fondu de l'homogénéité, les cohésions de la couleur, l'or blond qui vernissait le tout. Le temps avait
été pour l'artiste un collaborateur final posant sur
l'œuvre oubliée son cachet suprême... Il se sentit
aussi fier de son œuvre que surpris de la retrouver
telle.

— Et moi qui avais quelquefois pensé à peindre
autre chose sur cette toile ! — se dit-il.

La comtesse et les jeunes gens arrivèrent. Le
portrait d'Henriette était placé en évidence ; tous les

regards furent d'abord pour lui. La comtesse en fit
ses sincères compliments à l'artiste, comme si elle
l'avait rencontré la veille, c'est-à-dire avec l'aisance
d'une femme du monde, d'ailleurs la facilitée par la
bonne grâce et la franchise de la réception. On examina
l'œuvre à fond, on discuta quelques petits détails,
puis on s'accorda, jugeant l'œuvre exquise et d'une
ressemblance inattaquable. Ceci fini, il n'y avait
plus qu'à s'en aller au Bois; tout à coup la jeune
femme s'écrie :

— Ah! par exemple! quelle aimable surprise!
vous, maman! Dieu que c'est ressemblant!

La comtesse se retourne, regarde... et éprouve
un vif sentiment de joie et d'orgueil. Une psyché
était là, ses yeux ont involontairement passé dessus
en cherchant le portrait... Le jour des ateliers, qui
vient d'en haut, n'est pas fait pour rajeunir! Elle a
pu saisir le contraste...

— Quelle aimable attention! — s'écria-t-elle en
s'adressant à M. D***, qui souriait de cette scène, à
cette surprise, produit de sa ruse délicate et fine.
— Mais, vous l'avez donc enfin retouché?

— Non, madame... ce portrait est tel que nous
l'avons laissé le jour où nous n'en étions contents
ni l'un ni l'autre!

— Vraiment? vous croyez que j'ai été assez injuste
pour... Mais je le trouve très-ressemblant... très-
ressemblant! — dit la comtesse quinquagénaire en

contemplant avec ravissement sa quarantaine envolée d'elle et fixée, figée là au passage...

— Qu'en dis-tu, Paul? — reprit-elle.

Le fils sourit en regardant l'artiste qui avait repris son sérieux devant le comique de la situation. On trouva naturellement le portrait ressemblant; la mère rayonnait, et, pour être vrai, il faut dire que cette joie lui donna un regain de beauté, de jeunesse, qui la rapprocha de l'image.

— Puis-je le faire prendre? — dit-elle.

— Mais... c'est que... me rappelant qn'il ne vous plaisait pas, madame, et ne pouvant laisser s'éterniser votre image ailleurs que dans votre famille, je comptais... utiliser cette toile...

— Comment cela?

— En peignant par-dessus le portrait d'un colonel de dragons autrichiens : le baron de Brodenbachen-Grimmlighausen !

— Un colonel... par-dessus mon portrait... par exemple! du tout, du tout! je le prends, je le garde... je le trouve parfait; et je me demande où j'avais la tête pour me méconnaître dans cette belle œuvre !

Peut-être était-ce là ce que le spirituel artiste avait espéré! Dans tous les cas, il eut le mérite de son tact et de sa délicatesse. Madame de M*** fut enchantée de faire suspendre, dans le petit salon où elle reçoit tous les mardis, l'image qui la montre telle qu'en secret elle désirerait être encore, bien qu'à la date

de l'œuvre elle ait pu souhaiter un pinceau plus
flatteur. Le lendemain, elle chargea son fils Paul de
remettre au peintre de son bel été une lettre pleine
d'affectueuses félicitations, — et chargée de billets
de banque d'un total de francs égal au nombre de
jours que l'image semblait soustraire à ses cinquante-
deux ans ! Or, comme il n'est personne parmi les gens
du monde les plus scrupuleux à payer leurs dettes en
bons billets ou écus, qui se fasse un cas de conscience
d'échanger dans la conversation la *fausse monnaie*
des compliments, des hypocrisies..., tout le monde,
en voyant ce portrait qu'on pouvait croire peint de la
veille, s'empressait de dire : Oh ! comme c'est ressemblant ! — La comtesse finit par le croire un peu, en
s'imaginant beaucoup, non pas que son portrait
lui ressemblait... mais bien qu'elle ressemblait à
son portrait ! O illusion, notre seul bonheur !

# INGRES



Si vous trouviez sur un petit feuillet arraché
à un carnet de poche, les deux monosyllabes que
voici :

IMP — ING

comprendriez-vous ce que cela peut vouloir dire?
Non, je pense! Eh bien ! le voici.

Un de nos amis, désœuvré par position, flâneur
par caractère, a l'obligeance de nous communiquer
parfois ce qu'il apprend, entend ou voit, çà et là, par
la ville, et tient à ces fins, tout spécialement, en
poche, un petit carnet où il couche ses notes. Lundi,
comme nous dînions ensemble en compagnie de

confrères, — et je dirai même de collègues, car il y avait là deux des Bachaumont du temps, — il nous donna, en partant, le petit feuillet en question, nous glissant à l'oreille :

— Je ne veux pas parler devant eux... voilà une nouvelle!

Le surlendemain, nous retrouvons la note, et lisons cet :

*imp ing...*

en face duquel nous restons comme Œdipe devant l'énigme du sphinx..., mais moins inquiet que cette royale victime du fléau des Thébains. C'était de la sténographie, de la mnémotechnie, un chiffre de diplomatie! la clef manquait.

Or, cette clef, nous la trouvions par hasard dans un journal annonçant que Sa Majesté l'*impé*ratrice était allée visiter l'atelier de M. *Ingres*! et voir le dernier tableau de l'illustre maître : *Jésus enfant au milieu des docteurs.* Notre ami, apprenant le fait un des premiers, l'avait rapidement noté pour s'en souvenir, puis oubliant sans doute la rapidité de la mention sommaire, ne nous avait servi que les six lettres condensatrices du fait!

M. Ingres est aujourd'hui le plus illustre représentant de son art en Europe. Il est le patriarche de toutes les écoles, le doyen des ateliers, presque le Titien de trois générations de peintres; il a quatre-vingt-cinq ans! Il a mené une vie noble et pure; il n'a même point demandé à son pinceau l'excès d'or que M. Scribe a tiré de sa plume (*indè fortuna!*) Il a obtenu, par l'éclat de ses travaux et le légitime retentissement de son nom, des honneurs rarement acquis à ce degré dans la pratique d'art: Il est un des *trente* du Mérite de Prusse et grand officier de la Légion d'honneur. Aujourd'hui, il reçoit de la souveraine du pays la visite que Léon X fit à Raphaël, — Louis XII à Léonard de Vinci (avant la visite funèbre de François I<sup>er</sup> à Amboise!),— Napoléon I<sup>er</sup> au baron Gros, lorsqu'il achevait le *Champ de bataille d'Eylau*. Ces honneurs sont les couronnes de certaines royautés.

On faisait un soir de l'hiver 1861-62, au thé bi-hebdomadaire de la femme d'un membre de l'Institut, cette remarque très-fondée : que les deux plus grands succès d'art — musique et peinture — qui fussent alors étaient, pour deux *vieillardissimes*, l'un et l'autre tout à fait au delà de leurs quatre-vingts ans : MM. Auber (*la Circassienne*), et Ingres (*la Source*).

M. Ingres régnait sur toute la ligne des expositions ouvertes au boulevard des Italiens, et rue de Provence, aux *Arts-unis!*

Au boulevard, une salle avait été décorée avec le musée particulier, spécial, du Théâtre-Français, com-

21.

prenant tous les artistes illustres ou célèbres de ce
théâtre ou de cet Institut, depuis sa fondation sous
la direction de Molière. Le public ne connaissait pas
cette précieuse collection, qui orne d'ordinaire et le
foyer des comédiens et les salles de l'administration.
La démolition de ces diverses parties du bâtiment
avait permis à M. Louis Martinet, directeur de ces
heureuses expositions, de demander cette intéressante famille de comédiens au Sociétariat, qui l'avait
gracieusement accordée. On n'en avait excepté que
le tableau dont M. Ingres fit hommage, il y a quelques années, à la Comédie-Française, en l'honneur
de qui il le peignit expressément, et dont le sujet est
un à-propos aimable et flatteur : *Molière soupant avec
Louis XIV*, en présence de la cour surprise. Des motifs
de convenance avaient porté MM. les sociétaires à ne
pas exposer publiquement ce don particulier.

Nous disions que M. Ingres régnait là comme jadis
aux *Arts-unis* de la rue de Provence. En effet, M. le
comte Duchâtel avait bien voulu se dessaisir, pour
quelques semaines, du dernier tableau sorti de l'atelier de l'illustre peintre, bien que commencé il y a
de nombreuses années, et objet de diverses reprises
de travail. Cette jeune fille née de cette vieille main
est une merveille qui a ses légitimes enthousiastes.
Les plus sévères regrettent la lourdeur des jambes ;
les plus curieux remarquent les bouts des pieds reflé-
tés dans l'eau, et, offrant, bien que naturellement

reproduits en dessous, la trace des ongles du revers.
On pourrait croire que le peintre avait d'abord allon-
gé les jambes jusqu'à cette extrémité de pied, dont un
repentir aurait fait un reflet. Quoi qu'il en soit d'un
si mince détail, l'œuvre reste égale aux plus belles
de l'illustre maître, èt elle captive la plus vive attention.

L'exposition des *Arts-unis*, rue de Provence, n° 26,
n'était pas moins fréquentée par la foule curieuse
d'examiner les cent dessins de M. Ingres. A part les
compositions qui sont presque toutes magistrales, il
y avait là une série de portraits d'un intérêt profond
et piquant. Le morceau le plus admirable peut-être
de cette précieuse collection était le dessin à la mine
de plomb qui représentait la famille de M. Gatteaux,
graveur en médailles et membre de l'Institut. C'était
un merveilleux travail, dont la vue causa une vive
jouissance aux délicats. Le catalogue portait bon
nombre de ces cent dessins comme la propriété de
M. Gatteaux, et ce fait s'expliquait ainsi : étant jadis
tous deux à Rome, et liés de la plus étroite amitié,
M. Ingres, à la veille d'un voyage, confia un jour à
son ami un carton tout rempli d'études faites par lui-
même. A son retour, il n'en parla point... et ce ne fut
que de longues années plus tard que M. Ingres, se
rappelant ce dépôt, le réclama.

—Tu n'auras jamais ces études ! —dit M. Gatteaux,
— car entre tes mains elles s'éparpilleraïent, et je

veux qu'après toi et après moi, elles aillent toutes
au musée du Louvre, dont elles seront une des richesses!

L'hiver de 1862-63, M. Ingres venait de terminer
un tableau de petite dimension reproduisant, à quelques modifications près, la scène qu'il avait entrepris
de peindre autrefois sur un mur de la galerie du
château de Dampierre; peinture que, par suite de
mésaccord avec M. le duc de Luynes, l'artiste avait
fait effacer! Ayant la faveur de rencontrer assez
souvent l'illustre et octogénaire artiste dans des
réunions officielles ou privées, nous avions deviné
qu'il se passait en lui quelque chose d'heureux.
C'était la satisfaction de conscience qui se reflète sur
le visage, dans les allures, qui naît enfin chez tout
artiste, chez tout travailleur qui a achevé, à son
parfait contentement, la tâche qu'il s'était imposée.
Après tout effort, le repos! M. Ingres ne s'était jamais
autant produit de sa personne que durant l'hiver en
question. Ce petit homme trapu (a-t-il cinq pieds de
haut, ce grand peintre?) vigoureusement charpenté, à
l'air rude, aux cheveux plats, grisonnant à peine et
séparés sur le sommet du front comme ceux d'une
femme, ce grand prix académique de l'année 1800,
qui achève en 1863 une œuvre de peinture spiritua-
liste sans que les moyens d'exécution matérielle lui
fassent défaut, ne rappelle-t-il pas le Titien grimpé

sur les échafaudages du palais ducal de Venise, et y
lançant par les airs de puissantes figures d'une main
vaillante qui ne devait laisser choir le pinceau qu'à
la veille d'être centenaire?

M. Ingres était donc devenu fort mondain. On le
voyait chez Sa Majesté, chez les ministres, chez ses
anciens confrères de l'Institut, chez ses nouveaux
collègues du Sénat. Il portait sur son habit boutonné
sa plaque de grand-officier de l'ordre, et laissait voir
sous sa cravate blanche le sautoir noir à liséré d'argent, auquel pend la croix des *Trente* du Mérite de
Prusse. On n'osait guère lui parler... tant il y avait
de sévérité dans son aspect et dans son nom d'impo-
sant prestige. On se le montrait, il le voyait, il
semblait flatté, mais errait silencieux dans les grou-
pes où sa taille se perdait...

# EUGÈNE SCRIBE

REVENDICATION D'UN MOT.

A chaque nouvel ouvrage de M. Scribe, la critique
se partageait invariablement en deux camps. Ceux-
ci traitaient fort dédaigneusement la chose, renvoyant
M. Scribe à ses moellons et à ses millions; — ceux-là
se mettaient à raconter l'œuvre tout du long, et s'ex-
tasiaient sur cet esprit toujours vif, ingénieux, etc. !
Puis venait le public…, et il se régalait, attendu que le
public n'appartient à aucune théorie ni école littéraire, et qu'il ne songe qu'à s'amuser. Donc, M. Scribe
tombait assez généralement sous le feuilleton, mais
il réussissait,—bien que parfois sans succès,—devant
le public.

Quant à moi, je le dis net : j'admirais fort M. Scribe,
sa très-grande habileté, et l'art qu'il avait pour

plaire aux masses qui font la recette. Absurde
ou non, commune ou non, sans portée, sans morale,
si vous voulez, qu'importe ! sa pièce avait pour
elle cette majorité des bourgeois dans laquelle de
plus élégants, de plus délicats, de plus lettrés ont
parfois grand'peine à trouver suffisamment de témoins pour tomber une douzaine de fois de suite?
Mais, tout en admirant les grands dons de M. Scribe,
il est deux choses que je lui reprochais fort, — l'une
en la regrettant, — l'autre en la blâmant : celle-là,
c'était l'obstination de son travail sénile ; — celle-ci,
c'était le sans-façon avec lequel il dévalisait l'esprit
des autres... Je veux finir en disant seulement deux
mots, ou plutôt en parlant de deux mots, de *Feu
Lionel.*

« — Je vis par curiosité ! » — dit son héros. Or, ce
mot, que Victor Hugo avait déjà placé dans la bouche
de Langéli de *Marion Delorme*, est de Sébastien
Mercier, qui le prononça en pleine Terreur, alors
qu'il semblait en effet curieux de vivre,—mais surtout
désireux de ne pas mourir !

---

« — Mademoiselle... la fumée du cigare vous gêne-
t-elle ? — demande un *sportsman.*

« — Je n'en sais rien, monsieur... personne n'a
jamais fumé devant moi !... »

Allons ! c'est par trop agir à la Molière ! et le mot

méritait assurément le dédain du très-spirituel auteur, à cause de sa trop grande circulation. On le lisait encore, pour la vingtième fois, peut-être, il n'y a pas un mois, dans une des chroniques quotidiennes des journaux du soir, et, s'il faut dire la vérité en passant, et sans y attacher bien certainement plus d'importance que la chose ne le mérite, nous dirons où et comment le mot est né. Histoire d'un mot!

C'était en chemin de fer, route de Strasbourg, il y aura sept ans à la prochaine saison des eaux. Une femme, ou plutôt une dame du plus grand air était dans l'angle du wagon, avec une femme de chambre à ses côtés, et une jeune fille en face d'elle. Celui qui écrit ces lignes,—comme dit volontiers Victor Hugo, —se trouvait dans le même wagon, route de Bade. Un jeune homme, qui avait tout l'extérieur d'un officier en bourgeois, occupait le coin opposé. Il tire de sa poche un étui, puis de l'étui un cigare, et s'apprête à l'allumer. Nous le regardons... de cette façon qui fait qu'un homme sent qu'on le regarde. Il comprend, et croit néanmoins n'avoir de permission à demander qu'à la dame :

« —La fumée du cigare vous gêne-t-elle, madame? »

Celle-ci semble surprise de la question, hésite à répondre, prend son plus grand air, et échange un coup d'œil avec la cameriste scandalisée...

Alors nous passa par la tête la réponse désormais si connue... et qui semblait naturelle de sa dignité et

de son dédain. Ce fut la camériste qui fit seule comprendre au soldat qu'il y avait des wagons pour le
cigare.

Plus tard, en *chroniquant* sur ce voyage (16 septembre 1854), nous imprimâmes cette réponse muette,
*que nous attribuâmes* naturellement à la noble voya-
geuse, car c'est à la fois et l'art et l'abnégation du
chroniqueur, *d'attribuer* à des gens quelconques les
mots, plus ou moins bons, qui peuvent lui passer
par la tête ! Peu de temps après, un confrère, ayant sans
doute entendu citer celui-ci comme inédit, le reprodui-
sit dans son feuilleton, — car c'est le péril, pour les
auteurs de ces causeries, d'entendre çà et là des
choses qu'on croit *dites* et qui ne sont que retenues !
Depuis, la fière réponse (qui n'a pas été faite !) a continué son chemin, et tous les ans elle est revenue
une foule de fois dans la publicité... comme jadis le
grand serpent de mer.

Mais sa plus grande gloire l'attendait à l'Académie
française ! Un de ses membres illustres devait recueillir le mot, et l'incruster, en plein Théâtre-Français, dans *Feu Lionel*, où on daigna l'applaudir, très-
impertinemment jeté par une des plus brillantes
actrices de ce théâtre et de tous les théâtres : mademoiselle Delphine Fix. Nous voilà donc, sans l'avoir
jamais osé espérer, compris parmi les collaborateurs
de M. Scribe, et destiné à figurer, pour un mot, dans
ses œuvres complètes !

Tout ce qui peut servir à faire apprécier le caractère, les idées, les sentiments d'un mort illustre offre un intérêt à la fois anecdotique et historique.

C'est à ce titre que nous faisons place à la belle lettre qui suit, signée *Eugène Scribe*, et adressée à... l'auteur, inconnu de nous, d'une *Famille de Figaro*. Cette lettre est, soit d'une grande franchise, soit d'une grande habileté... Le lecteur choisira, après lecture, de quelle façon il convient de la qualifier. En tout cas, c'est la lettre d'un homme de beaucoup d'esprit. Jugez-en :

Mon cher confrère,

Vous êtes si bon et si aimable que, lorsqu'on vous entend, on ne peut vous résister, et il faut bon gré mal gré être de votre avis. J'ai fait d'ailleurs, par complaisance, bien des ouvrages avec des confrères à moi, qui n'avaient ni votre instruction, ni votre esprit, ni votre talent, et voilà pourquoi je me suis laissé aller à vous promettre de m'occuper des cinq actes pour lesquels vous aviez eu la bonté de me demander des conseils, confiance qui m'a honoré et trop séduit peut-être, puisqu'elle m'a fait contracter un engagement téméraire. J'ai essayé de le tenir, je ne le puis pas ! Je me fais vieux, je travaille moins, je travaille avec peine. Un sujet de moi, un sujet à créer, peut me ranimer, m'échauffer encore ; mais une pièce toute faite, une pièce à refaire, cinq actes à arranger, cinq actes à récrire pour être agréable à un confrère et même à un ami, je le voudrais, je ne le puis pas ! Ce n'est pas la volonté, c'est la force qui me manque. J'ai à peine celle d'achever quelques grands ouvrages à moi seul, que

le Théâtre-Français me. demande depuis longtemps;
M. Buloz vous le dira. C'est surtout à mon âge, et quand
on a beaucoup travaillé, que :

**Les longs ouvrages font peur.**

Ceux dont je vous parlais plus haut et que j'ai faits
en collaboration étaient des pièces en un ou deux actes
pour le Gymnase, et si depuis trois ou quatre ans, je
suis revenu à ce théâtre, et si j'ai abandonné pour lui
des scènes plus élevées, ce n'est pas seulement par goût,
mais par prudence !

Je dois donc, mon cher et aimable confrère, surtout
d'après votre dernière lettre, vous dire la vérité. Je n'ai
plus la verve qui me faisait commencer l'ouvrage avec
chaleur, je n'ai plus la force qui me le faisait achever.
Ou je m'arrêterais en route, ou je vous ferais trop attendre et vous avez déjà trop attendu. Il est temps que
vous fassiez paraître un grand ouvrage de vous; un
ouvrage à vous seul, qui vous fasse obtenir la distinction dont vous me parlez et qui vous donne au théâtre
la juste réputation que vous avez déjà ailleurs. La
fortune peut se faire à deux, mais la réputation est
comme la république, une et indivisible !

Il me semble que, soit aux Français, soit à l'Odéon,
*la Famille de Figaro* doit avoir un grand succès; permettez-moi, et j'en serai fier, d'y avoir contribué par
quelques conseils. Les qualités piquantes, brillantes,
originales, qui m'avaient séduit, s'y distinguent toujours.
Les défauts que j'avais cru apercevoir ont disparu en
partie dans les conversations que nous avons eues ensemble. C'est votre enfant à vous, c'est votre création,
vous devez avoir, pour le corriger et pour le perfection-
ner, un zèle et une ardeur paternels que je ne me sens
point au fond des entrailles. Permettez-moi de vous le
renvoyer, et vous, promettez-moi de le recevoir comme

l'enfant prodigue après sa longue absence, de lui faire
bon accueil, de vous occuper de lui, de le choyer ; il
le mérite, car il vous donnera un jour plus de gloire
encore qu'il ne vous aura donné de peine.

Daignez agréer, monsieur et cher confrère, l'expression de ma haute considération et celle de mon bien
sincère et affectueux dévouement.

EUGÈNE SCRIBE.

Montalais, ce 6 mai 1847.


On se demande par quel abandon — ou quelle
infidélité, cette curieuse lettre est sortie des mains
de celui qui eut à la fois et l'honneur et le regret de
la recevoir !

M. Scribe, malgré son âge, était resté actif, ardent,
impétueux. Il assistait à toutes ses répétitions, même
pour des reprises, comme le ferait un jeune auteur
tout nouveau à l'affaire. Il n'épargnait ni conseils ni
rectifications aux jeunes artistes enchantés de
l'écouter, car il était ingénieux, expert et excellent
comédien d'intention, sinon d'exécution. Mais
M. Scribe parlait parfois comme il écrivait souvent,
c'est-à-dire avec le plus complet dédain et de la forme,
et de son titre d'académicien ! C'est ainsi qu'un jour,
il disait à mademoiselle Jouassain des Français :

—Voyez-vous, en entendant ça, *les bras vous tombent
des mains !*

—Comment? — lui dit-on.

Et il répéta sa phrase, tout à son idée et se souciant peu de l'accord des mots; sa pensée dominait tout.

Depuis ce jour-là, au foyer des Français, quand un artiste veut exprimer sa surprise, il dit :

—Ma foi... les bras m'en tombent des mains !

Un jour, ayant une visite matinale à faire avec sa femme, M. Scribe offre à celle-ci de déjeuner au Café Anglais, au lieu de rentrer au logis. On se fait servir des huîtres, des côtelettes, du café ; M<sup>me</sup> Scribe était enchantée de cette petite escapade, exception dans la régularité de son existence de ménagère. On demande l'addition, qui arrive, tracée en encre bleue, dans la teneur que voici :

| | | |
|---|---:|---|
| Pain | » fr. | 50 c. |
| Huîtres | 1 | 50 |
| Vin | 2 | 50 |
| Côtelettes | 2 | 50 |
| Raisin | 2 | » |
| Café-crème | 3 | » |
| Ancien compte | 60,000 | » |
| Total | 60,012 | » |

L'auteur voyant ce formidable total appelle le garçon, et demande ce que signifie cette plaisanterie.

Le garçon répond qu'il ne sait pas.

— Alors, apportez-moi une addition sérieuse ! — dit l'écrivain.

—Monsieur, c'est bien votre addition : soixante mille francs *d'arriéré*... et douze francs pour aujourd'hui.

— Appelez le maître de la maison !

Celui-ci, qui observait évidemment la scène, s'approche, salue et dit :

— Monsieur, votre déjeuner n'est que de douze francs, mais vous me devez l'autre somme...

—Comment donc cela, monsieur?

—Ah! voici. Vous avez vendu à M. Z*** votre terre de Montalais, je l'ai rachetée de lui, sur le précédent acte. Puis étonné de son peu de produit, j'ai fait arpenter le terrain, et j'ai trouvé qu'il en manquait pour soixante mille francs ! J'allais naturellement prendre recours contre mon vendeur, lequel se retournerait contre vous, qui, sans doute, à votre tour, en feriez autant contre votre cédant, lequel ne manquerait pas de vous imiter en remontant toujours de vendeur en vendeur et d'acte en acte jusqu'à ce qu'on retrouve la personne qui a commis... l'erreur. Mais vous voyant là, monsieur, j'ai pensé que j'aurais plutôt fait de passer par-dessus la tête de M. Z***, qui ne manquerait pas de vous appeler en garantie, et, en vous demandant la somme sur la carte de votre déjeuner, j'ai pensé abréger bien des formalités et des lenteurs ! Donc vous me feriez plaisir, puisque j'ai l'honneur de vous recevoir dans mon établissement, de me solder le tout ensemble, vous offrant même pour escompte la remise du déjeuner si vous voulez bien régler l'autre affaire !

L'auteur dramatique n'entendit point de cette

oreille-là, se borna à payer sa consommation, et dit
que pour le reste il fallait aller trouver son notaire.

———

Dans un dîner littéraire, on parlait de la double et
mystérieuse paternité d'un drame qui avait fait du
bruit quelques années auparavant. Plusieurs convives
s'inscrivaient contre les indices qui avaient fait naître
les soupçons d'une collaboration cachée, et à l'appui
de son opinion l'un d'eux raconta l'anecdote théâtrale
que voici :

Lorsque M. Scribe donna à l'ancien Vaudeville *Une
Nuit de la garde nationale,* on s'extasia sur le piquant
et la vive facture des couplets suivants :

Je pars,
Déjà de toutes parts
La nuit sur nos remparts
Répand son ombre
Sombre ;
Chez vous,
Dormez, époux
Dormez, tuteurs ; pour vous
La patrouille
Se mouille...
Etc.

— Ce n'est pas lui qui a fait cela ! — s'écrièrent
des gens bien plus jaloux que les époux, — non ! C'est
une œuvre de maître..., et pas un membre du Caveau
n'en ferait autant... à moins que ce ne soit Désaugiers
lui-même !

Et ce fut à qui, parmi les aimables confrères du jeune
vaudevilliste, découvrirait l'auteur de ces fameux
couplets, qu'on refusait d'accorder à celui qui s'en
était tout naturellement déclaré l'auteur.

Or, en ce temps-là, M. Scribe avait auprès de lui, et
dans le plus absolu et le plus tendre dévouement, un
de ces amis comme il est à la fois si rare et si bon
d'en avoir. C'était Fournier !

Fournier, certes, goûtait bien l'esprit de son ami
Scribe, mais il le goûtait comme un pauvre goûte le
vin des autres. Cœur et corps dévoué, Fournier ne
pouvait devenir jamais un de ces collaborateurs que
M. Scribe acceptait parfois si aisément, quand ils lui
apportaient des idées. Fournier n'apportait à son ami
que du dévouement. C'était le plus précieux ; M. Scribe
en jugeait bien ainsi.

Et comme Fournier était fier de son dévouement !
Un jour il lit au bas du portrait d'un auteur d'alors :

POIRSON, AMI DE SCRIBE.

— Voyez un peu ce Poirson ! — s'écria-t-il tout
chagrin, — je n'ai qu'un titre sur la terre, une position sociale, un privilége... et il faut qu'il me le vole !

Et comme on jouait avec un succès énorme *Une
Nuit de la garde nationale,* cette œuvre joyeuse où se
trouvaient les couplets susdits,—très-admirés et fort
suspectés, le brave Fournier désirait ardemment

jouir de ses entrées au théâtre du Vaudeville, afin d'avoir de plus fréquentes occasions d'applaudir son ami. Scribe en parla à Désaugiers, alors directeur, rue de Chartres.

—Ce sera difficile ! — dit Désaugiers, —j'ai des actionnaires revêches..., pointilleux..; ils rayeront impitoyablement votre ami. Mais, j'y pense! vos pièces jouées vous donnent des droits d'entrée qui dépassent de beaucoup l'usage personnel que vous en pouvez faire... Si nous disions à ces messieurs que Fournier est de la *Nuit de la garde nationale?*

—Sans doute !... alors cela va tout seul, comme collaborateur, il a ses entrées de droit! Soit! Mettons-le de la *garde nationale!*

Et les entrées du brave Fournier sont inscrites sur le livre, à titre de collaborateur de la pièce nouvelle.

Rochefort l'apprend, Rochefort, un des plus habiles vaudevillistes du temps, et aussi l'un des plus ardents à chercher, à deviner l'auteur des fameux couplets :

Je pars,<br>Déjà de toutes parts, etc.

Il court au café du Vaudeville où s'assemblaient pour déjeuner la plupart des auteurs du genre et du lieu.

— Eh bien ! — s'écrie-t-il, — je le tiens !
— Qui? qui ?
— Eh ! pardieu, l'auteur des fameux couplets !

—Ce n'était donc pas Scribe?... j'en étais bien sûr ! — s'écrie Perpignan.

— Eh ! non, ce n'était pas lui !

— Eh bien !... ce poëte, ce génie, qui est-ce donc !

— *C'est Fournier !!*—s'écrie Rougemont convaincu.

— Fournier, l'intime de Scribe... C'est cela ! Il l'héberge, le nourrit, le confisque, le tient sous clef... c'est un génie qu'il dévalise ! Ah ! ça ne m'étonne pas !

Et voilà soudain ce brave homme de Fournier passé illustre, rival des plus forts chansonniers du Caveau, un modèle, un maître !

Si vous l'aviez vu ! si vous l'aviez entendu !

Mais que n'acceptaient pas les jalousies, les dépits, les rivalités, de ce temps-là !

Après cela, autres temps... mêmes passions !

Il fallut à Scribe dix ans de succès sans pareils—et à Fournier dix ans de simplicité naïve,—pour que le fameux :

> Je pars,
> Déjà de toutes parts,

fût complétement restitué à celui... qui en a fait bien d'autres !

M. Eugène Scribe est mort dans la même année qui a emporté Louis Lurine, Henry Murger et Eugène Guinot.

Le matin , l'illustre écrivain se sentant un peu

indisposé, fit appeler son médecin, qui l'engagea à sortir et à se distraire, ne voyant rien de grave dans son état. M. Scribe s'en fut, vers midi, rue de la Bruyère, prendre une voiture de remise pour se faire porter rue de Bruxelles, chez M. Auguste Maquet. Le cocher, arrivé à l'adresse indiquée, ne voyant pas sa pratique descendre, regarda dans la voiture, et trouva M. Scribe tombé au fond. Il revint en toute hâte à l'hôtel de la rue Pigalle... Inutile de dire quelle sensation y produisit un pareil retour !

Il était membre de l'Académie française depuis 1836, commandeur de la Légion d'honneur, et président de la Société des auteurs et compositeurs dramatiques. M. Scribe est mort à soixante-dix ans. Ses derniers ouvrages furent *la Circassienne* et *Madame Grégoire*, représentés à l'Opéra-Comique et au Théâtre-Lyrique.

# LE COMTE TASCHER DE LA PAGERIE



L'ANNEAU PERDU ET RETROUVÉ.

Une anecdote bizarre, invraisemblable, mais vraie, se rattache au général comte Tascher de la Pagerie, ancien grand-maître de la maison de S. M. l'Impératrice, et qui, il y a une cinquantaine d'années, avait été enterré...

Expliquons-nous :

Chef de la branche aînée de la famille Tascher, il avait pris une part honorable aux campagnes de l'Empire, fut aide de camp du prince Eugène et parvint au grade de général de division. C'est alors que lui arriva l'incroyable histoire que voici :

Dans une de nos grandes batailles, un boulet passe si près de lui qu'il est renversé, comme asphyxié, paralysé. L'action terminée, on relève les blessés, on commence à enterrer les morts. Les soldats considèrent le général comme tel et le jettent dans un trou qu'ils se mettent à combler... lorsque arrive son aide de camp, le capitaine et futur général d'Ornano, inquiet sur son sort, et qui apprend le fait. Il ne peut, il ne veut pas croire à cette mort, se jette sur la terre déjà amoncelée, la gratte avec ses mains, dégage et découvre le corps du général que la fraîcheur du sol commençait à ranimer... Il revient à lui... il est sauvé !

Le fait fut raconté par le comte Tascher de la Pagerie dans un dîner diplomatique, où se trouvait également le général d'Ornano, gouverneur des Invalides, qui, interpellé, le confirma.

---

Le comte Tascher avait, après les désastres de l'Empire, suivi le prince Eugène en Bavière, et s'y était marié. A Munich, le comte Tascher tenait une maison qui fut longtemps recherchée de tous les voyageurs éminents de l'Europe, et où, plus tard, par un hommage rendu au caractère élevé du général, et malgré la délicatesse de la situation politique, le baron de Bourgoing, ambassadeur du roi Louis-Philippe, présentait tous ses nationaux de distinction.

Rentré en France après les événements de 1848, le général comte, nommé sénateur, devint bientôt grand-maître de la maison de l'Impératrice, et, dans ces hautes fonctions, se fit aimer par son esprit conciliant autant qu'estimer par la noble élévation de son caractère. C'était un des hommes les plus intéressants qui fussent à entendre, les mémoires vivants d'une curieuse et ardente époque; sa conversation était nourrissante.

Une des fillés du comte Tascher, mademoiselle Stéphanie de la Pagerie, personne de beaucoup d'esprit et de sagacité, compose des mémoires sur les temps actuels, dont elle lit parfois des extraits à ses amis. —Une autre fille de l'ex-grand-maître a épousé le ministre actuel du roi de Bavière, à Dresde : le baron de Guisé. — Son fils aîné, le duc Charles, premier chambellan de Sa Majesté, était tout naturellement destiné à sa survivance dans les hautes fonctions de la grande-maîtrise. Le comte père, qui s'était déclaré trop vieux pour prendre le titre de duc dévolu à son héritier, est mort à l'âge de soixante-quatorze ans. Cette mort a causé une vive impression de regrets à tous ceux qui avaient connu ce personnage éminent de caractère autant que de situation.

--------

— Êtes-vous bien sûr, — me dit un colonel, — que ce soit l'aide de camp d'Ornano qui ait fait déterrer le général de Tascher, dans la curieuse anecdote à propos de la mort du dernier personnage?

— Dame... je n'y étais pas! Je ne puis donc que recueillir ce qui s'est dit dans un dîner. On ne peut, pour chaque fait qu'on entend, exiger des gens qu'on a lieu de croire bien informés, qu'ils vous apportent des preuves légalisées par-devant notaire, ou certifiées par un consul!

— C'est que cette précaution eût peut-être été nécessaire pour cette fois... car il se trouve que l'*aide de camp*, c'était le comte de Tascher — et le *général*, le comte d'Ornano!... A ce mince détail près, toute l'anecdote est exacte.

—Eh bien! intervertissez les noms, et le fond reste le même!

—Sans doute; seulement, voici encore une erreur : ce n'est pas dans un dîner *diplomatique* que l'anecdote a été racontée, mais bien dans un dîner *ministériel...*

— Ceci est une chicane puérile, passons!

---

Autre anecdote.

M. Tascher de la Pagerie, sénateur, grande-croix, et grand-maître de la maison de S. M. l'Impératrice, fêtait à Bade, le 24 juillet, la cinquantième année de son mariage avec Caroline-Sophie de Walburge, princesse de la Leyen, en Bavière, — où celui qui était alors le comte Louis de Tascher se trouvait en qualité de colonel aide de camp du prince Eugène. Or, pour cette sorte de jubilé, il offrait à la duchesse une petite bague dont l'examen la combla de joie et de surprise : car cette bague, son *alliance,* elle l'avait perdue, il y avait plus de trente ans, pendant un voyage en Allemagne ! Elle l'avait amèrement regrettée, elle y avait pensé bien souvent, et tous les précieux bijoux que son mari lui avait offerts depuis n'avaient jamais remplacé pour elle ce simple anneau d'or portant leurs deux noms, et symbolisant le grand jour de bonheur où la religion et la loi avaient uni leurs deux mains.

. Comment cet anneau, déplorablement perdu, il y avait tant d'années, se retrouvait-il offert par l'époux le jour de la seconde consécration d'un mariage demi-séculaire ? L'explication pourrait être suspectée d'invention s'il ne s'agissait de noms connus et respectés. Voici le fait.

Il y a une trentaine d'années, on l'a dit, M. le comte, depuis duc Tascher de la Pagerie, voyageait avec sa femme au delà du Rhin. Vulgaire détail qui est pourtant toute l'affaire ; celle-ci, se lavant les mains dans une auberge, ôte son anneau, l'oublie... on part. On a déjà franchi plus de dix lieues, lorsqu'elle s'aperçoit de ce fatal oubli ; on revient... la bague a disparu !

La comtesse, inconsolable de cette perte, y attache toutes sortes de superstitions—que la durée de son bonheur conjugal ne vient point justifier.

Il y a quatre ans, meurt la grande-duchesse Stéphanie de Bade, fille adoptive de la reine Hortense, elle-même fille de Joséphine Tascher de la Pagerie, première femme de Napoléon. Son titre de parent place le grand-maître de la maison de l'Impératrice parmi les exécuteurs testamentaires. Il se rend à Bade et assiste à l'inventaire, — lorsque parmi les bijoux on trouve une petite boîte contenant un simple anneau d'or, accompagné d'une note écrite par la grande-duchesse elle-même, il y a une trentaine d'années. Cette note constate qu'un bijoutier de Munich est venu trouver Son Altesse pour lui soumettre un anneau dans lequel se trouvait le nom de Tascher de la Pagerie, et qu'il supposait ainsi avoir appartenu à l'Impératrice Joséphine. L'examen rectifia l'erreur. Le bijoutier déçu raconta alors que cette bague, trouvée ou volée par un soldat, lui avait été offerte pour quelques florins, et qu'il l'avait achetée pensant qu'elle serait de quelque intérêt pour Son Altesse Royale. Celle-ci avait récompensé le bijoutier de sa bonne intention et gardé l'anneau, auquel elle avait joint l'explication qui précède. La duchesse Hamilton, fille de la grande-duchesse Stéphanie de Bade, s'empressa d'offrir à M. de Tascher l'alliance si étrangement retrouvée, et celui-ci la garda secrètement pour son jubilé. Telle est l'histoire d'un grand chagrin, d'un grand hasard et d'une grande surprise.

# ALPHONSE KARR



On nous écrivit :

*Monsieur, vous devez connaître M. Alphonse Karr.*
*Pourriez-vous me dire pourquoi il a intitulé* VENDREDI
SOIR *un volume de nouvelles que je viens de lire, et dans*
*lesquelles ce titre bizarre n'est nullement justifié?*

Réponse.
Que de titres, non-seulement pour les volumes,
mais aussi pour les hommes, ne sont pas mieux
justifiés !

Mais le gouvernement n'a pas jugé utile de créer
une *commission du sceau* pour les noms des œuvres,
comme il l'a fait pour les gens. L'impunité reste donc
acquise à ce qui s'habille en veau doré, maroquin,

toile gaufrée ou simple papier marbré, ondé, jaspé. Pourtant, dans le cas mentionné, il nous est, par hasard, possible de dresser l'état-civil du volume susdit, et voilà le mot de l'énigme; c'est une petite anecdote.

Un jour, — il y a vingt et quelques années de cela, — nous venions d'entrer en littérature, et déjà M. Alphonse Karr était presque célèbre par la publication de *Sous les Tilleuls* (1832), de *Une heure trop tard* (1833), et de *Fa dièze* (1834), — un jour, disons-nous (et ce qui complique la date, c'était un jour de carnaval), nous entrons chez Alphonse Karr dans l'espèce d'atelier qu'il occupait alors au *septième* étage, au fond de la cour du n° 8 de la rue Vivienne. Il était triste, soucieux; les gambades de son chien *Freyschütz* l'agaçaient au lieu de le charmer. Il avait beau regarder le ciel, dont il était voisin, à travers les carreaux jaunes et violets de sa fenêtre, il semblait voir tout en noir.

—Qu'est-ce que vous avez?

—Demandez-moi plutôt ce que je n'ai pas... alors je vous répondrai : 300 francs qu'il me faut pour ce soir !

Trois cents francs étaient alors une somme respectable pour un homme de lettres, et si respectable même, dirai-je, qu'on ne la touchait guère !

—Et pourquoi faire 300 francs ?

—Pour un billet...

—Doux?

—Au contraire! un billet que j'ai fait. Que ne puis-je aussi aisément faire des billets de banque !

—Et alors ce billet a fini par échoir..., une circonstance qu'on ne prévoit jamais quand on le souscrit!

—Comme vous dites. Aujourd'hui on s'est présenté armé de ce billet. L'homme était furieux d'avoir dû monter si haut, et si inutilement! Demain viendra l'huissier — qui sera encore plus furieux de monter non moins haut,—qui me dira des choses blessantes, ce qui me mettra en colère et me portera, si *Freyschütz* ne le dévore pas un peu, à faire descendre cet huissier plus vite qu'il ne sera monté... par là, sur ce balcon !

—Diable, mais c'est une dangereuse monnaie que vous préparez là !

—Je n'en ai pas d'autre !

— Voyons, voyons, cherchons un peu !

—Dans mes poches? dans mes tiroirs? rien !

—Non!... dans notre imagination.

—Et notez que je suis d'autant plus furieux d'être aujourd'hui *sans or* (c'était son mot) que voilà le dimanche gras, et que j'ai laissé croire à cette petite marchande de gants d'en face que je lui promettais de la mener au bal des Variétés, ce à quoi elle a ajouté sans façon un souper truffé tout aussi impossible que le bal ou le payement du billet de mon tailleur Schmitz ! Vous voyez que la perspective actuelle est

loin des couleurs du prisme et de la nacre de perles !
Quel capitaliste m'avancerait trois cents francs sur
*le Chemin le plus court*, un roman qu'à cette heure
j'imagine ?

—Une idée ! ce serait justement *le chemin le plus
court* pour payer votre Schmitz et aller au bal avec
la petite voisine !

—Diable ! vous êtes modeste de n'appeler cela
qu'une idée ! C'est un trait de génie !

—Voyons, ne plaisantons pas. Vous avez publié
çà et là des nouvelles, dans la *Revue de Paris*, dans
*l'Europe littéraire*, dans *l'Artiste*...

—Oui...

—Pensez-vous que tout cela réuni formerait bien
un volume ?

—Avec de grandes marges, des titres et des queues
de chapitres, une dédicace, une préface, des épigra-
phes et une table... oui !

—Eh bien ! habillez-vous.

—Pourquoi faire ?

—Pour aller trouver Hippolyte Souverain !

—Votre éditeur... et après ?

—Pour lui vendre ce volume de nouvelles !

—Comment, vous croyez qu'on pourrait lui
fourrer...

—J'en suis presque sûr ! Votre nom manque à
ses catologues ; je crois qu'il serait enchanté de vous
y imprimer sur son papier jaune !

— Dame, si vous croyez cela, allons!

Nous arrivâmes rue des Beaux-Arts, où demeurait Hippolyte Souverain, éditeur alors en vogue. Mais il était déjà tard, et notre homme absent. On nous dit qu'il dînait dans un restaurant qu'on nous désigna : nous courûmes à ce restaurant. La providence espérée était en effet attablée là sous les traits d'un petit homme barbu et narquois. Je lui exposai l'*affaire*.....

—Nous verrons cela plus tard ! — dit-il.

—Plus tard il sera trop tard, et justement Karr a fait un roman là-dessus. Il faut donc que ce soit vu tout de suite !

—Quoi, tant d'impétuosité?

—Oui, et si cela ne vous convient pas, nous allons de cette même impétuosité chez Gosselin....

—Mais enfin,—exclama l'habile commerçant, qui devenait un fort brave garçon dès qu'il avait quitté son hargneux bureau,—je ne sais pas au juste ce que vous voulez me faire acheter ainsi, entre ma poire et mon fromage !

—C'est bien simple ! on va demander une feuille de papier et Karr écrira dessus :

*Je cède en propriété pour cinq ans, à M. Hyppolyte Souverain, les nouvelles intitulées... de telle et telle façon, publiées... dans tels et tels journaux, avec le droit facultatif ou absolu de les réunir et de les publier en volume, et cela moyennant la somme de 500 fr. que j'ai touchée comptant....*

—Ta! ta! ta!... comptant? pas du tout! en un billet, peut-être...

—Mais c'est précisément pour payer un billet qu'Alphonse Karr s'est décidé à consentir... sur mes vives instrnces...

—Je ne paye au comptant que mes billets échus!

—C'est précisément ce que je voudrais faire aussi! —dit Karr.

—J'en suis édifié, mais il m'est impossible...

—Alors, puisque ça ne vous va pas, nous allons trouver Gosselin... Charles Gosselin... qui a édité *Sous les Tilleuls,* qui en a fait trois éditions et qui sera enchanté...

—Mais enfin je n'ai pas les 300 francs sur moi!

—Nous disons 500... on ira chez vous les querir! — dit Karr.

—Diable! vous me pressez par trop... je voudrais pourtant bien voir ce qu'il s'agit d'acheter... lire un peu...

—Les jours gras s'envolent... nous n'avons pas le temps d'attendre le carême... il y a ce diable de billet... il y a une diablesse qui veut aller demain au bal, puis souper... Si vous ne voulez pas conclure l'affaire, nous courrons non-seulement chez Gosselin, mais aussi chez Abel Ledoux qui a édité *Fa Dièze...*

—Eh bien! laissez-moi prendre ma demi-tasse... et ensuite... Vous dites 400 francs, n'est-ce pas?

—Non, on a toujours dit 500 !

Une demi-heure après, nous étions rue des Beaux-Arts, dans ce petit entre-sol que Frédéric Soulié, Alphonse Brot, Paul de Kock, Fulgence Girard, Émile Souvestre et bien d'autres écrivains connaissent bien,—pour y avoir beaucoup espéré et infiniment attendu,—et où de Balzac devait bientôt venir à son tour passer de longues heures de comique éloquence pour faire éditer tout son *Saint-Aubinage!* On rédigea l'écrit.

—Nous disons 450 francs..., murmura Hippolyte Souverain.

—Non, 500 ! On aurait dû vous en demander 600... et même 700... mais enfin !

—Mon billet à trois mois !

—Mais il est sept heures... Où diable trouver un escompteur ce soir pour convertir votre papier en métal ?

—En ce cas, demain...

—En ce cas, chez Gosselin... chez Ledoux, tout de suite !

—Oui, allons! — dit Karr impatienté.

Et nous nous levâmes.

Comme la porte allait se refermer sur notre doute de trouver quelque autre éditeur prêt à conclure si lestement, Souverain murmura :

—Il y aurait peut-être un moyen d'arranger l'affaire...

—Lequel! — nous écriâmes-nous à l'unisson en faisant une volte-face toute militaire.

—Ce serait..., mon billet fait, de...de... l'escompter moi-même !

—Accepté! — s'écria Karr.—Ouf! enfin!!

Hippolyte Souverain fit ses calculs... Trois mois d'intérêt à 6 pour 100 l'an, c'était tant... tant en plus pour la commission... total, tant...

—Vous ne portez pas aussi en compte votre dîner? —dit Karr.

Souverain rit,—mais paya. D'une rigide exactitude dans ses échéances, celui qui est bientôt devenu un éditeur célèbre,—puis un demi-millionnaire,'—s'efforçait de réduire le plus que possible les obligations qu'il contractait, parce qu'il était dans l'habitude de les tenir. Du reste, il devait gagner mille écus avec ce mince volume !

L'argent enfin empoché, Karr eut hâte de fuir, dans la crainte de quelque nouvelle objection. Nous étions déjà dans l'escalier; Souverain avait refermé sa porte... Il la rouvrit tout à coup.

—Ah! mon Dieu! — exclama Karr en se jetant dans un angle obscur de l'escalier;—faisons semblant d'être déjà dans la rue... ne répondons pas s'il appelle !

Nous fîmes les morts.

—A propos! — cria Souverain,— quel titre donnerons-nous au volume ?

Karr soulagé répondit :

—Celui du moment actuel : *Vendredi soir* !

On trouvait ce curieux avis dans la nouvelle série de *Guêpes* que M. Alphonse Karr envoyait au *Courrier du Dimanche* :

« Tracez une ligne de 40 centimètres : dessinez un rond dont cette ligne soit le diamètre, et représentez-vous ce que sont les bouquets de violettes de Parme que j'envoie pour vingt-cinq francs (caisse, emballage et port payés) à toute personne qui me fait l'honneur de les demander par lettre à *M. Alphonse Karr, jardinier*, à Nice (Alpes-Maritimes). »

# GUIZOT



Dans un salon qui préparait ses housses d'été, et où l'on versait un thé *in extremis*, un homme qui a joué un très-grand rôle pendant une dizaine d'années, interrogé sur divers événements européens dont l'importance politique passe par-dessus nos pages, exprimait sincèrement son opinion, écoutée avec autant d'attention que de respect. Il termina par quelques mots tristes et amers qui trahissaient la lassitude, les déceptions. Et comme il s'était assis auprès d'une femme qui a été fort belle, et qui est bien connue des hauts salons parisiens pour unir un cœur excellent à beaucoup d'esprit, celle-ci dit au personnage :

— Vous paraissez bien las, bien déçu... qu'avez-vous? que désirez-vous? Vous avez occupé l'Europe pendant plusieurs années, vous avez imposé votre nom à l'histoire; vous avez dirigé des événements, vous avez conduit les hommes, vous êtes illustre et honoré dans votre retraite que signalent les plus nobles travaux... Vous n'avez donc rien à envier à personne! Pourquoi cette tristesse, cette hypocondrie? Êtes-vous malade?

— Madame, vous qui savez si bien où est la fontaine de Jouvence... pourriez-vous me dire où est le fleuve du Léthé?

— Quoi, vous voulez oublier!

— Oui, j'ai l'esprit chargé, je voudrais arracher mille pages du livre de ma vie toutes remplies qu'elles sont des autres, et si peu de mon propre bonheur.

— Eh quoi! vous n'êtes pas satisfait de votre carrière, du lot magnifique que Dieu vous a fait?

— Si j'avais à recommencer la vie, — dit-il (nous devons noter que nous tenons l'aveu qui suit de celle même qui eut l'honneur de le recevoir), — et qu'il me fût libre de choisir mon lot, je voudrais être :

Un homme sans devoirs politiques ou sociaux, sans responsabilité que celle de sa propre conduite ; — sans trop de parents ni d'amis ; — sans trop de passions ni d'esprit ; — simplement doué de beaucoup de bon sens ; — n'ayant point de nerfs, mais un bon estomac et un peu d'égoïsme ; — n'ayant d'ambition

aucune,—appuyé sur une modeste mais solide indépendance matérielle : par exemple, une trentaine de
mille livres de rentes hypothéquées sur trois ou
quatre immeubles du boulevard à Paris ou de *Regent'-
street* à Londres,—et pouvant ainsi se poser en spec-
tateur désintéressé, loyal, éclectique des temps présents !

— Ainsi, dit la dame, tel serait votre rêve, votre
*desideratum ?*

— Je n'en aurais pas d'autre que de regarder les
autres s'agiter. Quant à l'illustration , la gloire...
heu !—fit le personnage en secouant la tête.

M. Guizot n'en est arrivé là qu'après avoir tout vu,
tout connu, tout traversé. Il est des hommes plus
heureux peut-être , qui débutent par où il finit.
Vous connaissez, par exemple, cet abbé Dangeau,
académicien et grammairien, frère du fameux marquis, l'historiographe de la cour ? Celui-là vivait enfoui dans son heureuse grammaire. Un jour, on l'entretient de graves événements politiques, c'était au
temps du système de Law :

« — Ma foi, arrive ce qui voudra ! — s'écrie-t-il, —
j'ai dans mon portefeuille 2,000 verbes complète-
ment conjugués ! »

---

On veut des romans ; que ne regarde-t-on de près
l'histoire ! Là aussi on trouverait la vie humaine, la

vie intime, avec ses scènes les plus variées et les plus dramatiques, le cœur humain avec ses passions les plus vives comme les plus douces, et, de plus, un charme souverain : le charme de la réalité. J'admire et je goûte autant que personne l'imagination, ce pouvoir créateur qui du néant tire des êtres, les anime, les colore et les fait revivre devant nous, déployant toutes les richesses de l'âme à travers les vicissitudes de la destinée. Mais les êtres qui ont réellement vécu, qui ont effectivement ressenti ces coups du sort, ces passions, ces joies et ces douleurs dont le spectacle a sur nous tant d'empire, ceux-là, quand je les vois de près et dans l'intimité, m'attirent et me retiennent encore plus puissamment que les plus parfaites œuvres poétiques ou romanesques. La création vivante, cette œuvre de Dieu, quand elle se montre sous ses traits divins, est plus belle que toutes les créations humaines, et de tous les poëtes Dieu est le plus grand...

Je suppose que, en achevant de lire ce paragraphe *sans guillemets*, on aura trouvé que l'auteur s'élevait plus haut que de coutume? C'est que ces phrases ne sont pas de lui,—mais bien de M. Guizot.

Vous les trouverez en leur magnificence et leur simplicité, dans un récit au titre romanesque, au fond historique, que l'illustre homme d'État a intitulé : *l'Amour dans le mariage*, récit qui n'est pas nouveau, mais qui nous est tombé récemment sous la main,

et que nous vous conseillons de lire, si vous aimez
le sérieux plein de charme, la réalité parée des agré-
ments de la fiction, l'histoire enfin colorée comme un
roman.

C'est la vie de deux êtres réels qui ont aimé, qui
ont souffert; la vie conjugale d'un grand seigneur
anglais, douce et limpide d'abord, puis traversée d'un
accablant orage, des foudres imprévues de l'adversité,—l'histoire enfin, si l'on peut dire, *familiarisée*,
de lord et lady Russell, les aïeux du ministre anglais
d'hier, promu avec beaucoup de retentissement des
Communes à la pairie.

Lady Russell était d'origine française, sa mère
était une Ruvigny. Elle passa obscurément quinze
ans dans un premier mariage avec lord Waghan,
qu'elle perdit ayant déjà trente-trois ans. Son choix
se porta alors sur lord William Russell, un des chefs
les plus ardents de l'opposition sous Charles II, qui
prit part à des complots à main armée, fut saisi, jeté
à la tour de Londres, condamné à mort et exécuté. C'est
l'histoire des premières félicités domestiques, des
délices d'un amour partagé suivies des foudroiements
d'une séparation tragique que M. Guizot a peinte
avec le charme et la puissance d'un cœur ému et d'un
génie inspiré. Là où le grave historien des *Révolutions
d'Angleterre*, dans un moment de fantaisie et d'attendrissement, n'a pas voulu recueillir ou cueillir qu'un
romanesque récit, d'autres pourraient trouver tout

un drame poignant et véritablement historique... si la *mode* en revenait.

M. Guizot est parti au printemps de 1860 pour le Val-Richer, fort chagrin d'être contraint de quitter l'hôtel, ou plutôt la maison que depuis environ vingt-cinq ans il habitait au numéro 8 de la rue de la Ville-Lévêque. Cette demeure se trouvait comprise dans le percement du nouveau boulevard Malesherbes, et les percements, pas plus que les boulets, ne respectent rien ! La Ville n'a pas traité l'éminent historien, homme d'État illustre, — et sorti aussi pauvre des affaires qu'il y était entré, — comme elle eût traité un particulier quelconque, se défendant à coups d'experts contre les préjudices que lui portent les embellissements de la cité. M. Guizot lui-même eût répugné à ces débats d'expertise, et l'autorité l'a compris. Une somme de trois cent mille francs a donc été arrêtée à l'amiable pour l'expropriation de cette demeure célèbre, et l'auteur de l'*Histoire de la révolution d'Angleterre* a loué, rue du Faubourg-Saint-Honoré, un modeste appartement situé presque en face de l'ambassade d'Angleterre... comme si le hasard voulait lui rappeler qu'il occupa longtemps le palais des ambassadeurs de France à Londres !

M. Guizot fut fort préoccupé du transport de sa bibliothèque, qui est immense (30,000 volumes environ), et qui exigerait plus de logement que lui-même.

Il avait été un moment question de tout transporter au Val-Richer, où l'illustre écrivain voulait se fixer à tout jamais! Mais sur les instances de ses filles : les deux comtesses de Witt, et de son fils l'écrivain, l'ancien président du conseil a consenti à passer annuellement quelques mois d'hiver à Paris.—La retraite absolue de M. Guizot eût été une perte irréparable pour les trois ou quatre salons intimes et sérieux où, en dehors des soirs où il reçoit lui-même, ses respectueux amis sont heureux de le rencontrer.

# LAUTOUR-MÉZERAI

L'HOMME AU CAMELLIA.

Il est mort, en 1862, à Argentan (Orne), chez son frère, qui le soignait avec tendresse depuis deux ans, un homme dont le nom avait acquis une sorte de célébrité, ou tout au moins de notoriété parisienne, avant d'aller figurer dans les *Annuaires* officiels de l'État. M. Lautour-Mézerai, homme de lettres, ancien fondateur du premier journal conçu pour les enfants, longtemps connu à Paris sous le nom de : l'*Homme au camellia,*—et, après 1848, d'abord sous-préfet dans le Midi, puis enfin préfet d'Alger, a succombé à une de ces terribles affections du système nerveux qui frappent l'intelligence avant de briser le corps, et dont sont morts beaucoup d'hommes regrettables, parmi lesquels il suffit de rappeler Hippolyte Royer-

Collard, l'ancien journaliste, depuis consul, Loëwe-Weimar—et Donizetti...

M. Lautour-Mézerai appartenait à cette intelligente et active génération qui apparut après 1830 dans les affaires et dans la publicité, et qui compta Romieu, —un préfet aussi celui-là,—parmi ses physionomies les plus originales. Il semble que les goûts sociaux du pays se fussent alors modifiés comme se rénovait sa littérature; et pendant que Victor Hugo révolutionnait le théâtre,—de Vigny, le roman,—Émile de Girardin, le journalisme, — Alfred de Musset, la poésie,—Eugène Delacroix, la peinture,—Frédérick-Lemaître et madame Dorval, l'art du théâtre, — Sainte-Beuve, la critique, — Léon Gozlan et Henri Delatouche, la littérature des revues,—et le docteur Véron, le grand Opéra; pendant, disons-nous, que ces génies, ces esprits, ces novateurs et ces activités donnaient un élan nouveau à une société nouvelle,— dans un ordre plus secondaire, une foule d'hommes ingénieux, habiles, et, disons tout, avides, transformaient le goût du public et changeaient les vieux et monotones éléments de ses appétits intellectuels. Victor Bohain lançait une foule d'entreprises de littérature commerciale,—Ladvocat entreprenait ses audacieuses éditions des morts encore à la mode, et des vivants les plus bruyants, — Nestor Roqueplan créait le *Figaro* politique—et Lautour-Mézerai inventait le journalisme des enfants.

Pour six francs par an, je crois, des milliers de petits bonshommes reçurent à domicile un cahier bleu et mensuel, portant sur sa bande leur nom individuel : *Alfred, Paul* ou *Oscar*, ce qui mit leur joie et leur orgueil au comble, en les assimilant aux papas abonnés à la *Gazette de France* ou au *Journal des Débats*. Ce fut là, on peut le dire, la première et burlesque cause de fortune, bien observée, bien prévue de la part du fondateur de ce petit journal, qui amusait beaucoup et instruisait un peu, par l'habileté avec laquelle diverses plumes supérieures consentirent à se prêter aux idées et à la spéculation de Lautour. La collection du journal, de ce premier *Journal des Enfants*, si elle existait quelque part, serait assurément fort curieuse à feuilleter aujourd'hui. On y trouverait, baissant, pour ainsi dire, sans l'abaisser, leur plume au niveau de ces petites intelligences, — comme on se penche pour embrasser un enfant, — les noms déjà célèbres de plusieurs des gloires de la littérature actuelle. Ce fut la hardiesse et le talent du fondateur, que d'avoir su grouper, dans des sommaires attractifs, divertissants et moraux tout à la fois, des hommes tels que Émile Souvestre, le bibliophile Jacob, Léon Gozlan, Eugène Sue, Charles Nodier, et les *authoress* encore ou déjà en vogue : mesdames Desbordes-Valmore, Virginie Ancelot, duchesse d'Abrantès, Amable Tastu, etc.

Le succès fut énorme, et une foule de gens rem-

placèrent l'éternel sac de bonbons du premier de l'an
par une quittance d'abonnement écrite au nom du
bambin. On parlait de soixante mille souscripteurs;
—M. Lautour-Mézerai gagnait 100,000 francs par an !

Nous ne suivrons pas l'ex-préfet d'Alger dans les
diverses phases de son entreprise, ni dans les luttes
qu'il eut à soutenir en présence des concurrences
que fit naturellement naître ce grand succès d'une
idée neuve. Lorsque l'éparpillement de la matière
abonnable (de six à douze ans) eut recueilli tous les
avantages de l'idée première, Lautour-Mézerai se
retourna d'un autre côté et fonda un *journal d'agriculture,* lequel obtint aussi un grand succès, — plus
tard imité et affaibli par l'inévitable concurrence que
provoque toute réussite, même celle de la galette ! Ce
fut alors qu'il arbora avec obstination à la boutonnière,—où devaient plus tard se presser les couleurs
des ordres décernés au fonctionnaire, — ce fameux,
cet éternel *camellia,* fleur plus rare alors qu'elle ne
l'est de nos jours, et qui lui valut le surnom que l'on
sait. Habitué ponctuel du grand Opéra, que son ami
Véron dirigeait alors avec un si grand éclat pour l'art
et un si beau succès d'argent, Lautour-Mézerai, beau
cavalier, grand et mince, d'allures distinguées, et
toujours excessivement soigné de tenue, se manifés-
tait au balcon, — car il y avait alors un balcon à

l'Opéra,— et tous les yeux des femmes envieuses se portaient sur la fleur vive et fraîche qui, en toute saison, éclatait sur la poitrine du dandy, coûtant chaque soir cinq francs pour son renouvellement obstiné. On dit que, maintes fois sollicité d'en faire don à quelque corsage, à quelque coiffure, à quelque main élégante, Lautour se montrait implacable et farouche dans ses refus : c'était comme son talisman, — et il croyait que, s'il était rentré le soir chez lui sans son camellia, l'apoplexie, le tonnerre, que sais-je ? l'aurait foudroyé dans la nuit.

———

Il mena pendant de longues et actives années cette vie brillante et habilement entendue, — des affaires matinales et des plaisirs du soir, — qui réunissait alors dans les mêmes restaurants de choix, dans les mêmes foyers, dans les mêmes coulisses et dans quelques salons exclusivement littéraires (celui de madame Sophie Gay, la mère de madame de Girardin, entre autres), une foule d'hommes d'esprit et de fécondes ressources : Roger de Beauvoir, Loëve-Weimar, de Balzac, Mallac, Alphonse Royer, de Custines, Léon Gozlan, Eugène Sue, Gilbert de Voisins, Romieu, Malitourne, Nestor Roqueplan et bien d'autres, qui tous ont ou auraient aujourd'hui la cinquantaine... au moins ! Ces hommes, tous jeunes alors, représentaient la franc-maçonnerie de l'esprit

et de l'amitié, et ils s'entre-aidaient avec un dévouement qui donna sans doute à M. Scribe l'idée de cette
piquante et satirique comédie pour laquelle il a
forgé un mot nouveau : *la Camaraderie.* Sans cette
camaraderie, dont bien des membres échappent au
courant de notre plume, ni Bohain, ni Romieu, ni
Lautour, n'eussent assurément été préfets ! Ce dernier
le fut de la façon de son ami Véron, alors pour la
première fois tout-puissant directeur du *Constitutionnel,* et fort écouté sous la présidence. Il demanda
Alger pour le sous-préfet Lautour, — et Alger vit
l'homme pour la première fois séparé de son camellia !

D'abord la fleur avait perdu beaucoup de son
attrait : la rareté. Et puis le fonctionnaire s'était depuis
quelques années retourné de l'horticulture vers
l'agriculture. Il y avait acquis de sérieuses connaissances, et ses fonctions africaines devaient en voir
d'heureuses applications. Il s'était surtout voué au
développement de la culture du tabac — et du coton.
Il a, en ce sens, rendu de véritables services à notre
colonie méditerranéenne, et si la partie purement
administrative fut parfois trop abandonnée par lui aux
bureaux, ses tournées dans la province, ses créations
de comices et d'expositions, les prix qu'il fonda,
l'émulation qu'il sut enfin susciter dans la colonie,
compteront assurément parmi les services réels rendus au pays par le fonctionnaire qui aimait à s'en-

tendre appeler : *le préfet-laboureur*. On voit que dans ces dernières années nous étions loin de ce galant camellia du balcon de l'Opéra, une originalité peu sérieuse qu'avait fini par remplacer à la boutonnière de M. Lautour-Méserai la rosette de pourpre des officiers de la Légion d'honneur.

Le climat algérien avait peu à peu miné une santé qui ne s'était sans doute pas assez épargnée dans la jeunesse. Depuis quelques années, Lautour était fréquemment contraint à demander des congés qu'il employait à parcourir les eaux réputées d'Allemagne et à se faire soigner à Paris. En 1852, menacé dans son existence par une grave affection calculeuse, il ne s'en était guéri qu'en subissant une difficile opération dans laquelle réussit admirablement le célèbre docteur Ch. Phillips (déjà nommé dans ce volume), qui le sauva et le rendit pour quelques années à ses hautes fonctions.

Mais Lautour sentait que la vie algérienne le minait, le tuait. Aussi rêvait-il un siége au conseil d'État, et le demandait-il avec instance. Peut-être les dernières années de son administration, signalées par quelques bizarreries nées du mal sous lequel il devait succomber, rendirent-elles d'une réalisation impossible les espérances sur lesquelles il fondait son retour définitif à Paris. Il fallut éloigner de ses fonctions multiples le préfet également frappé et d'esprit et de corps. Il obtint d'abord un congé de convalescence, qui fut converti en retraite définitive lors de la création du ministère de l'Algérie. Depuis son retour, Lautour-Mézerai n'avait guère été en état de paraître dans le monde. Sa dernière visite fut pour son constant protecteur et ami, le docteur Véron. Mais déjà on put prévoir que M. Lautour-Mézerai était perdu... L'intelligence commençait à abandonner un corps débile. Six mois après, tout était brisé.

# MARIE-ANTOINETTE



L'ENGOUEMENT ACTUEL.—SES PRÉTEXTES.—M. PAUL DELAROCHE.
LE SOULIER DE LA REINE TROUVÉ SOUS L'ÉCHAFAUD.
IL EST AU MUSÉE DES SOUVERAINS.


Depuis quelques années, Marie-Antoinette est à la mode.., si l'on peut employer un mot si futile à propos d'un nom si tristement solennel. On dit dans les salons que les sympathies qu'éprouve pour le sort et la mémoire de cette malheureuse reine une très-grande dame ont beaucoup contribué à cette réaction d'une longue indifférence, depuis peu d'années changée en une sorte de passion. Le fait est que cette illustre sympathie parcourt aujourd'hui conta-gieusement toutes les classes, et que la littérature historique surtout s'est mise, avec une généreuse ardeur, à venger cette douce et touchante mémoire de tant d'accusations haineuses entassées contre elle. Quelle existence aussi que celle de cette reine dont l'image nous apparaît d'abord au milieu de ces fraîches et pimpantes bergerades de Trianon, — unissant tout ce qui charme et séduit, l'art, la poésie, le plaisir, la bienfaisance, — et qui disparaît tout à coup au milieu du nuage sanglant où elle se redresse si noble et si grande!

Cette situation actuelle de l'opinion indiquée à propos de Marie-Antoinette, mentionnons quelques menus faits qui relèvent des particularités ou de l'anecdote.

Mais disons tout d'abord que M. Paul Delaroche, en faisant plusieurs fois revivre cette touchante ou sanglante image, dans les mélodramatiques compositions de son laborieux pinceau, a pris sa large part dans ce réveil de l'attention sur l'illustre victime dont la mémoire fut comme haineusement étouffée jusque vers 1830. Dans son dernier tableau toutefois, où il peint Marie-Antoinette prête à marcher à la mort, plus d'une sentimentalité choquée lui a reproché l'aspect dur, la physionomie presque antipathique donnée à son héroïne, brusquement devenue celle de bien des cœurs. Ceux qui recherchent la vérité historique plus que les aimables fictions légendaires savent bien que M. Paul Delaroche, dans cette œuvre extrême, n'a pas tout dit, — ou plutôt n'a pas tout peint...

Il est de fait que Marie-Antoinette avait la vue très-délicate et qu'elle portait constamment des verres pendus à son cou. L'humidité du cachot où elle avait été reléguée à la Conciergerie, dans les derniers jours de sa détention, c'est-à-dire après que Bault eut remplacé Richard comme concierge, lui avait fait perdre l'usage de l'un de ses yeux. Il est vrai que les ouvrages les plus accrédités qui ont parlé des derniers moments de la reine ne font point mention de ce détail, et plusieurs écrivains ont pensé qu'il n'est pas plus vrai que le récit de ce romancier (Lafont d'Ausonne), qui prétend que Marie-Antoinette était morte frappée d'apoplexie avant d'arriver à l'échafaud, que c'était son cadavre que les républicains y avaient porté ! Sans prétendre à poétiser et à dramatiser à contre-temps l'histoire, on peut se montrer moins affirmatif que les écrivains dont nous parlons, et nous avons sous les yeux une lettre autographe du commissaire de la commune, Matthieu, révolutionnaire trop connu, qui raconte l'exécution de l'illustre victime, et affirme *de visu* le fait par nous avancé. Il dit le mot dans toute sa crudité... Au moment de sa mort, Marie-Antoinette *était borgne.*

Revenons.

Ce fut donc bientôt, les peintres aidant sur les traces du grand artiste qui évoqua plus d'une fois les sanglants trépas de la royauté, ce fut, disons-nous, dans le commerce esclave du goût public, une résurrection générale de portraits,—depuis le bronze jusqu'à l'étain, depuis le biscuit jusqu'au plâtre,—s'étalant partout aux vitrines des marchands de curiosités et d'objets d'art. Et, comme la fantaisie se mêlait un peu trop à l'agrément de ces images, comme la plupart n'étaient pour les amateurs sérieux que des portraits d'*ordre composite*, on vit bientôt les peintures, dessins ou gravures *du temps* recherchés avec une ardeur extrême, et atteindre dans les ventes des prix qu'on qualifierait d'absurdes... si la reine guillotinée n'était brusquement devenue, pour une foule de convertis, l'objet d'une sorte de culte religieux. —C'est ainsi que, dans la salle Drouot, nous avons vu vendre de médiocres gravures de Littret, Lebeau, Hauer, Tassaert, etc., jusqu'à cent francs, ce prix étant doublé et triplé lorsqu'il s'agissait de ces portraits bien connus, imprimés en couleur par Bonnet. Il n'y a pas un mois, enfin, qu'un buste en biscuit de Sèvres, dimension d'étagère, brisé en deux ou trois morceaux (la tête détachée...), s'adjugeait à six cent vingt-cinq francs, disputé par cinq ou six amateurs, parmi lesquels n'étaient pourtant ni les frères de Goncourt,—ni M. Feuillet de Conches. Il est vrai que ce dernier a découvert, dans les catacombes du palais de Versailles, le plus admirable buste de la reine... Mais n'éveillons aucune convoitise qui ne saurait être satisfaite, ce trésor ne pouvant pas être

livré au commerce, réservé qu'il était, dans la résurrection qu'en fit la manufacture de Sèvres, à une
unique, à une impériale destination.

———

Enfin (ceci est l'anecdote promise), il circule en ce
moment, entre les mains d'un très-petit nombre
d'amateurs privilégiés par leurs relations, une photographie fort curieuse, qui représente un objet aujourd'hui classé au *Musée des Souverains*. Voici le fait
auquel il se rattache.

Lorsque, le 16 octobre 1793, la reine Marie-Antoinette venait de livrer aux passions révolutionnaires
la tête que Sanson montra à la populace, l'exécuteur,
descendant de l'échafaud, vit un soldat qui s'efforçait
de saisir deux enfants qui s'étaient cachés sous la
charpente. L'un de ces enfants avait trempé un linge
dans le sang de la reine... L'autre s'était emparé d'un
soulier échappé du pied de la victime, et qui avait
glissé de plate-forme du supplice jusque sur le sol.
Le premier fut saisi et conduit devant le comité de
sûreté générale, où son jeune âge put seul le soustraire à la mort. L'autre parvint à s'échapper—avec
l'objet de sa conquête !

La famille de cet enfant avait reçu des bienfaits de
la reine ; elle conserva ce soulier comme une relique,
Or, en 1860, le fils même de celui qui, tout enfant,
l'avait si audacieusement recueilli, alla trouver le

comte Horace de Viel-Castel, alors conservateur du *Musée des Souverains*, au Louvre. Il portait un sac de velours, dont il tira ce soulier, l'offrant à ces curieuses archives matérielles de notre histoire, sur lesquelles il y aura un jour à faire les plus curieux articles du monde.

———

Poursuivons.

Le grand-duc Constantin de Russie étant venu, l'année suivante visiter Paris, y réunit tout ce qu'il put trouver de relatif à la mémoire de Marie-Antoinette. C'est ainsi qu'il acquit la belle miniature de Dumont, représentant la reine entre ses deux enfants. Ce portrait, daté de l'époque la plus prestigieuse de la vie de Marie-Antoinette, fait aujourd'hui contraste, au palais de Pétersbourg, avec le dessin sinistre exécuté à la plume par David, l'un des juges de cette reine, lorsque, s'étant placé sur son passage, il traça le croquis de la charrette et de la royale condamnée qu'elle portait au supplice. Ce précieux dessin appartient aujourd'hui à la grande-duchesse Marie de Russie.

C'est enfin pour le grand-duc qu'une photographie du *soulier de la reine* fut prise sur l'original du *Musée des Souverains*. Il a vingt-deux centimètres de longueur. Cette longueur classerait plutôt le pied parmi les petits, vu la taille de la reine qui était élevée. Le talon, très-étroit, a trois centimètres et demi de haut.

L'étoffe est une soie noire, misérablement usée et rapiécée. Le bout est percé ; la bordure est en lambeaux. Tel qu'il est, ce soulier serait répudié au plus bas degré de la misère. La reine n'en avait pas d'autre.

———

Le principal locataire d'une grande maison du quai de Béthune, dans l'Isle, nous transmit la révélation d'une circonstance assez extraordinaire, au sujet du père d'un portier mort quelques jours auparavant et enterré sous son nom de—Jaquet.

Ce Jaquet s'était jadis confié à notre correspondant, en lui demandant un secret qui était bien plutôt une manie qu'une nécessité, au sujet du fait que voici :

En 1834, trépassa dans le faubourg Saint-Marceau, à Paris, le nommé Étienne Lasne, qui était concierge de la prison du Temple à l'époque où mourut le jeune Louis XVII. L'acte du décès, portant la date du 12 juin 1795, c'est-à-dire postérieur de quatre jours à la mort du captif, fut signé de ce Lasne et d'un employé appelé Rémy Bigot. Or Jaquet, le mort d'hier, qui a servi de témoin dans différents actes de ce temps (son nom se retrouve plusieurs fois dans les *Mémoires*), était le neveu du concierge du Temple, mort en 1834. Jaquet avait, à la veille de sa mort, atteint ses quatre-vingts ans.

Il figura, à côté d'Étienne Lasne, dans le fameux procès fait à l'un des faux Louis XVII, celui connu sous le sobriquet de *baron de Richemond*. Jaquet, introduit par le concierge, son oncle, dans la prison, rendit journellement de petits services au jeune prisonnier qu'on a longtemps appelé l'*Orphelin du Temple*. Il le connaissait si bien que, lorsque vinrent des doutes sur la mort du prince, et le soupçon d'une substitution possible pour faciliter une évasion (donnée sur laquelle se sont appuyés les divers prétendants, parmi lesquels l'horloger Naundorff fut assurément le plus étrange et le plus vraisemblable), Jaquet fut maintes fois requis, interrogé, confronté avec Lasne et Bigot, et ses attestations sur l'identité de l'illustre mort ne furent pas sans poids dans ces crises et ces contestations.

Depuis les graves événements auxquels il assista tout jeune, Jaquet resta en relations suivies avec diverses personnes qui eurent un rôle à jouer dans ces drames pleins de mystères. Nous citerons, entre autres, les docteurs Pelletan et Dumangin, appelés aux derniers jours de la maladie du royal captif que le document précité appelle « le fils de Capet, » et avec MM. Jeanroy et Lassus, qui furent chargés de l'autopsie. La personne qui nous offre ces détails assure que deux des susdits médecins aidaient constamment de leurs libéralités la détresse du vieux Jaquet, lui transmettant des sommes recueillies pour

lui parmi leurs riches et légitimistes clients du noble
faubourg. Jaquet avait conservé un petit mouchoir de
toile blanche qui avait appartenu au fils de Louis XVI,
et dont il n'a fait don que peu de temps avant sa
mort, à un prêtre inconnu, qui venait parfois le
visiter.

On sait que le cadavre du prince fut inhumé dans
le cimetière de la paroisse Sainte-Marguerite. Lorsqu'en 1815 on voulut procéder à son exhumation,
on convoqua toutes les personnes qui avaient pu
approcher Louis XVII et le connaître. Jaquet, cité par
le docteur Dumangin, assista à l'opération qu'il était
très-fier de raconter.

On ne trouva rien dans la fosse que d'informes
débris! Ce fut lui qui déclara et attesta que le corps
avait été enveloppé de chaux par ordre de ces mêmes
Simon et Hébert, ses bourreaux, qui l'avaient contraint à signer, au 5 octobre 1793, une accusation
outrageante contre sa mère Marie-Antoinette...

Jaquet a toujours protesté de sa complète conviction relative à l'identité du mort, et de son indignation contre les imposteurs plus ou moins habiles qui
ont cherché à abuser l'opinion publique, à égarer la
politique et à attendrir les vieilles douairières. Il
confirme ce fait dont ni les poëtes, ni les peintres
(M. Paul Delaroche entre autres), ne veulent point

tenir compte, ce qui se comprend bien ! à savoir :
que Marie-Antoinette était *borgne* lorsqu'elle subit
l'outrageant supplice. Jaquet fut celui qui démasqua,
il y a quelques années, un vieux régicide, comme
disent les uns, — un conventionnel enfin, — rongé
de vieillesse, de rhumatismes, de remords, et caché
dans une loge de portier au quartier de l'Odéon.
Lorsque cet homme mourut, Jaquet dit tout.

Bien que son rôle dans le drame du Temple n'eût
rien d'analogue, Jaquet désira rester obscur, et n'être
signalé au public qu'après sa mort. Il est donc servi
à souhait, car, pour le révéler, nous copions son nom
sur une épitaphe.

------

La lettre suivante nous fut adressée :

Vous avez plusieurs fois, monsieur, parlé avec
d'historiques sympathies de la reine Marie-Antoinette.
Vous avez souvent mentionné les ouvrages nouveaux
qui ajoutent des éclaircissements curieux aux faits déjà
connus, et en constatant que les souvenirs de cette malheureuse souveraine étaient *à la mode,* vous avez pris
soin de noter tout ce qui arrivait à votre connaissance
en fait de particularités de nature à ajouter une satisfaction à la curiosité des bons esprits.

Permettez-moi, monsieur, de vous offrir à ce titre
une page qui peut ne pas vous paraître indigne de figurer parmi les vôtres. C'est un portrait de Marie-Antoinette, tracé à la plume après tant de portraits peints et
enjolivés. Celui-ci, moins flatté, moins flatteur, doit

avoir le mérite de l'extrême ressemblance. Je suis fondé
à le déclarer tel par son origine même. Il a été écrit
par mon grand-père, le marquis de*** (Veuillez, je vous
prie, sauf le cas peu probable de contestation sur la
teneur de ce qui suit, garder ce nom lettres closes). Il
n'y a pas quinze jours que, dans un inventaire de papiers provenant du cabinet de mon père, ces lignes me
sont tombées sous les yeux, au milieu d'une espèce de
journal de cour rédigé par celui qui eut un emploi actif
auprès du roi Louis XVI. Sans autre préface, je vous
offre donc, monsieur, la transcription fidèle du morceau
en question, espérant qu'il vous semblera digne de
prendre place dans vos travaux.

« ...... Je n'ai jamais partagé l'opinion assez géné-
lement répandue sur la beauté de la reine. Elle avait ce
qui vaut mieux sur le trône que la beauté parfaite, elle
avait la figure d'une souveraine, et cela, même dans
les instants où elle cherchait le plus à ne paraître qu'une
jolie femme. Ses yeux n'étaient pas beaux, mais ils prenaient toutes les expressions : la bienveillance ou l'aver-
sion se peignaient aisément dans son regard, comme la
tendresse ou le mépris, la noblesse ou la familiarité. Je
ne suis pas sûr que son nez fût bien celui de son visage.
Sa bouche était décidément désagréable : cette lèvre
épaisse, avancée, parfois presque tombante, était citée
comme un signe noble et distinctif ; selon moi, elle
n'était propre qu'à exprimer la colère, l'indignation,
et ce n'est pas là l'expression ordinaire à la vraie
beauté.

« Sa peau était adimirable, ses épaules et son cou
l'étaient aussi ; ailleurs, trop d'abondance. La taille eût
pu être plus élégante ; je n'ai jamais vu de plus beaux
bras, ni d'aussi belles mains.

« Elle avait deux espèces de démarches : l'une ferme,
un peu pressée, et toujours noble ; l'autre plus molle

et plus balancée, je dirai presque caressante, mais n'inspirant pourtant pas l'oubli du respect. On n'a jamais fait la révérence avec tant de grâce, saluant dix personnes en se ployant en une seule fois, et donnant de la tête et du regard, à chacun ce qui lui revenait. En un mot, si je ne me trompe, comme on offre une *chaise* aux autres femmes, on aurait presque toujours voulu lui présenter un *trône!* »

Tel est, monsieur, ce portrait qui, vous le pouvez croire, a été tracé d'après nature, et mérite ainsi, par une exactitude que je dois garantir de la position et du caractère de mon aïeul, une prise en considération que pourrait ne pas mériter la plume même qui l'a tracé.

Veuillez agréer, etc.

Marquis ALB... DE ***.

# LOUIS LURINE

LA MORT DE SON FRÈRE.
IL PRÉDIT QU'IL MOURRA UN AN APRÈS, ET IL MEURT!
SA BIOGRAPHIE CORRIGÉE PAR LUI-MÊME.
CE QU'IL ÉTAIT ET CE QU'IL AURAIT DU ÊTRE.
LES RELIQUES DE L'AMITIÉ.
SON ÉLOGE DE BALZAC COURONNÉ PAR SES CONFRÈRES.

Un soir, on donnait au théâtre des Variétés une comédie dont le titre, arrêté depuis *deux ans* que l'œuvre se trouvait entre les mains du directeur, était : *Un Père terrible*. L'affiche de la première représentation portait pourtant celui de : *Monsieur Jules;* la raison de ce changement était toute de délicatesse, et on devait en savoir d'autant plus gré aux auteurs de la comédie : MM. Louis Lurine et Raymond Déslandes, que le titre par lequel ils avaient remplacé l'ancien était loin de valoir ce dernier, puisqu'il s'agissait, en effet, dans leur pièce, d'un *Père prodigue,* véritablement *terrible* aux siens. Mais, voulant bien oublier les droits que leur conférait une antériorité bien constatée de travail, les honorables auteurs avaient cédé à un généreux sentiment de confraternité, sachant que le Gymnase avait en répétition une pièce sous ce titre de *Père prodigue* : de là *Monsieur Jules.*

*Monsieur Jules,* le père prodigue, obtint un vif succès, car la pièce était excellente de conception, et charmante d'exécution, de détails. Les situations comiques y abondaient, et l'esprit y éclatait de toute part. Un des plus heureux spectateurs de l'œuvre était assurément le frère d'un des deux ingénieux auteurs, le frère aîné de M. Louis Lurine ! En sortant, il pressa joyeusement la main de Léon Gozlan, d'Albéric Second, la nôtre... et nous le chargeâmes de toutes nos félicitations pour son excellent frère—qui allait évidemment se faire concurrence à lui-même par son succès : puisque, *auteur* aux Variétés, il était *directeur* au Vaudeville.

Le lendemain matin, à onze heures, une servante accourt éperdûment au théâtre, pénètre dans le cabinet directorial, et, trouvant M. Louis Lurine à son bureau, lui dit brusquement, stupidement :

— Monsieur... votre frère est mort !

En effet, M. Lurine aîné était tombé sous la rupture d'un vaisseau du cœur, une heure auparavant, en mettant sa cravate...

L'écrivain aimait profondément son frère, le seul
parent qui lui restât. Aussi faillit-il être lui-même
foudroyé par la brutalité du coup! Si quelque chose
pouvait consoler dans de pareils malheurs, qui sont
parfois des désastres, ce serait assurément les élans
de sympathie dont le survivant est entouré. Ces sympathies ne manquèrent pas à M. Louis Lurine, et les
funérailles de son cher frère offraient par centaines
les hommes éminents ou distingués de toutes les
classes.

Un an après, il nous fallait écrire ce qui suit :

« La mort de Louis Lurine a été la profonde sensation de ces jours derniers, dans le monde des lettres
et des théâtres, — et surtout dans un groupe d'amis
qui formait, autour de cet homme si estimable et si
sympathique, une sorte de petit *bataillon sacré*, que
sa fatale disparition plonge dans un deuil du cœur
qu'il suffit de déclarer profond et durable, sans chercher de phrases.

« Il ne convient peut-être point de faire ici, pour le
public, ce qui ne serait un soulagement au chagrin
d'un ami de ce pauvre et cher mort que dans les
épanchements d'une correspondance intime. Aussi,
essayant de n'être ici qu'un journaliste qui accomplit
un touchant devoir de profession devant l'événement,
essayerons-nous de nous borner aux seules mentions

qui puissent intéresser le très-grand nombre des indifférents ou des curieux. .

« Une biographie de Louis Lurine !... Je l'ai là, sous la main, résumée en trente lignes *par lui-même,*— et voici en quelles circonstances. Nous rédigions *momentanément,* il y a quelques années, lui, Léon Gozlan et moi, un petit journal mondain : la *Chronique parisienne.* A cette époque parut le *Dictionnaire des Contemporains* de M. Vapereau. Il fut question de reproduire, en les rectifiant, les *Notices* qui concernaient nos amis, et des feuillets détachés du gros livre furent envoyés à un certain nombre d'écrivains et d'artistes, qui s'empressèrent de corriger la page qui les concernait. Mais bientôt nous renonçâmes à la *Chroniqae parisienne,* et les documents biographiques curieusement chargés de notes autographes de chaque individualité restèrent entre nos mains. C'est la feuille relative à notre pauvre ami qui va être reproduite ici, telle qu'elle résulte des ratures, corrections et adjonctions faites par lui-même en 1858. Nous prenons soin de *souligner les mots rectifiés ou substitués* sur la notice imprimée :

« **Lurine** (Louis), littérateur français, né en 1810 à Burgos, fut élevé à *Bordeaux ,* et embrassa de bonne heure la carrière des lettres. Il y débuta par une satire, *le Cauchemar politique,* écrivit quelques pièces de théâtre avec Jacques Arago, *Félix Solar et Ancelot, aborda la littérature des journaux, en* 1840, *donna* de nombreuses

nouvelles au *Siècle,* au *National* et au *Courrier français.*
Pendant plusieurs années, il attacha son nom à diverses
*publications littéraires,* telles que : *les Rues de Paris*
(1843, gr. in-8, fig.); — *les Environs de Paris* (1844, gr.
in-8, fig.) ; — *les Couvents* (1845, in-8, fig.) avec M. Alphonse Brot; — *les Prisons de Paris* (1845, in-8, fig.); —
et *la Police de Paris* (1847, in-8, fig.). — En 1848, il
devint rédacteur en chef de *la Séance,* journal politique,
et en 1853 de *la Comédie,* journal de *critique* et de *littérature.* Il a présidé la Société des gens de lettres; *il
est aujourd'hui vice-président de la Société des auteurs
dramatiques.*

« On a de M. Louis Lurine, à part sa collaboration à
des œuvres collectives : une *Histoire de Napoléon,*—une
*Histoire de M. de Lamartine,* — *la Vierge du travail,* —
*le Talisman du cœur,* — *le Treizième arrondissement*
(1850) ; — *Ici l'on aime* (1854); — *le Train de Bordeaux*
(1851), recueil de nouvelles; — *un Éloge de Balzac*
(1856).—*Depuis deux ou trois ans, il est revenu au théâtre,
et il a fait représenter, en collaboration avec M. Raymond
Deslandes, un grand nombre de pièces sur les principales
scènes.* »

Voici ce qu'offre la biographie des *faits* rectifiés par
le sujet lui-même, sans qu'il ait songé à y ajouter
un seul mot d'amour-propre, — pas même qu'il était
chevalier de la Légion d'honneur et de l'ordre espa-
gnol d'Isabelle la Catholique.

Si de ces faits on passe à l'appréciation, il faudra
dire que Louis Lurine était le *littérateur* dans l'accep-
tion la plus exquise du mot : c'est-à-dire l'élégance,

la distinction, la finesse, la recherche presque parfois
précieuse, — et l'esprit tel qu'il peut résulter d'une
certaine mélancolie jaillissant d'un cœur très-éprouvé
et très-sensible. Louis Lurine était arrivé à l'âge mûr
à travers toutes les difficultés et les souffrances d'une
carrière ingrate. L'aisance matérielle n'avait pas
répondu à ses travaux : ils ne lui avaient acquis que
l'estime des lecteurs délicats. Mais à cette estime pour
le talent s'ajoutait, chez tous ceux qui connaissaient
sa personne, celle due au caractère : car Louis Lurine
fut l'honnête homme dans la littéralité la plus rigou-
reuse du mot. Moins scrupuleux, il eût pu saisir plus
d'une de ces occasions de s'enrichir qui passent souvent à la portée d'un effort dans une vie ardente, au
sein de relations multiples. Mais soit insouciance, soit
scrupule, il ne s'efforça en rien de suivre les exem-
ples, ou même les incitations, que lui donnaient
quelques-uns de ses amis. Aussi pourrait-on presque
dire qu'il s'est longtemps complu dans une pauvreté
subie avec une sorte de coquetterie philosophique et
fière, — comme ces vieux hidalgos, dans la patrie
desquels il était né, qui se drapent si orgueilleuse-
ment dans le piètre manteau qui cache leur détresse !

Il eut pourtant les apparences d'une tardive aubaine. Un ami de jeunesse, de travail et de pauvreté

de Louis Lurine, — un moment enrichi par ce flux
de la fortune aveugle, qui reflue avec le même caprice
loin de ses favoris d'un jour, — lui confia la direction
difficile d'un théâtre endetté, déclassé, sans clientèle,
sans répertoire et sans troupe. Louis Lurine, très-ex-
pert en choses scéniques, mais surtout très et peut-
être *trop littéraire* pour devenir un *spéculateur* dégagé
de goût, fit appel à tous les noms qualifiés au théâtre
et en obtint des œuvres au milieu desquelles il chercha vainement ce qui s'appelle un *succès d'argent*. En
vain joua-t-il de grandes pièces d'Octave Feuillet,
d'Alphonse Karr, de Mario Uchard, de Scribe, de Dumas, d'Aug. Maquet, de Ponsard..., en vain trans-
porta-t-il sur son affiche les noms de Balzac et de
Mallefille..., le caprice public resta ailleurs ; — et, tandis que les *pièces à femmes*, ou de niaises féeries en-
caissaient le maximum possible de leurs recettes, le
Vaudeville impuissant, malgré le mérite incontestable
et l'attrait réel de divers de ces ouvrages signés des
noms sonores de la littérature, le Vaudeville, disons-
nous, se débattait autour du chiffre de ses frais, bien
que sa troupe régulière, qui offrait Fechter, Lafon-
taine, Félix, Parade, Brindeau, mesdames Doche et
Fargueil, sans compter plusieurs jeunes et charmantes actrices, fût passagèrement renforcée, pour certains rôles, d'artistes de grand renom empruntés à
d'autres scènes : tels que Lafont, madame Lau-
rent, etc.

27

Il n'est douteux pour aucun des amis de Louis Lurine que les chagrins de cette *déveine* n'aient motivé
les désordres organiques qui ont causé sa mort. Une
circonstance financière, qu'il a tristement été donné
à ses plus intimes amis de connaître, mais qu'il
n'appartient à personne de publier, vint précipiter
l'événement. Le pauvre Louis, mis à une épreuve
cruelle pour sa responsabilité présente et sa sécurité
à venir, se sentit frappé dans l'essence même de la
vie. Les gens de l'art interrogés sur la concordance
possible d'une secousse morale et de désordres physiques que ses amis pressentaient comme enchaînés
dans une solidarité navrante, confirmèrent ces douloureuses présomptions. Lurine avait été frappé...
Il lutta tant qu'il put pour se soutenir, mais, deux
mois après, il tombait et ne se relevait plus!

Que dire encore qui puisse intéresser le public, ou
le renseigner sur ce pauvre et cher mort? L'écrivain?
on le connaît parmi les délicats, les élégants, les
exquis. L'homme?... un autre que moi, qui a eu à la
fois, et jadis le bonheur et aujourd'hui le chagrin
de le connaître, longtemps et profondément, celui
qui se serait, aux jours extrêmes, épuisé en élans,
en sollicitudes, en fatigues, en affection maternelle,
si le cœur pouvait s'épuiser — comme une bourse

vulgaire qui ne renferme que telle ou telle somme,
— l'ami enfin que, dès le jour de sa fête, la Saint-
Louis, alors qu'il semblait encore plein de vie, Lurine, en écrivant son testament, nommait son exécuteur testamentaire, — Albéric Second, vous l'aviez
deviné, — a pris la plume comme moi, et mieux que
moi, pour vous raconter sur son ami, sur notre ami,
mille faits, mille traits qu'il était de son droit de faire
tendrement connaître. Mais ce qui n'est pas l'unique
privilége d'une longue commensalité, d'heureuses
collaborations littéraires ( *Voltaire à Ferney,* un des
succès durables au répertoire du Théâtre-Français),
d'une existence enfin si commune à tous deux, que
celui qui voyait l'un s'étonnait d'avoir à chercher
l'autre, c'est de constater quelle brillante carrière
Louis Lurine aurait parcourue s'il s'était, plutôt
que du côté des lettres ingrates, dirigé vers le
barreau ou vers la tribune ! Sur ce point, l'accord
est complet parmi tous ceux qui ont entendu le vice-
président, soit de la Commission des auteurs dramatiques, soit du Comité des gens de lettres : que
Lurine était un orateur de premier ordre. Les qualités les plus brillantes comme les plus solides formaient ce talent inné, sans rival dans la littérature
contemporaine, et qui a éclaté cent fois, à l'improviste, aux oreilles charmées, subjuguées et bientôt
immaîtrisablement ralliées à l'opinion, à la thèse, à
l'élan que ce rare esprit et ce bon cœur cherchait

à imprimer autour de lui, au profit des causes
loyales, généreüses, sensibles, utiles, ou entraîné
par le prestige de ce qui est beau, de ce qui est
grand. Car c'était là le pôle constant vers lequel se
tournait tonjours sa nature si délicatement aiman-
tée !

---

Et nous l'avons, un triste et pluvieux matin,
porté dans cette même terre où, un an auparavant,
nous l'avions accompagné lui-même, suivant le cercueil de son frère, le seul parent qu'il eût au monde !
Éperdu de chagrin, et pressentant déjà toutes les
difficultés de sa carrière directoriale, il le dit alors :
« Je mourrai dans un an, dans le même mois que
mon frère ! » Et il est mort le jour même que le mois
finissait...

C'est une consolation et une fierté pour ses amis,
que de voir quelles belles funérailles lui ont faites
l'estime et les regrets de la littérature et d'un grand
nombre de personnes du monde empressées à donner au mort le dernier témoignage de sympathique
douleur qu'il pût recevoir des vivants. Cette foule,
où se pressaient toutes les célébrités et toutes les
distinctions des lettres françaises, des fonctionnaires
de l'ordre élevé, des directeurs de tous les théâtres
de Paris, et un nombre considérable d'artistes des
deux sexes, a entendu avec recueillement la voix

éloquente et émue de MM. Félicien Mallefille et Frédéric Thomas, l'un parlant au nom de la Commission des auteurs dramatiques, l'autre au nom du Comité de la Société des gens de lettres de France. Et au retour, un des amis du pauvre Lurine, dont les qualités littéraires et privées venaient d'être si légitimement constatées par les deux orateurs, disait à son voisin :

—Vous vous le rappellerez... il y a un an, au convoi de son frère, en voyant la foule on se disait : il n'y aurait certainement pas autant de monde ici, si Louis Lurine n'était pas directeur !... Eh bien ! aujourd'hui la foule est plus imposante encore, et pourtant... le pauvre Louis Lurine n'est plus rien au monde !

Ainsi donc, l'intérêt, le calcul, l'hypocrisie n'avaient plus leur place à ces funérailles... et pourtant l'église entière n'avait pu contenir la foule pieusement accourue ! Ce fait n'est-il pas à lui seul toute une éloquente oraison funèbre ?

---

Quelques mois après cette mort si douloureuse, une petite scène qui émut quelques amis intimes de Louis Lurine se passa dans le modeste appartement que l'ancien directeur du Vaudeville habitait dans la rue Notre-Dame de Lorette. Un des commanditaires

de cette direction, dont l'insuccès matériel avait tué
cet homme de cœur, convoquait là les plus tendres
amis du mort : MM. Albéric Second, Raymond Deslandes, Édouard Martin, Félix Devina, et aussi votre
serviteur, pour leur partager par la voie du sort
quelques objets qu'il avait expressément acquis à
la vente du mobilier du pauvre Louis Lurine, vente
dont il avait été chargé comme liquidateur de la situation.

Ces quelques meubles, et ce qu'on peut à peine
appeler des *objets d'art*,—dont l'ensemble représentait
peut-être cinq cents francs, — étaient tout ce qu'avait
laissé de plus choisi celui que sa valeur morale
rendait une des individualités les plus estimables des
lettres françaises. Car il n'avait manqué à Louis Lurine que les circonstances (et... qui sait? un peu plus
d'initiative, d'esprit d'intrigue, disons tout!) pour
prendre dans le monde des affaires, ou dans les
régions officielles, une situation dont le rendaient
parfaitement digne son rare esprit, son grand bon
sens et son entraînante éloquence.

On a vu ailleurs que M. le docteur Véron avait, dans
l'espace de deux ans, offert 20,000 francs au Comité
des gens de lettres de France, pour fonder des prix.
Parmi les sujets mis au concours par un comité dont

faisaient partie, ainsi qu'on l'a vu, plusieurs membres de l'Académie française (MM. Sainte-Beuve, de Sacy, Legoüvé, de Pongerville, Mérimée, etc.), se trouvait un *éloge de Balzac*, proposé par le donateur Véron, Il arriva de Paris et de la province trente-deux morceaux, Le jury chargé d'en connaître (et ici encore figuraient plusieurs académiciens) ne trouva point un seul des envois digne du prix.—Le rapporteur, M. Louis Lurine, constata, dans un morceau profondément pensé et brillamment écrit, cette impuissance des concurrents écrasés par l'ampleur du sujet. Ce rapport signalait ce que les candidats au prix auraient pu faire, le point de vue où ils auraient dû se placer. Et tout en écrivant ce rapport, ce compte rendu, il se trouva que ce que les concurrents n'avaient pas fait... le rapporteur l'accomplissait de la façon la plus ingénieuse, la plus élégante, la plus délicate et la plus forte ! Ayant à prouver que nul n'avait mérité le prix, M. Louis Lurine montrait comment il eût fallu s'y prendre pour le conquérir...

Ce succès de l'éminent rapporteur, succès très-retentissant dans l'auditoire, et très-apprécié le lendemain dans les comptes rendus des journaux, frappa tous les collègues de M. Louis Lurine. La somme (1,500 francs) restait sans destination... la pensée vint spontanément à divers membres du Comité de la Société des gens de lettres, et à plusieurs académiciens formant le jury, de décerner le prix vacant —

au rapporteur même qui avait démontré l'impuissance dans cette espèce de procès-verbal de carence.

Un vote unanime de la commission consacra en fait la proposition provoquée de toutes parts, et que celui qui vous raconte aujourd'hui l'affaire fut chargé de formuler. Membre du jury des prix, notre cher et bien regretté Louis Lurine l'obtint aussi de ses confrères et collègues ! *L'obtint* n'est pas le mot, car le vote faillit se briser contre sa résistance à *l'accepter*. Mais la petite somme, qui était pourtant bien nécessaire à une détresse supportée avec un courage, une discrétion et une dignité rares, n'était véritablement que l'envers de la gloire de ce succès. A ses yeux, c'en était presque le revers. On lui força amicalement la main, non pas à prendre, mais à accepter. L'éclat du fait absorba le chiffre dans son rayonnement !

# LE COMTE JULES DE CASTELLANE



Le comte Jules de Castellane, si connu par ses goûts hospitaliers et un peu d'excentricité, est mort à Marseille, en 1861, à l'âge, plus avancé qu'on ne prévoyait peut-être, de quatre-vingt-deux ans.

Les Castellane, dont il était le chef actuel, furent des anciens barons féodaux de Provence, qui, après avoir chassé les Sarrasins du pays, prirent la souveraineté des domaines devenus le prix de leurs exploits. Les chartes des $x^e$ et $xi^e$ siècles les qualifient de princes en leur ville de Castellane, de laquelle relevaient trente-quatre paroisses. Leurs richesses et leur pouvoir excitèrent la jalousie du roi René, qui dicta cet adage devenu populaire dans le pays : *Dissolution des Castellane.*

Cette grande famille a fourni plus de cent dignitaires à l'ordre de Malte, et à l'Église deux archevêques d'Arles et huit évêques. Elle a compté un grand nombre d'officiers généraux. Le chef d'une de ses branches, celle de Novejean, fut dix ans maréchal de France, au commandement de Lyon.

Les Castellane se sont alliés aux d'Adhémar, aux Montpézat, aux d'Entrecasteaux, aux Monteil, aux Béranger, aux Blacas, aux Forbin, aux Forcalquier, aux Brancas, aux Glandevez, aux Pontevez, aux Barras, aux Rohan-Chabot, aux Sabran, aux Saulx-Tavannes, aux Villeneuve et aux Sévigné. Le gendre de la célèbre marquise, le comte de Grignan, était d'un rameau des Castellane.

Le comte Jules, qui fut longtemps le président de l'Athénée royal, avait épousé, en 1842, une des brillantes et belles personnes du grand monde parisien : mademoiselle Léonie de Villoutreys, à laquelle il laissa deux jeunes filles. Il possédait à Marseille le fameux château des Aygalades, opulente curiosité que désiraient visiter tous les voyageurs, et où il recevait avec empressement les amis de sa famille.

Son chalet de Cauterets et son hôtel de Bagnères de Bigorre témoignaient de son désir de descendre toujours *chez lui* dans les voyages utiles à sa santé. Les feuilletons et les chroniques ont souvent retenti des fêtes données par le comte Jules de Castellane dans cet hôtel du faubourg Saint-Honoré que le peuple

appelait la *Maison du mouleur*, à cause d'une sorte
de population de dieux et de déesses peu vêtus,
moulés en plâtre et disséminés sur toute la façade
de l'hôtel, jusqu'à boucher certaines croisées. Derrière l'hôtel est un jardin, le long duquel un couloir,
décoré en espèce de cabinet d'antiques et de curiosités égyptiennes, conduit à la salle de spectacle,
la seule qui soit, à Paris, dans la demeure d'un particulier.

---

Ce théâtre a eu sa vogue; son histoire a deux
phases : la première remonte à l'époque où le comte
était encore célibataire. Deux femmes également
célèbres par leurs œuvres littéraires et leur influence
sociale, se partageaient ou plutôt se disputaient la
direction des fêtes théâtrales dont le maître de cette
aristocratique demeure faisait largement les frais.
C'étaient madame d'Abrantès et madame Sophie
Gay, mère de la belle Delphine, depuis madame de
Girardin.

Pendant huit ans, ces deux bas-bleus émérites ont
présidé avec rivalité, jalousie, passion enfin, ces
soirées fameuses, où chacune des deux directrices
avait sa troupe et faisait représenter ses propres ouvrages (on sait que madame Sophie Gay est l'auteur
du *Maître de chapelle*). Les femmes du monde se disputaient les rôles à l'hôtel Castellane avec autant

d'ardeur qu'en peuvent mettre les comédiens sur les vrais théâtres. Paris s'occupa beaucoup de tout cela vers 1840, et il en naquit bien des histoires amusantes et de piquantes aventures! L'affaire eut une fin lorsque le comte de Castellane se fut aperçu que certaines personnes abusaient de sa confiance, de ses invitations, — et qu'il pénétrait chez lui des gens non invités, à l'aide de billets vendus...

Le comte ouvrait volontiers son hôtel aux jeunes artistes jugés dignes d'y alterner avec les spectacles mondains. C'est ainsi qu'il admit à faire chez lui ses premières armes musicales le jeune de Flotow, qui, depuis, est devenu célèbre en Alemagne, et dont tout le monde connaît le délicieux opéra de *Marta*. M. de Flotow donna à l'hôtel Castellane *Alice* et *Rob-Roy*. Peu après, le théâtre de la Renaissance entendait cette jolie partition du *Duc de Guise*, dans une solennelle représentation organisée par l'illustre famille Czartoryski au profit des Polonais indigents, soirée restée célèbre, et qui vit se produire pour la première fois, dans le rôle de la duchesse, une toute jeune personne du monde, devenue depuis une cantatrice illustre : madame Anna de Lagrange. Plus tard, M. de Flotow, ainsi révélé, patronné par le comte de Castellane, donna au grand Opéra : *l'Ame en peine*, puis le charmant ballet de *Lady Henriette*. L'Opéra-Comique, lui, joua *l'Esclave de Camoëns*, et l'Allemagne consacra sa jeune renommée par les opéras de *Stra-*

*della*, de *Marta* et de *la Grande Duchesse*. Ce répertoire est toujours vivant, et chaque hiver, l'Opéra italien de Paris ne manque jamais de donner *Marta*.

La seconde phase de l'hôtel Castellane date du mariage du comte avec la fille du général de Villoutreys. Les anciennes directrices, mesdames d'Abrantès et Sophie Gay, durent déposer leurs rivalités réformées aux petits pieds de *l'impresaria* légitime. La duchesse d'Abrantès mourut peu de temps après, et fort pauvre.... comme un véritable directeur de spectacle. Quant à madame Gay, elle se retira assez tristement à Versailles, d'où elle *revint* de loin en loin dans les vieux salons parisiens, sur l'heure de minuit, où son apparition évoquait les souvenirs d'une société éteinte, disparue...

Les soirées de l'hôtel Castellane devinrent plus choisies et d'un plus difficile accès, dès que la jeune comtesse en eut pris la direction. Elle y appela le faubourg Saint-Germain, et on s'appliqua à y renfermer les plaisirs scéniques dans une sorte de sociétariat blasonné. Les femmes du plus grand monde déposèrent leurs couronnes attributives dans la coulisse, pour fourrer le bout de leurs doigts onglés de rose dans les petites poches des tabliers de *Lisette*, et de grands personnages politiques ou diplomatiques se déguisèrent en *Frontins*, en *Léandres*, en *Mascarilles*. En 1848, on monta même tout le *Misanthrope*; c'était un ancien ministre, M. de Rémusat (de l'Académie française) qui jouait *Alceste*, et la jolie comtesse de Contades, fille du général, depuis maréchal de Castellane, qui représentait, et fort bien, l'indéchiffrable *Célimène*. La révolution de Février interrompit momentanément ces intelligents plaisirs; mais l'hôtel se rouvrit vers 1851, sur les sollicitations de tout son monde. Seulement la *troupe* étant un peu dispersée depuis les événements, il fallut en revenir aux artistes de profession, pour rétablir les traditions, rendre le ton. Les deux sœurs Brohan, mademoiselle Fix et M. Leroux furent les comédiens ordinaires de cette espèce d'hôtel de Rambouillet, rouvert pour la troisième fois. Il fallait des proverbes inédits, des comédies nouvelles; mademoiselle Augustine Brohan et M. Arsène Houssaye firent les pièces de réouverture. Plus tard, dans l'hiver de 1856, on donna, devant le plus grand monde parisien et étranger, deux pièces *spécialement écrites* pour ce théâtre : l'une par M. Alexandre Dumas fils : *le Verrou*, — et l'autre, par votre très-humble serviteur : *le Collier*. Cette dernière, jouée par les artistes de la Comédie-Française, passait sur la scène publique du Vaudeville quelques semaines après. Bref, pendant quatre ou cinq ans, les spectacles, les fêtes, les bals de l'hôtel Castellane eurent la plus grande vogue, et ils ne fu-

rent interrompus que vers l'époque où des malheurs
de famille plongèrent la comtesse de Castellane dans
une retraite qu'elle n'a guère quittée que pour le
mariage de sa fille aînée, en 1863.

Le comte Jules de Castellane était d'un esprit très-
vif et un peu libre, quelque peu original d'allure et de
tenue, mais excellent homme, généreux, obligeant,
et du commerce le plus aimable. Sa toilette, ses
équipages, certains détails de sa demeure dont la
comtesse devait lui laisser la responsabilité, portaient l'empreinte de cette excentricité spirituelle et
aimable. Nous rappellerons sa magnifique salle à
manger, d'où deux fenêtres, garnies de glaces ovales
et sans tain, donnent sur une écurie, dont les parois,
peintes à fresque représentent le fameux château des
Aygalades. Les chevaux blancs, harnachés, capa-
raçonnés à l'orientale, vus à travers les glaces, semblaient attendre leurs cavaliers au perron du château.
Cette salle à manger a reçu tout ce que Paris contient,
tout ce qui l'a traversé d'illustre. Le comte jouissait
largement de sa grande fortune, et sa disparition
restera une perte réelle pour la société parisienne;
car, dans cette hospitalière et fastueuse demeure, l'intelligence fut longtemps traitée comme l'égale des
autres aristocraties.

# BOIELDIEU



Un fait mérite d'être fixé dans l'histoire de la musique : c'est un ouvrage arrivé en l'espace de trente-sept ans à sa *millième* représentation. Il s'agit de *la Dame Blanche,* qu'on peut bien considérer de tout point, poëme et partition, comme le chef-d'œuvre de l'opéra-comique français. Ces trente-sept ans donnent quatre cent quarante-quatre mois; joué mille fois, l'ouvrage a donc obtenu en moyenne *une* représentation tous les *onze* ou *douze* jours. — Si, traversant le boulevard, nous allons faire une statistique de *la Juive,* qui est le chef-d'œuvre des *grands opéras* français, nous trouvons à peine seulement *une* représentation par mois.

*La Dame Blanche* coûta sept ans de travail à Boïeldieu. J'ai là sous les yeux une lettre adressée par lui, le 7 mars, au directeur de Feydeau, qui insistait pour obtenir l'ouvrage destiné à ramener les belles soirées du *Chaperon rouge* :

Que vous feriez mieux de me laisser tranquille, mon bon cher ami, et de croire en mon vif désir de tout concilier, entre vos intérêts qui sont respectables, mais de l'ordre physique, et les miens, d'un ordre tout moral, et qui peuvent aussi être laissés à apprécier à mon sentiment! Berton, que j'ai vu hier, m'a remis cinq morceaux de notre *Pharamond* [1]; je verrai Kreutzer ce soir chez le bon Nodièr, et entre nous tout va, tout ira bien. Mais pour *la Dame d'Avenel*, il faut bien m'en laisser et maître et juge, et tout ce que je vous écrirais à son propos ne ferait que répéter ce que mainte fois je vous ai dit déjà, que j'en veux faire à mon goût et temps. Les choses d'art ne se forcent point, et s'il n'y avait à admirer chez nos voisins quelques exceptions merveilleuses qui sont le témoignage de leur organisation toute improvisatrice ( ô cet admirable *Barbier!*), je croirais le don d'improviser un fléau plutôt qu'un don. Si cela vous console, sachez cependant que je ne suis pas mécontent, et que je suis même content. J'ai demandé à Scribe trois petits couplets que je place au début du deuxième acte, avec accompagnement d'orage, qui me semblent exprimer assez bien la mélancolie de la situation. Pour les chœurs en retard, j'en ai deux, j'en ai peut-être trois, en déplaçant celui qui vous a plu. Scribe me tourmente autant que vous et jure que jamais poëme n'a dormi quatre ans pour lui; il appelle le nôtre *Épiménide* et m'en demande plus de nouvelles

1. *Pharamond*, ouvrage de circonstance.

que je n'en puis donner. Pourtant, rassurez-vous ; l'an prochain *la Dame d'Avenel* marchera mystérieusement sur vos planches. Puisse-t-on ne pas trouver qu'on l'a trop attendue ! . . . . . . . . . . . . . . . . .

. . . . . . . . . . . . . . . . . . . . .

Boïeldieu tint parole. *La Dame Blanche* (d'Avenel !) fit son apparition le 10 décembre 1825 et excita un enthousiasme qui n'a pas cessé d'accompagner l'ouvrage de sa première à sa millième représentation.

---

Mais il est une ligne qu'il faut relever : c'est celle où Boïeldieu parle des couplets demandés à Scribe, « placés au début du deuxième acte et qui (lui) semblent exprimer assez bien la mélancolie de la situation. Il s'agit des admirables couplets du rouet, ou de dame Marguerite ! Or, ce morceau, si véritablement exquis comme mélodie, comme sentiment, Boïeldieu, qui vient d'en parler peut-être pour la première fois, savez-vous le cas qu'il en fit plus tard, confirmé sans doute dans sa propre opinion par le succès de cette mélodie obtint auprès des critiques et du public?

Dans son testament, il exprima le désir *que les couplets de dame Marguerite* fussent joués à son convoi...

Ses obsèques eurent lieu en grande pompe à l'église des Invalides. Une imposante réunion de chan-

teurs et d'instrumentistes y exécuta le *Requiem* de
Chérubini...

Mais l'effet le plus puissant, le plus pénétrant,
n'est point celui qui résulta et de ces masses et du
chef-d'œuvre exécuté...

Ce qui émut, attendrit, mit en larmes toute cette
foule suivant le convoi du compositeur, et accompagnant le corps jusqu'au trou ouvert dans la terre
humide pour l'engloutir, ce fut... ce furent ces doux
et simples couplets du rouet, — de dame Marguerite,
— joués par les cuivres en lamentation! L'effet pénétrant, puissant, fut là... et il n'est personne qui ait
assisté à cette épreuve, qui ne s'en souvienne encore !
Et moi, qui écris ceci, je ne puis jamais entendre le
début du second acte de *la Dame Blanche,* sans nous
voir tous, et Berlioz mon voisin de marche, attendris,
subjugués par l'immaîtrisable émotion de ce morceau
si simple, si naïf, et évoqué par la volonté même de
son illustre auteur, dans une situation aussi pathétique et aussi émouvante !

Voici deux extraits de lettres de Boïeldieu (Adrien,
né à Rouen en 1775, mort à Paris en 1834).

A Guilbert de Pixérécourt, 34 octobre 1825. Lettre
vendue 13 fr. 50 à la vente Pixérécourt :

. . . . . . . . . . . . . . . . . .

Je suis ici le plus heureux coquin que la terre ait
porté. Je deviens comme un tonneau, je me porte comme
un moine, et j'ai l'assurance d'être un jour bien rond.

et toujours gai dans ma bonne ferme, à quatre lieues de Paris, près de Montmorency, environné de Leberton et de Loraux, et d'autres bons amis, avec qui nous irons faire enrager les petites paysannes du lieu......

A M. Lambert; Hyères, 31 décembre 1831. Lettre vendue 24 francs à la vente de Trémont. Curieux pronostics sur Thalberg, longs et intéressants détails sur la douceur et la beauté du climat d'Hyères, et sur l'existence qu'il y mène :

......Nous avons ici un prince allemand, frère du gouverneur du duc de Reichstadt, qui est bien le meilleur des êtres.....Il a avec lui une dame allemande sur laquelle on dit bien quelques mots [1]. De plus il a un jeune homme qu'il a élevé, et que l'on dit être le fils de ce prince, qui a un talent très-remarquable pour le piano. Il s'est fait entendre il y a trois jours à une soirée chez M. de Talleyrand, il a joué chez moi, et vraiment je partage l'impression qu'il a produite partout où il s'est fait entendre. Ce jeune homme, nommé *Thalberg*, a vingt ans, il est joli garçon, bien élevé, a de l'esprit, je lui prédis du succès dans le monde....

1. La comtesse de Weslar.

# LE DUC DE MORNY



Ce fut M. le comte, depuis duc de Morny, alors ministre de l'intérieur, qui, en janvier 1852, fit un décret qui restituait leurs anciens noms historiques à la place Royale, — à la place de la Concorde, — à la rue Royale, — au Palais-Royal, — à la Comédie-Française, etc., etc. Ces réparations si populaires aux yeux de la raison, des convenances, du bon goût et de l'histoire même... furent approuvées par la grande majorité des journaux.

On annonçait alors diverses autres mesures que le ministre, trop passager, de l'intérieur voulait prendre, et dont les lettres se réjouissaient comme d'un heureux retour à tout ce qui fait la valeur pacifique et intellectuelle d'une grande nation. On parlait d'un amplé journal gouvernemental, qui eût été la tribune littéraire destinée à reposer les esprits des agitations de la politique. — On parlait d'une villa, ou Élysée des lettres et des arts, moyennant une pension payée par ou pour les uns,— et de *bourses* accordées aux autres, — la dignité de la vie matérielle eût été assurée aux ouvriers de la pensée, fatigués ou usés à la tâche ! Déjà M. le comte de Morny s'était fait rédiger des rapports sur diverses questions de cet ordre bienveillant et délicat, lorsqu'il abandonna le ministère, qu'il n'avait accepté que pour frapper un grand coup... d'État.

Au reste, ce rôle effectif et intentionnel de l'un des hommes les plus considérables et les plus sympathiques de ce temps-ci n'était pas apprécié seulement par les esprits indépendants ; il trouvait aussi, — il semble curieux de le dire, — ses appréciateurs loyaux dans les rangs même que M. de Morny avait contribué à disperser. C'est ainsi qu'un esprit très-élevé, dont les idées dites sociales étaient en si vive contradiction avec ses instincts aristocratiques, — c'est ainsi qu'Eugène Sue, irrésistiblement attiré par l'éminente et élégante personnalité du ministre, écrivait, dans une lettre que nous avons sous les yeux, en réponse à l'avis qu'on lui donnait des projets de M. de Morny, en faveur des lettres et des arts :

...... M. de Morny, depuis de longues années déjà mêlé aux vicissitudes de la vie politique active, joue en ce moment un très-grand rôle qui n'est imprévu que pour ceux qui ignoraient combien son influence dans les affaires du pays s'enveloppait de perspicacité, de finesse, et pourtant de modestie et de tenue. Il a toujours aimé les lettres et les arts, comme tout esprit d'élite. S'il fait tourner à leur profit les rigueurs qu'il puise dans son autorité actuelle contre les choses politiques, nous lui en serons tous reconnaissants, que nous profitions ou non de ses actes. Attendez avec confiance !

Rien ne dit que l'idée de la *Villa* de retraite artistique et littéraire ne sera pas reprise un jour sur les bases de convenance parfaite et de dignité qui peuvent seules déterminer son utilité et son succès ! Ce moment-là venu, on peut être certain que M. le duc de Morny en sera un des plus actifs et des plus heureux promoteurs. — En attendant, — et nous pourrions dire en espérant, — il nous a semblé à propos de rappeler, au sujet du récent baptême de certaines rues de Paris, à quelle initiative pleine de tact, de goût — et aussi de courage civique, — on dut alors le rétablissement des anciens noms historiques et consacrés, aux angles de nos rues et de nos places, un moment débaptisées par 1848.

Voici un petit fait de la vie mondaine de M. de Morny, qu'on nous raconte, et que nous reproduisons s. g. d. g.

En 1856, M. le comte de Morny fréquentait assez assidûment le salon d'un banquier dont les belles-sœurs étaient fort jolies. Un soir, comme il causait avec l'une d'elles, on vint le prier de passer à la table de jeu. Il résiste ; on insiste davantage ; il résiste encore plus ! Il était évident qu'on le contrariait fort en troublant sa conversation avec une femme charmante et spirituelle :

— Allons, venez donc faire un coup de lansquenet, madame vous le permet !

—Vous le voulez absolument ! répond M. de Morny, —soit ! Ce sera bientôt fait, dit-il à la dame. Et il court à la table.

—Votre jeu ? lui dit-on.

—Mon jeu ?... la rouge et la noire... C'est le plus expéditif.

—Votre enjeu ?

—Dix mille francs !

On se regarde étonné ; personne ne tient. Le maître de la maison s'approche et croit de son devoir de répondre... Alors, stimulées par l'exemple ou la leçon, quelques personnes s'unissent, la somme est faite. Les cartes volent ; le comte retient rouge... on tourne noire !

M. de Morny veut se lever.

—Revanche ! lui dit-on.

—Revanche, soit... dix mille francs à noire !

Il tourne rouge !

— Là, très-bien ! — dit M. de Morny en se levant J'espère que maintenant vous allez me laisser tranquille !

Et il retourne auprès de la jeune femme, sans paraître le moins du monde préoccupé de cette perte importante et si rapide.

———

Une anecdote à propos d'un des chefs-d'œuvre de la célèbre galerie de tableaux que s'est formée M. le duc de Morny, galerie qui ajoute un si vif et si rare attrait aux bals de l'hôtel de la présidence du Corps législatif, et qui est devenue une des curiosités de Paris.

On y admire, entre autres toiles précieuses, le précieux Hobbema qui, après divers voyages à l'étranger, est enfin venu se fixer dans cette demeure hospitalière, où il trouve une si bonne compagnie de Flamands.

On se rappelle que, mis aux enchères il y a quelques années à la salle de la rue Drouot, ce tableau fut acheté par un riche amateur prussien, au prix énorme de 106,000 francs ; M. Schneider, vice-président du Corps législatif, l'avait poussé jusqu'à 96,000.

On fut donc, un soir de bal, fort étonné parmi les

amateurs, de retrouver là cet Hobbema qu'on croyait en Prusse, et qui n'a pu revenir à Paris que grevé de jolis frais de route! Mais les sacrifices de son heureux et définitif possesseur avaient été amplement récompensés par l'incident que voici :

M. de Morny, en faisant rencadrer son tableau, fut fort intrigué de trouver au bas quelques plis de toile précédemment perdus dans l'ancienne bordure. Il fit déclouer cette partie du tableau, et fut aussi enchanté qu'étonné de voir qu'un Vandale, un Hun, un Visigoth, un barbare, un sauvage enfin! avait diminué la hauteur totale de l'œuvre admirable..., sans doute pour utiliser un cadre que ce Welche possédait! On défit ces plis, et en outre d'une très-heureuse bande à ajouter au terrain, ce qui ajoute infiniment à l'harmonie générale, M. de Morny trouva... la signature d'Hobbema!

Finissons par une anecdote rétrospective, et d'un tout autre ordre.

C'était sous le dernier règne. Le président actuel du Corps législatif était alors simple député. Un gros bonnet du temps, tranchant du ministre, invitait l'hiver à dîner dans son opulent hôtel un certain nombre de députés de sa connaissance, et selon l'ordre de leur nom dans l'alphabet. Un jour M. de Morny est donc appelé à son tour : il accepte.

Or, on lui avait raconté ceci : Que le maître de la maison avait coutume de se faire servir à part d'un certain Léoville d'une année exceptionnelle, un vin exquis que la célèbre maison Clossmann de Bordeaux n'abandonnait pas à moins d'un louis la bouteille. Le valet de chambre particulier du personnage servait de ce vin, de cet élixir à son maître, à la femme de celui-ci, — à un intime désigné... puis escamotait habilement la bouteille, qui était lestement remplacée par d'autres vins, fort bons assurément, mais de crus et d'années plus accessibles.

M. de Morny, averti d'avance par un précédent convive, surveille cette manœuvre... la surprend,— et comme le valet arrive à lui avec des bouteilles-omnibus, disant :

— *Brane-Mouton* ou *Ermitage?*
le comte répond, en montrant l'endroit où vient d'être cachée la fameuse bouteille, et cela assez haut pour être entendu de l'amphïtryon :

— Je préférerais du Léoville...

Le valet troublé regarde son maître. Celui-ci, qui se voit trahi, cache son dépit, fait bon visage et dit :

— Servez à M. le comte le vin qu'il préfère!

Le valet va dénicher la précieuse bouteille, et en remplit lentement le verre à bordeaux qui lui est tendu. L'amphitryon, sa femme, l'ami privilégié regardent...

Alors M. de Morny verse le contenu du petit verre

dans un grand... qu'il remplit indolemment d'eau, comme s'il s'agissait pour lui de vin ordinaire... puis il boit — et reprend simplement la conversation avec le général X..., son voisin de table.

Quel vin de parvenu ! — Mais quelle leçon de gentilhomme !

FIN.

# TABLE DES MATIÈRES

PARIS. — IMPRIMÉ CHEZ BONAVENTURE ET DUCESSOIS.

# L'AMANT DE CARTON
## PAR Mᵐᵉ MATHILDE STEV***

1 vol. grand in-18............................................ 3 »

## LES
# CONFESSIONS DE L'ABBESSE DE CHELLES
### FILLE DU RÉGENT.
## PAR M. DE LESCURE.

1 beau vol. in-18, orné d'un portrait inédit............... 3 »

# VOLTAIRE ET MADAME DU CHATELET

Révélations d'un serviteur attaché à leurs personnes, et pièces inédites, publiées avec commentaires et notes historiques,

## PAR D'ALBANÈS HAVARD.

1 vol. grand in-18 jésus................................... 3 »

# LE MONDE DES COQUINS
## PAR M. MOREAU-CHRISTOPHE.

1 vol. grand in-18 jésus................................... 3 »

# LES TRICHEURS
### SCÈNES DE JEU.
## PAR LE VICOMTE DE CASTON.

1 vol. grand in-18 jésus.................................. 3 »

# GAZETTES ET GAZETIERS

HISTOIRE CRITIQUE ET ANECDOTIQUE DE LA PRESSE PARISIENNE

(1ʳᵉ et 2ᵉ années).

## PAR J.-F. VAUDIN.

2 vol. grand in-18 jésus. Chaque vol...................... 3 »

# HISTOIRE DE JEANNE DARC

ET RÉFUTATION DES ERREURS PUBLIÉES JUSQU'A CE JOUR

## PAR VILLIAUMÉ.

1 fort vol. grand in-18 jésus............................. 3 50

# LE ROMAN DE MOLIÈRE

*Suivi de fragments sur sa vie privée, d'après des documents nouveaux*
**PAR ÉDOUARD FOURNIER.**

1 charmant vol. elzevirien, in-18......................... 3  »

# LA GRÈCE EN 1863
**PAR A. GRENIER.**

1 vol. grand in-18 jésus............................... 3  »

# HISTOIRE DES IDÉES LITTÉRAIRES
## AU DIX-NEUVIÈME SIÈCLE.
**PAR ALFRED MICHIELS.**

4ᵉ édition revue et continuée jusqu'en 1861. 2 vol. in-8º... 12  »

# LES HYPOCRITES
**PAR TURPIN DE SANSAY.**

1 vol. grand in-18 jésus....:......................... 3  »

# JEAN LEBON
**PAR GUSTAVE CHADEUIL.**

1 vol. grand in-18 jésus....:......................... 3  »

# L'ITALIE DES ITALIENS
**PAR Mᵐᵉ LOUISE COLET.**

3 beaux vol. grand in-18 jésus....................... 10 50
*Sous presse :* Le Libérateur, Rome, Palerme et Naples,
suite de l'*Italie des Italiens.* 1 vol.

# MADEMOISELLE MILLION
**PAR Mᵐᵉ URBAIN RATTAZZI.**
(Marie de Solms.)

2ᵉ édit. 1 joli vol. gr.in-18 jésus orné d'une belle photographie,  3  »

# PARIS EFFRONTÉ
**PAR MANÉ.**

L'un des chroniqueurs de l'*Indépendance belge.*
1 charmant vol. grand in-18 jésus........................ 3  »

TABLEAU DU VIEUX PARIS
# LES SPECTACLES POPULAIRES
### ET LES ARTISTES DES RUES
**PAR VICTOR FOURNEL.**
1 fort vol. grand in-18 jésus............................... 3 50

# MÉMOIRES ET CORRESPONDANCE
## DU ROI JÉROME ET DE LA REINE CATHERINE.
6 vol. in-8° avec portrait et cartes.
Les quatre premiers volumes sont en vente. Chaque vol... 6 »

# LES MAJORATS LITTÉRAIRES
Examen d'un projet de loi ayant pour but de créer, au profit des
auteurs, inventeurs et artistes, un monopole perpétuel,
**PAR P.-J. PROUDHON.**
2e édit. 1 vol. grand in-18 jésus............................ 3 »

# LES MYSTÈRES DU SÉRAIL
### ET DES HAREMS TURCS
**PAR Mme OLYMPE AUDOUARD.**
Illustrations de C. RUDHARDT. 2e édit. 1 vol. grand in-18 jésus.  3 50

# NOUVELLES SCÈNES DE LA VIE RUSSE
### ÉLÉNA.—UN PREMIER AMOUR.
**PAR IVAN TOURGUÉNEF.**
Traduction de H. DELAVEAU. Dessins de A. SCHENK.
1 vol. grand in-18 jésus.................................... 3 50

# EXCURSIONS DANS LE CORNOUAILLES
### ET LE DEVONSHIRE
**PAR LOUIS DEVILLE.**
1 joli vol. grand in-18 jésus, orné d'une vignette dessinée
par PAUL HUET.................................................. 2 »

# LA GRÈVE DE SAMAREZ
### POEME PHILOSOPHIQUE
**PAR PIERRE LEROUX.**
4 vol. grand in-8°, paraissant en 8 livraisons séparées, comprenant:
1° la Preface;—2° les 52 sectes de l'Ile ;—3° le Rocher des Proscrits;
—4° les Fantômes ;— 5° Satan ;— 6° le Livre de Job ; — 7° la Dispute
avec les savants ;—8° la Poste-face.
Prix de chaque livraison....................................... 4 »

PARIS.—IMPRIMÉ CHEZ BONAVENTURE ET DUCESSOIS.